高职高专营销类专业能力本位系列教材

编写指导委员会

高职高专营销类专业能力本位系列教材

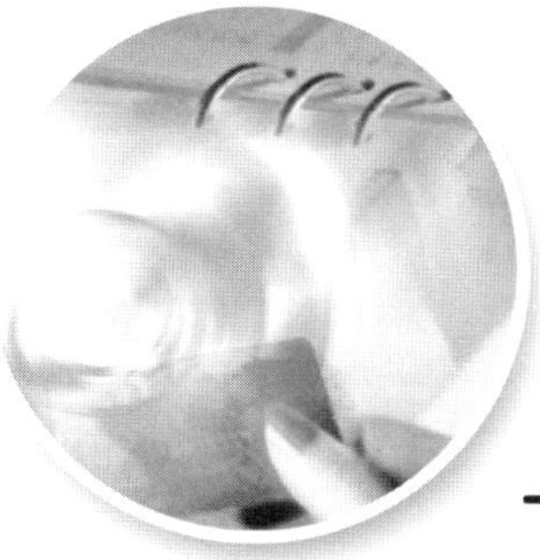

营销策划实务

YINGXIAO CEHUA SHIWU

主　编：高南林

副主编：周　云　刘永红

暨南大學出版社
JINAN UNIVERSITY PRESS

中国·广州

图书在版编目（CIP）数据

营销策划实务/高南林主编．—广州：暨南大学出版社，2012.5
（高职高专营销类专业能力本位系列教材）
ISBN 978－7－5668－0122－7

Ⅰ.①营…　Ⅱ.①高…　Ⅲ.①营销策划—高等职业教育—教材　Ⅳ.①F713.50

中国版本图书馆CIP数据核字（2012）第032180号

出版发行：暨南大学出版社

地　址：中国广州暨南大学
电　话：总编室（8620）85221601
营销部（8620）85225284　85228291　85228292（邮购）
传　真：（8620）85221583（办公室）　85223774（营销部）
邮　编：510630
网　址：http：//www.jnupress.com　http：//press.jnu.edu.cn

排　版：广州市天河星辰文化发展部照排中心
印　刷：佛山市浩文彩色印刷有限公司

开　本：787mm×1092mm　1/16
印　张：15.75
字　数：390千
版　次：2012年5月第1版
印　次：2012年5月第1次

定　价：30.00元

总 序

"十一五"期间，教育部、财政部决定实施国家示范性高等职业院校建设计划，通过重点建设100所国家示范性高职院校，带动全国高职院校深化改革，提升高等职业教育的整体建设水平。这标志着我国高等职业教育进入了一个追求内涵发展的新历史阶段。这是科学发展观在我国高等教育领域的具体体现，对促进我国高等职业教育更好更快发展具有重大的战略意义。

在人数与规模上，高职教育已占有我国高等教育的半壁江山。经过多年的发展，高职教育已从当初规模化建设转向突出内涵发展，转向深入课程改革与提升学生的核心专业能力培养上来。在当前全国各类学校争创示范院校中，我国高等职业教育正在进行一场颠覆性变革。如何进行内涵建设，提高课程教学质量，是当前所有高职院校面临的一项重要课题。

随着我国生产力水平的不断提高，市场竞争日益激烈，传统的营销方式越来越不能满足经济发展的需要，市场向营销工作提出了更高要求，也向营销人才培养提出了更高要求。2006年以来，广东交通职业技术学院开始在全院各专业中大力推行基于工作过程和岗位能力的课程教学改革。我们通过工学结合基地建设、专家讲座、说课比赛、教学示范、教学观摩、教学评价、教师培训、教案评比等一系列工作，将教学改革逐步推进，并在各专业与各一线教师中深入开展。根据我院"航标灯精神"和"铺路石品格"的人才培养理念，各专业对原有的专业课程体系进行了根本性的改造，并取得了初步的成效。

为了满足实际教学的需要和进一步巩固改革成果，在充分调研与分析的基础上，我们组织近二十所高职学校的百余位专业老师及多名知名企业的专业人士共同编写了这套营销类专业能力本位系列教材。我们力求将知名企业实践与理论有机结合起来，以就业岗位为导向，强调分析企业实际工作过程与岗位关键能力训练。重点结合近年来国内尤其是广东的知名企业营销工作来进行内容提炼与编排。充分听取和吸收企业人员的意见，每一本教材都有企业顾问参与编写或是进行审核。合理补充新知识与新内容，充分体现高职教育特点。每一个案例、技能训练活动、习题等都精益求精，强调实践性与可操作性。真正把教师备课、授课、辅导答疑、学生考证、企业实际工作内容、岗位能力训练等教学、实训环节有机地结合起来。其编写特色主要体现在以下几个方面：

（1）突出能力本位。力求面向专业培养方向和岗位工作要求，不断强调学生岗位业务操作能力和自我学习、思维能力以及创造性解决问题的能力，促进学生就业以及后续发展。

（2）内容新颖。借鉴国内外最新教材与成果，案例取材主要为近几年国内尤其是广东省内的知名企业实践经验，内容突出岗位实际操作，融会最新理论与实践成果。

（3）合作交流。本系列教材由全国近二十所高职院校近百名专业教师与企业专业人士共同合作编著而成，相互交流学习，集思广益，共同编写，具有较强的实战性与适用性。

（4）配套产品丰富。本系列教材除有电子课件外，还有教学用视频、习题、考卷、知名企业一手岗位训练内容等，为一线教师提升教学质量提供方便。

衷心希望这套系列教材能有助于进一步深化高职院校营销类专业教学改革，为新形势下高职营销人才培养作出一份贡献。同时，也希望广大教师与读者多提宝贵意见。

广东交通职业技术学院院长　陈周钦

2009 年 2 月

前　言

根据教育部2006年第16号《关于全面提高高等职业教育教学质量的若干意见》等文件精神，高职高专院校要积极构建与生产劳动和社会实践相结合的学习模式，把工学结合作为高等职业教育人才培养模式改革的重要切入点，带动专业调整与建设，引导课程设置、教学内容和教学方法改革。

本书是一本任务驱动型营销教材，通过对职业教育教学规律的深入研究，立足实际，以真实任务、阅读材料、课堂讨论、课堂游戏、课后拓展、技能自测、案例分析、实训操作为主线进行教材内容编排。本书具有以下特色：

本书以任务驱动统领教学过程实施。提高了学生学习的自主性、积极性，可促使学生由被动听课变为主动探索行为（完成某项任务），从而进一步促使学生通过课程学习切实获取所需的职业能力。

本书体现了高职教育特色教、学、做“一体化”的原则。编排上避免将理论课、实验课、实习课、实训课等课程内容完全割裂开来的传统方式，探索将它们有机结合起来的新方式。老师介绍理论、布置与指导任务，学生分析案例，模拟场景，操作项目。教材理论内容适度，讲清重点概念与术语即可。注意针对职位以及工作流程与工作内容设计整体的任务项目，分任务、分场景进行教材内容编排，增加实例和案例、职业活动模拟，以及与当地企业项目合作的内容，内容不求全，但基本突出、解决营销策划类岗位工作中重要、常见的内容与实际问题。

本书体现了现代教法与学法相结合的原则。高职教学要求采用多种教学形式，充分体现“以教师为主导，学生为主体，教与学互动”的原则，教学实践中采用“行为引导式教学法”、“项目教学法”、“小组工作法”、“案例教学法”、“问题引导法”等新的教学方法。教材内容在编写上要适应于这些教学方法的运用。该书提供了本教材主要案例电子版、教学PPT、教学用相应参考书、试题库、重要视频资料、各类教学用表单、工具，甚至共享软件包等。这易于让老师增大课堂信息量，从而提高教学质量。

本书体现了理论与实践紧密结合的原则。编写教材时要按照学生的认识规律和教学计划安排教材内容和教学过程，将实训与课堂教学有机地结合起来，坚持专业理论为专业实务、技能训练服务的原则，对专业实务课、专项技能课的教学内容进行有机整合，增强了课程的针对性、实用性和实效性。

本书体现了编写形式创新的原则。教材中适量增加职业岗位所需要的有关实例与范本、著名营销策划案例的介绍等以激发学生的学习兴趣和职业意识。同时，编排上打破常规，案例多采用身边事例，通俗易懂；取材上主要侧重就业需求较多的快速消费品、房地产与汽车行业；案例内容紧扣时代脉搏，教材体现了教学改革的科学性、时代性、趣味性，适合教与学的特点。

本教材是多位老师合作的成果，许多内容是作者经过多年教学、反复科研实践的结晶。任务1、任务3、任务5和任务8由广东交通职业技术学院高南林老师编写，任务2和任务4由北京农学院周云老师编写，任务6和任务7由广东工程职业技术学院刘永红老师编写，全书由高南林老师担任主编，并对全书进行了总纂。

在编写过程中，我们参考了大量国内外一些专家学者的研究成果和相关文献，除注明出处的部分外，限于体例未能一一说明。许多材料与案例来源于网络，部分作者也未能一一列明。暨南大学出版社对本书的出版给予了大力支持与帮助，在此一并致以衷心的感谢。

由于编者的水平有限，书中疏漏与不妥之处在所难免，敬请有关专家和读者批评指正。

编　者

2011 年 12 月

目 录

任务1　全面认识企业、市场、产品及营销策划

教学安排

●能力目标

1. 了解企业、市场及主要产品
2. 体验职业道德与操守
3. 了解产品用途及市场情况
4. 了解企业营销策划书结构

●核心能力

1.掌握营销策划基本理论
2.掌握营销策划书结构

●教学重点

1. 企业营销策划的主要环节和步骤
2. 营销策划目标与现状
3. 职业道德与职业操守体验

阅读材料：

凡客体的威力

火爆的“凡客体”随着凡客诚品的平面广告风行于网络，掀起了一股全民PS的热潮，无数网民卷入其中，上演着“凡客”或“被凡客”。凡客体一夜之间成了一种现象和热点。

凡客诚品于2007年成立网站，选择自有服装品牌网上销售的商业模式（B2C），并以低价位、巨额的广告宣传、独特的电子商务定位，仅用3年时间，就使得凡客诚品站稳脚跟。2010年，凡客诚品选择韩寒、王珞丹为代言人做品牌广告。广告文案采用人人都是“凡客”的创意，以“爱……不爱……是……不是……我是……”为基本叙述方式在网上掀起PS热潮，网友把目所能及的各路网络名人逐个PS一遍。

凡客诚品受到关注，离不开其极富个性的广告创意和对市场敏锐的判断力。凡客诚品以热衷于电子商务、年龄跨度在20～35岁的“70后”“80后”新生代为目标顾客。这些人是伴随着互联网成长起来的人群，媒介接触习惯以电脑和手机为主，并且在工作、生活中也不断和互联网发生着关联。他们活跃于社交网站、论坛等网络互动平台。喜欢“灌水”，发帖转帖，在网上嬉笑怒骂、厌弃虚伪、讽刺时弊。凡客体平实、直白的话语刚好迎合了他们戏谑主流文化、彰显个性的特点。品牌代言人的选择也切中了网络文化“要穴”。韩寒、王珞丹都是目标

受众心中个性率真、代言又相对较少的公众人物。韩寒因文风犀利、个性独立、同情弱势群体而被网友所追捧。其自身的形象为“与众不同、颇具公民精神”，与凡客诚品一直倡导的“大众时尚、平民时尚”的主题不谋而合。韩寒的个人形象恰到好处地契合了凡客的企业文化，以他为模板的凡客体真实、自然、不说教，契合了互联网自由民主和娱乐至上的网络文化。

凡客主要使用媒体组合的广告战略，开展立体营销策略。首先采用路牌平面广告进行地面宣传，加大受众的认知度。凡客成功抢滩几大城市的公交路牌广告和地铁广告。在这些白领上班的必经之地，随处都可以看到韩寒低头和王珞丹穿白裙子的平面广告，上面悠然地散布着凡客体的清晰文案。很多韩寒的粉丝还惊喜地拍下了凡客的路牌广告传到网上。然后，利用网络媒体进行互动营销，达成深度沟通。凡客在号称文艺青年集散地的豆瓣网上，举办以“创意帝！豆瓣青年戏‘凡客’！——PS凡客，送《独唱团》”为主题的活动，号召参与者以韩寒正版广告内容构成为蓝本，按照固定的模板进行图文创意。然后由网民对自己所喜欢的某件作品进行投票，得票高的将获得韩寒的《独唱团》。凡客这样的一个“诱饵”对网友或者韩迷们来说是个不小的诱惑。同时，新浪微博也是PS作品创作和传播的重要平台，凡客的官方账号发起了转发凡客PS作品，送《独唱团》的活动，对凡客体的走红起到了推波助澜的作用。其他的互联网媒体如大旗网等也对凡客的广告活动给予了协助传播。如此一来，地面和网络的立体攻势，借助代言人的名人效应，使得网民一发而不可收，纷纷上传自己的PS作品。由于PS名人远比PS平民草根“有料”，因此郭德纲、黄晓明等娱乐明星，凤姐、芙蓉姐姐等网络名人，甚至是影视角色灰太狼、唐僧都被PS了一遍。于是一场浩浩荡荡的全民PS狂潮最终上演成一出调侃娱乐名人的“豪门盛宴”。

创新独特营销模式成就了凡客无处不在的品牌露出，创造了凡客从一天十多件衣服订单，到今天日出货量达几十万件的质变神话。创新且细心的体验营销，成就了凡客创造电商史上前所未有的产品二次购买率高达50%以上的奇迹。

资料来源：中国营销传播网

1.1 了解企业产品与市场

真实任务1.1：在当地找一快速消费品/汽车/房地产行业企业，分析其产品及市场情况。

（1）参观企业及听取企业人员解说；

（2）到渠道或终端了解市场情况；

（3）了解企业营销策划现状。

1.1.1 营销、营销策划的基本含义

现代营销学之父菲利普·科特勒教授的定义：市场营销是个人和群体通过创造并同他人交换产品和价值以满足需求和欲望的一种社会和管理过程。

根据这一定义，可以将市场营销概念具体归纳为下列要点：

(1) 市场营销的最终目标是“满足需求和欲望”。

(2)“交换”是市场营销的核心，交换过程是一个主动、积极寻找机会，满足双方需求和欲望的社会过程和管理过程。

(3) 交换过程能否顺利进行，取决于营销者创造的产品和价值满足顾客需求的程度和交换过程管理的水平。

营销策划是根据企业整体战略目标，通过环境与策略分析，激发创意，创造性地有效利用企业内部与外部资源，制订可行的营销活动方案，以实现企业的目标或解决企业所面临的问题。营销策划一般划分为营销战略策划和营销战术策划。

营销战略策划是有关企业战略发展方向、战略发展目标、战略重点与核心竞争力的宏观策划。营销战略策划的内容包括：

(1) 营销战略目标的规划。企业经过内外环境分析，将外部机会与威胁同内部劣势加以综合权衡，利用优势，把握机会，降低劣势，避免威胁，从而选择企业的营销战略模式。战略模式一般来说有三种：成本领先战略、差别化战略、集中战略。企业营销战略模式确定以后，可根据企业的营销现状，确定企业一定时期的营销战略目标、完成战略目标的时间等。

(2) 营销战略重点的规划。通常根据企业已确定的市场营销战略目标，结合企业的优势，如品牌优势、成本优势、销售网络优势、技术优势、质量优势等确定企业的营销战略重点，并通过不断的努力，打造企业的核心竞争力。

(3) 营销战略实施的规划。企业的营销战略规划可以分为三个层级，即分阶段实施短期战略规划、中期战略规划和长期战略规划。短期战略规划的要点包括传统市场不被挤出及扩大新市场潜入能力。中期战略规划的要点包括：①扩展现有产品的新用途新市场；②开发新产品，改善产品结构；③克服竞争威胁。长期战略规划的要点包括：①面向未来市场，利用新兴技术，开发全新产品，引导未来市场，创造全新市场；②面向社会发展、时代需求和市场浪潮，调整企业的产品结构和市场构成，保持企业长久发展。

营销战术策划是指实现企业营销战略的策略、战术、措施的策划。企业营销策略和战术是同企业的营销战略相联系相衔接的。在企业的营销战略确定后，必须制定营销策略和战术，以贯彻市场营销战略，否则，没有营销战略与措施的战术支持，营销战术也会落空。而营销战术策略也必须根据营销战略来制定，以全力支持营销战略目标的实现。

营销战术策略的制定过程包括五个环节：①市场调研，即通过市场调查研究，发现消费需求，分析竞争对手；②市场细分，即将各种不同类型的市场进一步划分为若干个顾客群体或市场面；③市场优选，选择若干个最适合本企业经营的细分市场作为自己的目标市场；④市场定位，即在消费者心目中建立起与众不同的企业形象、品牌形象和产品形象；⑤在此基础上制定市场营销策略组合，即产品策略、价格策略、渠道策略和促销策略。相应地，营销战术策划的内容就包括：品牌策划、产品策划、价格策划、分销策划、促销策划、广告策划、公关策划、服务策划，以及综合诸多营销要素与策略的整合营销策划。

1.1.2 市场营销涉及的相关概念

正确理解市场营销的定义，还必须弄清其涉及的相互关联的几组概念：

1. 需要、欲望和需求

需要和欲望是市场营销活动的起点。需要是指没有得到某些基本满足的感受状态，是人类与生俱来的。如人们为了生存对食品、衣服、住房、归属、受人尊重等的需要。这些需要存在于人类自身生理和社会之中，市场营销者可用不同方式去满足它们，但不能凭空创造。欲望是指想得到上述基本需要的具体满足产品的愿望，是个人受不同文化及社会环境影响表现出来的对基本需要的特定追求。如为满足“解渴”生理需要，人们可能选择（追求）喝开水、茶、汽水、果汁、绿豆汤或者蒸馏水。需求是指人们有能力购买并愿意购买某个具体产品的欲望。需求实际上也就是对某特定产品及服务的市场需求。

人类的需要有限，但其欲望却很多。当具有购买能力时，欲望便转化成需求。将需要、欲望和需求加以区分，其重要意义就在于阐明这样一些事实，即市场营销者无法创造需要，但可以影响欲望，可通过开发及销售特定的产品和服务来满足欲望。市场营销者总是通过各种营销手段来影响需求，并根据对需求的预测结果决定是否进入某一产品（服务）市场。

2. 产品

产品是指能够满足人的需要和欲望的任何东西。人们通常用产品和服务这两个词来区分实体产品和无形产品。产品的重要性不在于拥有它们，而在于它给我们带来的对欲望的满足。人们购买小汽车不是为了观赏，而是为了得到它所提供的交通服务。所以，产品实际上是向我们传送服务的工具。这种载体可以是实体产品，也可以是无形产品，如人员、地点、活动、组织和观念。当我们心情烦闷时，为满足轻松解脱的需要，可以去参加音乐会，听歌手演唱（人员）；可以到风景区旅游（地点）；可以参加“希望工程百万行”（活动）；可以参加消费者假日俱乐部（组织）；也可以参加研讨会，接受一种不同的价值观（观念）。市场营销者必须清醒地认识到，其创造的产品不管形态如何，如果不能满足人们的需要和欲望，就必然会失败。

3. 效用、费用和满足

效用是消费者对产品满足其需要的整体能力的评价。消费者通常根据对产品价值的主观评价和要支付的费用来作出购买决定。如某人为解决其每天上班的交通需要，他会对可能满足这种需要的产品选择组合（如自行车、摩托车、汽车、出租车等）和他的需要组合（如速度、安全方便、舒适和节约等）进行综合评价，以决定哪一种产品能提供最大的满足。假如他主要对速度和舒适感兴趣，也许会考虑购买汽车。但是，汽车购买与使用的费用要比自行车高许多。若购买汽车，他必须放弃用其有限收入可购置的许多其他产品（服务）。因此，他将全面衡量产品的费用和效用，选择购买能使每一元花费带来最大效用的产品。

4. 交换、交易

当人们决定以交换方式来满足需要或欲望时，就存在市场营销了。交换是指通过提供某种东西作为回报，从别人那限时取得所需物品的行为。交换是一种过程，在这个过程中，如果双方达成了协议，我们就称之为发生了交易。交易是交换活动的基本单元，是由双方之间的价值交换所构成的行为。

5. 市场与市场营销者

市场包含三个主要因素，即：市场 = 人口 + 购买力 + 购买欲望。

人口是构成市场最基本的条件。凡有人居住的地方，就有各种各样的物质和精神方面的需求，从而才可能有市场，没有人就不存在市场。

购买力是消费者支付货币、购买商品或劳务的能力。消费者购买力是由消费者的收入决定的。有支付能力的需求才是有意义的市场。所以购买力是构成市场的又一重要因素。

购买欲望是指消费主体购买商品的动机、愿望或要求，是消费者把潜在购买力变成现实购买力的重要条件，因而也是构成市场的因素。人口再多，购买力再高，如果对某种商品没有需求的动机，没有购买商品的欲望，也形成不了购买行为，这个商品市场实际上也就不存在。从这个意义上讲，购买欲望是决定市场容量最权威的因素。

市场的这三个因素是相互制约、缺一不可的，只有三者结合起来才能构成现实的市场，才能决定市场的规模和容量。例如，一个国家或地区人口众多，但收入很低，购买力有限，则不能构成容量很大的市场；又如，购买力虽然很大，但人口很少，也不能成为很大的市场。只有人口既多，购买力又高，才能成为一个有潜力的大市场。但是，如果产品不适合需要，不能引起人们的购买欲望，对销售者来说，仍然不能成为现实的市场。所以市场是上述三个因素的统一。

在交换双方中，如果一方比另一方更主动、更积极地寻求交换，我们就将前者称之为市场营销者，后者称为潜在顾客。所谓市场营销者，是指希望从别人那里取得资源并愿意以某种有价值的东西作为交换的人。市场营销者可以是卖方，也可以是买方。当买卖双方都表现积极时，我们就把双方都称为市场营销者，并将这种情况称为相互市场营销。

1.2　了解行业营销策划现状

> 真实任务1.2：了解当地市场各类营销策划活动情况。
> （1）了解某产品当地市场各类营销活动策划的整体情况；
> （2）找某一超市详细分析其一年内的促销策划情况。

市场营销学伴随着经济发展和企业经营管理需要而出现，是一门基于哲学、数学、经济学、行为学、管理学之上的综合性的经营管理学科，是现代企业经营管理实践经验总结而成的理论，对企业营销实践活动起着一定的指导作用，并在社会经济生活的各个方面得到广泛应用，是一门实用性很强的应用学科。

策划就是企业的策略规划，为了企业整体性和未来性的策略进行的规划，它包括从构想、分析、归纳、判断，一直到拟定策略、方案的实施、事后的追踪与评估的全过程。或者说，激发创意，有效地运用手中的资源，选定可行的方案，达成预定目标或解决一个难题，这就是策划。策划和计划不同，它有为达到目的的各种构想，这些构想和创意是新颖的，是要与目标保持一致的方向，有实现的可能。在市场的营销中，把策划过程用文字完整地书写出来就是营销策划方案。

在日常生活中，我们经常会听到诸如“有没有好的策划”或“塑造好这个产品的形象，要好好进行策划”之类的话语。策划，以及一个好的策划创意，能给企业或产品带来意想不到的效果，甚至能起死回生。但策划也不是万能的。策划有其存在的基础，也有应该遵循的伦理。有许多的营销策划人员，为了达到哗众取宠或吸引眼球的目的，以一些子虚乌有的所谓概念、名词或不健康的内容，不惜损害社会道德、损害大众健康，策划出遭人非议的一些活动，招致不良后果。营销策划人员的社会道德感与职业伦理对策划案的最终影响起到非常重要的作用。

阅读材料：

四个小孩和一只狗熊的故事

某一天，山顶上有四个小孩在做游戏。就在他们玩得最投入的时候，突然，山下的树林里“哗啦”一声，窜出来一只大狗熊。

其中一个小孩，反应特别快，拔腿就跑。这是一个专门练短跑的小子，一口气跑出了好几百米。凡人遇到危机的时候，往往首先拿出自己的第一核心竞争力来摆脱危机。这小子跑出很远，感觉身后没有动静，自觉暂时安全了，才回过头来向山顶望去。小孩发现，他的三个小伙伴还在山顶，没动！于是，他着急了，向山顶喊：“你们三个快跑啊！狗熊上来是要吃人的。”

第二个小孩回答说：“你说的是废话，谁不知道狗熊要吃人，你只知道狗熊会吃人，狗熊还有一个核心竞争力，它最善于长跑，你跑有什么用？我的第一任务不是跑，而是穿好跑鞋，系好鞋带，我不用跑过狗熊，反正我也跑不过狗熊，我能跑过你们就行了！”第二个小孩转身看了看第三个小孩，问道：“你在这儿愣着做什么？”

第三个小孩说：“你们三个都跑走吧，你们快点跑，最好跑得无影无踪，千万不要干扰了狗熊的视线，我要让狗熊离我近一点，保持安全距离即可，然后，我带着狗熊跑，跑过山下那条小河，我将带着狗熊走进‘新时代’，把它带到我爹开的森林动物园，白白地给我爹融入一头‘固定资产’。”第三个小孩问第四个小孩：“你为什么不走，你有什么打算，你想等死吗?”

第四个小孩说：“我们四个人来此地的目的是痛快地玩一场，不要轻易改变初衷。你怎么知道狗熊是奔我们来的？也许狗熊的威胁根本就不存在！”大家定睛向山下望去，发现山坡上有一头猪，原来狗熊是奔猪去的，大家接着玩……

这是现代策划理论中的一个经典故事，它引出的道理是人在决策时有四种“思型”：保守型、竞争型、投机型、理想型。

保守型，如第一个小孩，先从自我所能入手来考虑，自己擅长跑，也不管跑是否有用，起来就跑。

竞争型，如第二个小孩，先从对手所弱入手来考虑，发现竞争不过狗熊后，便把伙伴列为对手，找到比较优势，做好竞争准备。

投机型，如第三个小孩，先从市场所需入手来考虑，在危机中发现机会。

理想型，如第四个小孩，先从目标所定入手来考虑，不轻易放弃自己的既定目标。

因为保守型的人决策时先想到自我，所以也被称为“M”型（Myself）；因为竞争型的人决策时先想到竞争对象，所以也被称为“O”型（Object）；因为投机型的人决策时先想到环境，所以也被称为“E”型（Environment）；因为理想型的人决策时先想到目标，所以也被称为“G”型（Goal）。

哪种类型好？各有利弊。M 型务实，但过于保守者愚笨，不灵活；O 型灵活，但过于竞争者自私，甚至残忍；E 型实用，但过于投机者冒险，不安全；G 型坚定，但过于理想者就是死心眼儿。

在网上，常被称为“小木”、“小M”的，可能你经常以自己之心度人家之意，不站在别人的立场想问题。常被称为“小欧”、“小O”的，你可能太要强，常和别人比，是争强好胜一族。常被称为“小义”、“小E”的，你可能表现得见异思迁，跟着环境变。常被称为“小急”、“小G”的，你可能表现得不达目的决不罢休。

而实际上，最佳的思型是MOEG，每个决策都保守、竞争、投机、理想。所以，从某一个侧面出发，看似正确的决策很多，而从四个面上看，正确的决策却很少很少。

资料来源：世界经理人网

“OMP”是什么？蒙牛有句很牛的广告语：“不是所有牛奶都叫特仑苏。”特仑苏的营销策划可谓可圈可点，一度非常成功。是的，策划的卖点就是因为它多了一种物质——OMP。可当下，蒙牛正因为“OMP”（造骨牛奶蛋白）而陷入奶制品安全问题旋涡。一个焦点问题就是对IGF－1（类胰岛素生长因子，一种活性蛋白多肽物质）这种物质的争论，一方认为大量IGF－1是对人体有害的，不应该在牛奶中使用；而蒙牛的理由很简单——法律没有明确禁止IGF－1的使用。但蒙牛同舆论界的争论规避开了一个重要的问题：在明知IGF－1对人体有危害的前提下，法律如果没有禁止使用，是不是意味着可以使用，而且使用后不但不会受到法律惩罚，也可以摆脱道德和良知的谴责？

所谓OMP即造骨牛奶蛋白（Osteoblasts Milk Protein）的英文简称，它是一种天然活性蛋白质，在牛奶中有微量存在，它可以直接或间接地对骨细胞发生作用。最重要的特征是：它可以增加骨骼中造骨细胞的数量和活性，调节破骨细胞的数量和活性，使骨骼易于吸收更多的钙质，同时防止钙流失，起到吸收钙、留住钙的作用。蒙牛特仑苏OMP添加的IGF－1对人体有危害，蒙牛本身肯定知道，但是因为“法律没有禁止添加”，根据蒙牛逻辑，蒙牛添加IGF－1就是合法合理而且义正词严的。那么是不是就可以光明正大地隐瞒它的危害、同时以它的优点为卖点？“OMP”这种非法添加到“特仑苏”牛奶中的物质，有望成为继“三聚氰胺”之后，让人们谈奶色变的新名词。

2009年2月11日，《每日经济新闻》披露：国家质检总局2月2日向内蒙古质监局发出公函，要求该局责令蒙牛公司禁止向“特仑苏”牛奶添加OMP物质。质检总局提出监管意见：鉴于目前我国未对OMP的安全性作出明确规定，IGF－1物质不是传统食品原料，也未列入食品添加剂使用标准，如人为添加上述物质，不符合现有法律法规的规定。请你局责令蒙牛公司禁止添加上述物质。

时至今天，蒙牛坚持自己没错：因为，他没有违法法律！确实如此，没有违法法律，法律又能奈他何？可是蒙牛忽略了法律的本质：对无限制的贪婪进行惩戒，保护社会的公平与和谐。天天翻着法律规则进行生产，只顾着如何不违反法律，而忘却了企业的社会意义和道德意义。与此同时，蒙牛更忽略了另一个问题：道德和良知的重要性。对法律来说，你没违反法律，法律不会惩戒你；但对老百姓，对消费者来说，你没违反法律，你却损害了消费者健康，违背了道德和良知！

资料来源：www.21manager.com

1.3　了解企业营销策划书结构及主要内容

真实任务1.3：了解某一企业策划书的详细结构。
（1）收集某一企业营销策划书，分析其结构特点；
（2）对比不同行业、不同目的的策划书的区别与共同点。

一般来说，营销策划书的结构包括如下九个方面：

1. 纲要

主要描述策划项目的背景资料、介绍策划的团体、概括策划书的主要内容等，要求简明扼要，让人一目了然。

2. 市场环境分析

人文环境、经济环境、政治环境、自然环境、文化环境、技术环境等以及竞争对手的实力分析、竞争对手的策略分析等。

3. SWOT 分析

即分别评估企业内部的优势、劣势，外部环境的机会、威胁。

4. 目标市场选择与定位

（1）细分市场。
（2）目标市场选择。
（3）市场定位。

5. 营销战略与目标

（1）营销战略的选择。
（2）战略目标的确定。

6. 营销策略

（1）产品策略。
（2）价格策略。
（3）促销策略。
（4）渠道策略。

7. 组织与实施计划

（1）组织销售队伍。
（2）制订实施计划。

8. 财务预算

9. 控制应变措施

以上九项内容，是营销策划书的一般结构，当然，并不是所有的营销策划书都应如此千篇一律，一应俱全。各个行业可根据企业所处的市场环境、产品、营销战略等情况，进行相应的创造性变化。

◆课堂游戏与讨论

题目：（请认真阅题，谁先做完为胜）

1. 请大声对你左边的人说谢谢。
2. 在这张纸的左上角写下今天的日期。
3. 在这张纸的左下角写下你的班级。
4. 在这张纸的右上角画五个大小一样的三角形。
5. 这张纸的右下角画五个大小一样的正方形。
6. 请大声喊“我最快”。
7. 在这张纸的背面写下58乘30的答案。
8. 沿本行裁剪，将前七个问题交给班长。
9. 如果你已经仔细阅读完了，请只作最后一题。
10. 将空白题目交给老师。

讨论：营销策划活动中如何进行全局性思维？

[案例分析]

鹤舞白沙，我心飞翔

白沙的策划要具备几个条件：一是要继承和发展原有品牌资产；二是要符合吸烟者的心理感受；三是要易于辨识与传播；四是要能长期持续发展。

在一次头脑风暴中，总裁卢平女士提出：“井似乎太小了，没有更多想象空间，不如让它变成一片大海、一片大湖，思想可以自由驰骋；立在井边的白鹤，太静、太拘谨了，让它飞起来如何，飞向无边的天际，自信、从容、有力；那么人呢？如何将人的感受与白沙联系在一起，使品牌与品烟的人产生互动？现代生活喧嚣、浮躁、烦恼，然而现实受困，思想无疆，超越永恒；品烟，要的不就是这样一种腾云驾雾、飘飘欲仙、飞一般的感觉吗？鹤飞，人也想飞。这就是吸白沙烟带来的心理感受。白沙，获得了自己独特的对消费者的承诺——品白沙，会有飞翔的感觉、超脱的感觉。”

根据卢平女士所表述的理念，我们用一张简单的表，来说明品牌发展的推演过程：

品牌大思路清晰了，其他方面迎刃而解：白沙品牌核心价值——飞翔，飞一样的快感；白沙形象联想（视觉符号）——渴望飞翔的手势；白沙品牌广告语——鹤舞白沙，我心飞翔；白沙新的品牌徽标——白鹤飞翔优美姿态的抽象表现。

以“飞翔”作为白沙品牌识别的三层理由：第一层理由——符合消费者吸烟时的瞬间心理感受；第二层理由——“飞翔”为品牌未来的可持续发展预留了足够空间；第三层理由——“飞翔”符合长沙卷烟厂长期形成的进取向上的企业文化和理念。

从飞翔的创意点出发，一支白沙品牌形象影视广告片拍出来了：宁静如镜的湖面，灰暗的天空，一个中年男子重重的脚步迈向湖边；远处，几只白鹤在浅水处嬉戏、助跑、腾空，振翅飞向蓝天；随着白鹤的腾空飞翔，画面逐渐明亮，色调逐渐辉煌……男子凝望飞向远方的白鹤，双手并举舒展地做出飞翔的手势，伸向天空……这时音效达到最高潮。画外音起：“这一刻，我已经飞了起来。鹤舞白沙，我心飞翔。”

在广告表现上，努力模拟和再现一个人吸烟前后的瞬间心理感受，如：压抑的情绪——产生吸烟欲望——掏出香烟和打火机——点烟——深吸一口——瞬间飘飘然。如果进一步把吸烟与白鹤的起飞过程相比，可以发现有趣的相似性，即：鹤在浅水里懒散地移动→想飞→舞动翅膀→加速助跑→腾空离水面→翱翔长空。

2000年度，在"中国10大杰出广告"评选中，白沙广告一举夺得最受观众欢迎大奖。"鹤舞白沙，我心飞翔"广告词家喻户晓。通过杰出的广告，品牌建设打下了坚实的基础。同年，在长沙举行的国际影视广告节上，来自台湾的台湾广告教父孙大伟对白沙广告片作了中肯的评价：中国烟草企业的形象广告，极少是站在消费者感受的立场上去做的，而白沙广告做到了这一点。

资料来源：六五三社区网

案例思考题：

1. 简述案例中广告语产生的背景，并对该广告语进行简短评价。

2. 体会策划的创意作用，思考如何获取好的策划创意。

◆课堂游戏

聆听技巧

游戏规则：

1. 事先从报纸或文摘上选取一篇200~300字的故事，注意最好是有简单情节的故事，而不是评论性文章。在课上先不做任何介绍，告诉学员你要为他们讲一段很有意思的故事，然后开始念。

2. 念完后，你会发现学员们对这个故事毫无兴趣，露出厌倦和疲累的表情。

3. 这时拿出一个精致的礼品，说："故事念完了，现在我会就这个故事的内容提几个问题，谁能回答对，我就把这个礼物送他。"

4. 然后问5~7个问题，都是一些关于故事的时间、地点、名字和简单情节的问题。

5. 尽管问题简单，你会发现还是几乎没有一个人能全部答对。

游戏目的：

据调查显示，一个人在聆听别人说话时，最多只能记住发言者1/3的主要内容，另外1/3是一些语气词，最后的1/3就只是对发言人意思的扭曲了。可见，非专业训练过的人在用听觉获取信息方面的能力是很有限的。要对此作出改进，除了参加专门的训练外，一个简单的方法就是认真听并作笔记，但就这样如此简单的方法也被人们忽视了。

1. 聆听技巧和沟通技巧

2. 员工激励

相关讨论：

1. 大家都是具有一定素质的人，可既然都听了这个故事，为什么却没有人能记得非常清楚？

2. 我们不去认真听的原因是什么呢？我们该怎样改进聆听技巧？

3. 如果事先把奖品拿出来，学员们的聆听效果会不会不一样？这是为什么？在没有物质刺激的情况下，我们应怎样提高自己的聆听效果？

游戏主要障碍和解决：

1. 人们往往不愿在自己不感兴趣或得不到好处的事情上浪费时间和力气，这个游戏就是一个典型的例子。人们在不知道有物质奖励的情况下，很难全神贯注地听一个完全与自己无关的故事。这大概就是同学们听了却记不住的原因吧。如果把同学换成是顾客呢？

2. 如何做一个好的聆听者？找到兴趣所在并对内容进行判读，而不是简单记忆。先不要匆忙进行评价，边听边想，灵活机动，主动倾听，抵抗分心，训练思维，开放思路，加快思考速度。

形式：集体参与

时间：10分钟

场地：教室

材料：一篇小故事

◆实训操作

引导学生对快速消费品、汽车和房地产行业的某一策划方案的结构、创意进行评价。

◆技能自测

1. 试述深入了解企业与产品对营销策划的重要性。

2. 如何做到营销策划报告格式的统一性与灵活性相结合？

任务2　进行市场调研

教学安排

●能力目标

1. 掌握市场调研问卷设计方法
2. 掌握各种市场调研方法
3. 掌握调研结果的分析方法

●核心能力

1. 能够设计较为科学合理的调研问卷
2. 能够对调研结果进行统计分析
3. 能撰写完整的市场调研报告

●教学重点

1. 调研问卷设计
2. 对调研结果进行统计分析的方法
3. 安排学生到企业与市场一线进行调研访问

阅读材料：

宝洁公司的市场调研策划

宝洁始创于1837年，是世界上最大的日用消费品公司，分支机构遍布全球80多个国家，所经营的300多个品牌畅销160多个国家和地区，产品涵盖美容美发、居家护理、家庭健康用品、健康护理、食品及饮料等系列。我们所熟知的帮宝适、佳洁士、汰渍、碧浪、舒肤佳、飘柔、潘婷、海飞丝、威娜、玉兰油、欧乐等都是宝洁公司的产品。宝洁之所以能缔造今天的日用消费品帝国，与其崇尚消费者至上的理念、深入细致的市场调研是分不开的。可以说，市场调研是宝洁成功的基石。

宝洁首创的许多市场调研技术，至今仍被广泛使用。宝洁公司自1924年成立“消费者研究机构”以来，便成为在美国工业界率先运用科学分析方法了解消费者需求的公司之一，其独创的实地调研方法（即“现场调查员”挨家挨户收集家庭主妇对各种产品的反馈）一直沿用了几十年；到20世纪70年代，宝洁便使用免费电话与消费者进行沟通并收集对产品的反馈信息；直至今天，宝洁坚持每年运用各种市场调研工具和技术与全球超过700万的消费者进行交流。进入中国市场，宝洁依然重视市场调研工作，不仅掌握了中国相关日用消费品的品牌种类、市场价格、市场占有率、销售额等市场状况，还根据中国消费者的特点进行分层，为制定市场营销战略提供了决策依据。

为了更深入了解中国消费者，宝洁在中国建立了完整的市场调研系统。例如，在推出海飞丝前，宝洁通过大量的问卷调查中国人的发质、洗发习惯、购买习惯，并研制出适合中国人发质的配方，同时将产品定位于“高档、高质、高价”，成功占领市场；在推出舒肤佳时，宝洁把其功能定位于中国消费者尚未意识到的“除菌”上，并通过广告诉求“爱心妈妈护全家”，与消费者产生共鸣；飘柔在配方改良之前，曾对全国共16个大城市及乡镇的近2 000位消费者进行了调查；帮宝适也是通过市场调研为其产品进行了重新定位，从原有的“能够给妈妈带来更多的方便”（该定位使很多年轻妈妈感觉有偷懒的嫌疑），转变为“帮宝适能够帮助你的宝宝更加健康的成长”……宝洁深入细致的市场调研不仅能够实现与消费者的长期沟通，而且有助于建立庞大的数据库，及时将消费者的意见汇总、分析并反馈给研发部门，以便开发出更适合消费者的产品，从而更好地满足甚至创造市场的需求。

资料来源：中国经理人网

2.1 确定市场调研内容

真实任务2.1：在当地找一快速消费品/汽车/房地产行业企业或某一项目/产品，进行市场环境分析。

（1）了解具体项目或产品市场环境分析内容；

（2）掌握市场环境分析方法。

现代市场营销学非常重视对市场营销环境的研究，因为任何企业的市场营销活动都不是在真空中进行，而是要受到各种市场营销环境的影响。企业的市场营销战略计划或是适应市场营销环境，使企业的市场营销活动能正常、迅速地展开，或是不适应其环境的要求，遭到挫折或失败。正如组织的环境适应理论所说的，企业必须随环境的变化而不断改变自己。也就是说，企业应该像生态系统中的有机体一样，随环境的不同变迁而作出与之相适应的反应行为，即制定出适应市场营销环境变化的市场营销战略。

美国市场营销学家菲利普·科特勒对其作了如下定义：“企业的市场营销环境是由企业市场营销管理职能以外的因素和力量组成的，这些因素和力量影响市场营销管理者成功地保持和发展同其目标顾客交换的能力。”从科特勒的定义和企业的市场营销实践来看，企业能否获得市场营销活动的成功，不仅受制于企业外部因素，还要受到企业内部因素的影响。因此，简单而言，所谓市场营销环境，就是指一切影响和制约企业市场营销决策和实施的内部条件和外部环境的总和。

市场营销环境首先可以分为宏观环境和微观环境，或者分为宏观环境、作业环境、企业内环境。宏观环境可以分为人口、社会文化、经济、政治法律、技术、自然等；人口又可分为年龄、性别、职业、受教育程度、收入水平等。市场营销环境对市场营销活动的影响多种多样。

2.1.1 宏观环境调研

宏观环境是指对企业生产经营有巨大影响的社会力量，包括政治、法律、经济、社会、文化、技术、人文、自然等多方面因素。

(1) 政治/法律环境。主要调研国家的政治主张、政治形势及变化情况；掌握国家关于产业发展、财政、金融、税收、外贸等方面最新颁布的政策、方针、规划等纲领性文件（例如《国家十一五发展规划》）；了解国家法律、法规、条例的变化情况等。

(2) 经济环境。主要调研国家或地区的国内生产总值（GDP）、产业发展状况、经济增长率、通货膨胀率、就业率、税率、利率、汇率，以及社会的收入分配、购买力水平、储蓄、债务、信贷等，以掌握国家在一定时期内的经济政策、体制及形势。

(3) 社会/文化环境。主要调研整个社会的核心价值观念、风俗习惯、宗教信仰、伦理道德及亚文化，了解人们的价值观、生活方式、文化素养；掌握某消费群体的构成及其购买动机、购买行为、购买心理等。

(4) 技术环境。主要调研企业所涉及的技术领域的发展情况、产品技术质量检验指针和技术标准等；了解新技术、新材料、新工艺、新产品的研发及问世情况；关注国家科研技术发展的方针政策及规划等。

(5) 人文环境。市场是由人口所构成，因此，需要对人口的增长情况、年龄结构、民族市场、家庭类型、受教育程度、人口地理迁移等方面进行调研。

(6) 自然环境。主要调研企业所处的地理位置、气候、资源、生态等自然情况，以及资源短缺、能源成本增加和污染程度增加等生态状况。

一切组织、团体或企业均处在上述环境之中，亦不可避免地受影响及制约。因此，市场营销策划者应通过分析宏观环境的现状及发展趋势，预测其对企业营销活动可能产生的影响，抓住机会、避开威胁。

2.1.2 行业及竞争者调研

行业是企业最直接的外部环境，因此企业要对行业的整体水平及竞争状况有一定程度的了解。竞争者调研首先必须弄清谁是竞争者、竞争范围、规模实力、竞争手段和激烈程度等。一般要调研以下一些内容：竞争者属性，即属哪类竞争因素；竞争企业各类产品销售额；各地域所占的比例；顾客的评价；产品特性和产品竞争力以及与本公司产品的优劣情况；各地域的销售网点数和销售额；交易条件及其变化；对销售网点的援助和指导情况；广告、宣传的方法、频率、投入金额和渗透程度等；人员推销的方法和推销活动的特性；营业推广的方法；营业人员的数量及素质；售后服务的方法及质量。

一般来说，常用波特“五力”模型对行业及竞争者进行分析，“五力”指现有竞争者、潜在进入者、替代品、购买者、供应商五种竞争力。

1. 现有竞争者的竞争强度调研

考察现有竞争者的竞争强度应考虑从以下几方面进行调研：

(1) 行业成长率高低。若较高，则市场竞争激烈。

(2) 退出壁垒高低。若较低，则竞争激烈。

（3）竞争对手的数量和规模。若数量较多、实力较强，则竞争激烈。

（4）转换成本高低。若较高，则竞争激烈。

（5）差异化程度。若较低，则竞争激烈。

（6）行业是否具有高额的战略利益性。若具有，则竞争激烈。

2. 进入威胁调研

考察进入威胁应考虑从以下几方面进行调研：

（1）行业内是否形成规模经济。若未形成，则进入威胁大。

（2）行业内是否具有成本优势。若不具有，则进入威胁大。

（3）行业内产品差异化程度。若差异化程度低，则进入威胁大。

（4）行业内资金密集程度。若不属于资本密集型，则进入威胁大。

（5）行业内转换成本高低。若较低，则进入威胁大。

（6）新竞争者是否拥有独特的分销渠道。若拥有，则进入威胁大。

3. 替代威胁调研

（1）替代品的性价比高低。若较高，则替代品的威胁大。

（2）替代品是否来自高赢利产业。若是，则替代品的威胁大。

4. 购买者的价格谈判能力调研

考察购买者的价格谈判能力应考虑从以下几方面进行调研：

（1）是否为集中或大批量购买。若是，则其价格谈判能力强。

（2）所购买产品占成本的比例大小。若比例较大，则其价格谈判能力强。

（3）所购买的产品是标准化产品还是差异化产品。若为标准化产品，则其价格谈判能力强。

（4）购买者的转换成本高低。若转换成本低，则其价格谈判能力强。

（5）购买者的赢利高低。若购买者赢利低，则其价格谈判能力强。

5. 供应商的价格谈判能力调研

考察供应商的价格谈判能力应考虑从以下几方面进行调研：

（1）供应商集中化程度。若较高，则其价格谈判能力强。

（2）供应商被替代程度。若较低，则其价格谈判能力强。

（3）是否为供应商的主要客户。若非主要客户，则供应商的价格谈判能力强。

（4）供应商所提供的产品对行业的重要程度。若重要，则其价格谈判能力强。

（5）供应商所提供的产品的差异化程度。若较高，则其价格谈判能力强。

（6）供应商的前向一体化能力。若较高，则其价格谈判能力强。

阅读材料：

波特“五力”模型

波特（M·E·Porter）的五种竞争力模型（见下图）认为，一个行业存在着五种基本竞争力量，它们是现有竞争者之间的竞争、潜在的竞争对手（即潜在进入者威胁）、替代产品的威胁、供应商讨价还价的能力以及顾客讨价还价的能力。这五种基本竞争力量的状况及其综合强度，决定着行业的竞争激烈程度及资本向本行业的流入程度，从而决定着行业保持高收益的能力和获利的最终潜力。

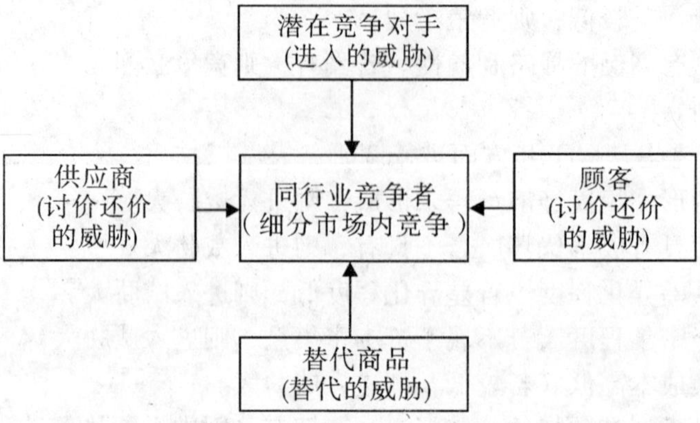

新进入者的竞争：新进入者的威胁程度要看产业进入壁垒的高低，以及新进入厂商如何评估现有竞争者可能的反应而定。当产业进入门槛很高，以及新进入厂商将预期既有竞争者会发起猛烈报复的时候，很明显，这些新进入厂商将不构成严重的威胁。

以下是构成进入壁垒的几种主要因素：规模经济；专卖产品的差别（产品差异化）；商标专有性；转换成本；资本需求；分销渠道；绝对成本优势；研究曲线的专有；必要投入的渠道；低成本产品设计的专有；政府政策；预期的反击。

决定供应商力量的因素：投入的差异；产业中供方和企业的转换成本；替代品投入的现状；供方的集中程度；批量大小对供方的重要性；与产业总购买量相关的成本；投入对成本和特色的影响。

产业中企业前向整合相对于后向整合的威胁。

决定顾客（买方）力量的因素：

(1) 砍价杠杆：买方的集中程度相对于企业的集中程度；买方数量；买方转换成本相对于企业转换成本；买方信息；后向整合的能力；替代品；克服危机的能力。

(2) 价格敏感性：价格/购买总量；产品差异；品牌专有；质量/性能的影响；买方的利润；决策者的激励。

决定替代商品威胁的因素：替代品相对价格表现；转换成本；客户对替代品的使用倾向。

同行业竞争的决定因素：产业增长；固定（存储）成本/附加价值；周期性生产过剩；产品差异；商标专有；转换成本；集中与平衡；信息的复杂性；竞争者的多样性；公司的风险；退出壁垒。

2.1.3 市场供求与消费现状调研

市场是企业生存和发展的出发点和归宿点，因此企业要对市场的供求现状进行调研，掌握市场特性、市场规模、企业产品的需求总量、消费者的需求状况以及整个市场的供应能力等方面情况，使企业能更有效地满足消费市场需求。市场供求的调研内容有：市场特性；市场规模及供求状况，包括现实需求和潜在需求；可能销量的预测；市场动向和发展性；市场对产品销售的接受程度和抵抗程度；市场增长率；本公司及其产品的市场占有率；在其市场上的本公司最大竞争对手的市场占有率。

消费者情况调研指掌握消费者的需求结构及消费行为，明确消费者对同类商品不同规格、不同款式等的需求状况，了解消费者的购买心理、购买动机、购买模式及购买习惯等，分析影响购买决策的主要因素。调研内容主要包括：消费者结构、分布；消费者需求的特点、数量和种类；消费者的购买动机和购买习惯；要求了解消费者的动机，进行购买动机的分析，分析动机的影响因素，发现产品及店铺的选择背后的动机，分析购物及产品比较的动机等；消费者的购买能力和购买行为；了解消费者的态度，发现消费者对店铺、产品、品牌的态度，弄清消费者的不满，分析态度的相对强度，分析消费者对店铺方便性的态度、决定购买频率，测定对产品的忠诚度等。

阅读材料

听口音炒菜

在浙江，有家饭店生意异常兴隆。这当中不少是"回头客"。听店主说，其经营诀窍只有5个字：听口音炒菜。如烧鳊鱼，对山东口音的人则注重酱香，还加上几根大葱；对江西口音的人，注重在汤汁中多放一点辣椒干；对苏杭口音的人注重甜、咸、酸。难怪许多食客吃后都会说上一句：这厨师好像就是我们那里的。

这家饭店的店主从细微处入手，善于听口音炒菜，从而把生意这本"经"念活了。笔者很佩服其独到的经营眼光和思维方式。消费者的需求就是市场的晴雨表，也是厂商调整产品结构、打开产品销路的信号灯。

资料来源：中国营销传播网

面包店的市场调研

广州有一家面包店，面包做得比一般店好吃。这是一个连锁店，分店遍及广州城，定位中高档，比一般的面包店价格要高50%左右。为了支撑相对高的价格，他们的面包产品除了味道做得不错之外，还尽量在产品款式上和普通面包店有所差别以及推出一些比较有特色的产品，以免客户直接对比。同时，他们的营销手段也挺丰富，常常会有新产品推出和特价促销活动，感觉还是挺有营销功底的。

昨天去小店买面包，发现了个有意思的细节。售货员刷了面包的条码后（面包都是单独包装的），电脑屏幕上跳出一个提示框，要求输入客户的年龄段。售货员的手法很快，飞快地敲了个数字代码就回车了，那个提示框一闪而过，一般客户这个时候都在掏钱而不会注意屏幕的。

回家的路上我一直在想这个细节，觉得很有意思。一个很简单的录入，就能让公司搜集很多基础信息。有了这些基础信息，就可以分析不同年龄段的顾客的口味，甚至某个分店的顾客的购买偏好等，这对生产计划、新产品设计和促销手段制定都有很重要的参考作用。营销可不是拍脑袋想出个点子就是营销。去他们公司网站看了看，其在广州、深圳、东莞、杭州、长沙开设有200多个分店。

资料来源：www.21manager.com

2.1.4 企业内部调研

任何营销策划必须与企业总体战略一致，并充分培育和发挥其核心竞争能力，从而有利于在激烈的市场竞争中取胜。通过对企业发展战略及使命、内部资源、业务组合及相互关系、既往业绩与成功关键要素等的分析，来掌握企业自身存在的优势与劣势。

（1）企业发展战略及使命。明确企业三个层次战略（公司战略、业务单位战略、职能战略）各自的发展方向，掌握公司的组织、权力结构、业务分布与经营状况；同时掌握公司使命，清楚终极目标、公司远景、主体业务以及为顾客和利益团体创造价值的方式。

（2）企业内部资源。包括人力资源（即领导风格与能力、企业人员供求状况、员工能力与素质、企业招聘与培训机制、企业文化等）；物力资源（即企业的原材料、零部件、设备、服务及其有效利用情况）；财力资源（即企业的财务状况、流动资金数量以及用于营销方面的资金状况、企业资本运营能力等）；信息情报资源（即市场情报、竞争对手的资源、营销组合策略及战略的获取能力）等。

（3）企业业务组合及相互关系。掌握公司现有业务情况，并判断每项业务所属类型，即属于问题类（相对市场占有率低、业务增长率高）、明星类（相对市场占有率高、业务增长率高）、金牛类（相对市场占有率高、业务增长率低）或瘦狗类（相对市场占有率低、业务增长率低），每一类业务或产品在企业发展的不同时期有不同的策略，企业要根据企业情况与市场竞争情况进行资源优化分配，以实现企业竞争战略目标。

（4）既往业绩与成功关键要素。明确企业销售额、利润的同比增长情况，清楚哪些战略及策略是行之有效的，研究企业取得成功的关键之道等，这些都能体现企业自身发展的优势及劣势。

2.1.5 营销组合调研

营销的核心即为4P，因此进行营销调研策划应从营销组合人手，掌握产品、价格水平、广告及促销、销售渠道的情况，以便更好地了解产品的优势及劣势。

1. 产品调研

（1）产品使用者的特征和需求。

（2）潜在购买者的态度和偏好。

（3）各产品的行情好坏及其原因。

（4）产品的顾客层。

（5）产品组合及其的占有率、利润率、销售贡献率。

（6）产品或品牌的知名度和忠诚度。

（7）对各产品的购买动机。

（8）产品顾客满意度。

（9）不同产品的购买习惯及变化。

（10）新产品的机会。

（11）新产品的开发和试销。

（12）包装和标签的试销。

（13）消费者对现有产品的态度和修正。

2. 分销渠道调研

（1）店铺的地址选择。

（2）分销渠道的选择。

（3）分销渠道的变更。

（4）代理商（批发商）的了解和选择。

（5）零售商的了解和选择。

（6）物流与配送调研，包括流通中心的计划和选址、最佳运输手段与路线的选择、经济定货量的决定等。

3. 价格调研

（1）价格设定。

（2）折扣策略的制定。

（3）按价格划分市场。

4. 促销调研

（1）推销人员的地域分配。

（2）推销策略的决定。

（3）推销人员管理情况。

（4）广告媒体的选择、广告策略、广告效果及费用等。

（5）营业推广策略的选定。

（6）公共关系时机的选择和策略的决定等。

市场调研的主要内容表

宏观环境	政治/法律环境 经济环境 社会/文化环境 技术环境 人文环境 自然环境
行业及竞争者状况	现有竞争者/竞争强度 替代威胁 进入威胁 购买者的价格谈判能力 供应商的价格谈判能力
市场现状	市场需求 市场供给

（续上表）

企业内部	企业发展战略及使命 企业内部资源，即人力、物力、财力、信息资源 企业业务组合及相互关系 既往业绩与成功关键要素
营销组合	产品研究 价格研究 渠道研究 促销研究

阅读材料：

市场营销4P理论

4P理论于1960年在美国创立，它认为市场营销的根本问题在于解决好四个基本要素：Product（产品）、Price（价格）、Place（销售渠道）、Promotion（销售促进）。这四大要素配套组合的优劣，在很大程度上决定了企业在目标市场上的竞争地位和经营特色。其理论基础是：如果企业按正确的价格，以适宜的促销方式在正确的地点销售正确的产品，那么市场营销计划将是有效和成功的。

2.2 市场调研策划流程

> 真实任务2.2：以小组为单位，制订当地某一调研项目的调研计划。
> （1）了解市场调研策划的几个阶段；
> （2）熟悉市场调研策划流程。

市场调研是一个由不同阶段、不同步骤相互联系、相互衔接构成的一个统一的整体。通常进行市场调研策划流程分为10个步骤，分别贯穿于四个阶段之中：第一，调研策划的准备阶段，通过对内外环境及企业自身的分析提出调研问题并确定目标；第二，调研策划的设计阶段，主要包括设计调研方案、选择调研方法、明确样本及抽样方法；第三，调研策划的实施阶段，根据调研设计进行资料的采集工作，并通过定性与定量分析方法对数据进行处理与分析；第四，调研策划的结论阶段，通过综合分析得出调研结论，并最终形成报告。

2.2.1 调研策划的准备阶段

第一步，确定调研的必要性。

并非每一项调研都有执行的必要，要清楚收集信息的原因，明确企业是否已经拥有所需的信息、是否有充裕的时间与资金进行调研、权衡调研收益与成本的关系，分析信息可获得程度的高低。

第二步，明确调研问题。

在分析调研的必要性后就要对调研的问题及主题加以确定。通常在正式调研之前都要进行一项非正式调研，又称探索性调研，即一种小规模的调研，目的是确切地掌握问题的性质和更好地了解问题的背景环境，以便节省调研费用、深入了解调研问题、缩小调研范围。

第三步，确定调研目标。

调研目标必须尽可能准确、具体并切实可行。

2.2.2 调研策划的设计阶段

第四步，设计调研方案。

调研方案的设计是指为实现调研目标而制订调研计划书，是调研项目实施的行动纲领。一份完整的调研方案通常包括以下几方面内容：确定资料来源；设计具体的调研内容；设定调研的时间表；确定调查对象和调研人员；说明调研预算。由于不同类型调研方案的侧重点不同，因此，设计调研方案的首要任务就是确定本项调研是属于探索性调研、描述性调研还是因果性调研。

（1）探索性调研设计。这是指在没有特定的结构并且是在非正式的方法下进行的调研设计，通常被用于深入了解并界定问题或追踪和寻求市场机会。常用方法有小样本调查、专家咨询法、座谈会法、个人访谈等。

（2）描述性调研设计。这是指以描述研究对象的特征、功能、属性等为目的而进行的调研设计，研究范围包括：研究对象的态度、行为、对企业的评价，以及竞争者的一些基本情况。描述性调研通常以大样本为基础，同时要求调研人员对所研究问题有很大程度的了解，并对所需信息有清楚的定义。常用方法有二手资料法、问卷法、观察法等。

（3）因果性调研设计。这是指通过多种因素的研究来确定问题产生的原因而进行的调研设计。调研人员需要考察一个变量是否影响另一变量，以及变量之间是否存在某种相关关系。

第五步，选择调研方法。

营销调研策划的五种方法即文案法、问卷法、访问法、观察法、实验法。

第六步，选择抽样方法并设定样本容量。

可采用随机抽样或非随机抽样方法进行调研。在选定抽样方法之后就要根据抽样特点确定样本的容量。

2.2.3 调研策划的实施阶段

第七步，数据采集。

调研设计正式确定之后，接下来是根据调研设计进行数据采集工作，一般可以采取人员采集和机器记录两种数据采集方式。人员采集是指调研人员对现有的文案资料进行收集和调查，或通过访问、填写问卷等方式直接与被调查者交流并收集信息；亦可通过观察被调查者而收集相关资料。机器记录主要是采用扫描数据的方式收集信息。数据采集通常分为两个阶段：前测阶段和主题调研阶段。前测阶段是指使用子样本判断主体调研的数据采集计划是否合适，主题调研阶段是指正式进行大规模的调研。现在大规模复杂调研多用机器记录方式进行。

第八步，数据处理与分析。

对所采集的数据进行加工处理，形成系统化、规范化、符合客观规律的资料。

2.2.4 调研策划的结论阶段

第九步，撰写调研报告。

调研报告是调查结束后的书面成果汇报，并用以提出结论性意见及建议。调研报告通常包括三种形式：数据型报告（提供调查所得的数据）、分析型报告（提供数据并进行分析）、咨询型报告（不仅提供数据、分析结果，并在此基础上提供咨询方案）；包括三方面内容：前言、主体、附件。

第十步，跟踪反馈。

为了更好地履行调研工作的职责，调研人员应持续关注市场变化情况，跟踪调查，不断提高调研水平。

2.3 调研问卷设计

真实任务2.3：在当地找一快速消费品/汽车/房地产行业企业，就某一项市场调研内容设计一份调研问卷。

（1）了解调研问卷设计要求；

（2）熟练设计市场调研问卷；

（3）了解市场调研方法。

2.3.1 市场调研的方法

1. 文案法

文案法，又称二手资料调研法、间接调研法或文献调研法，是指通过查找或阅读出版书目、统计资料或研究成果等资料，获得所需信息的过程。它具有成本较低、资料较易查找、搜寻耗时较短等优点；同时也具有针对性弱、实效性差、可信度低等缺点。文案调研法的资料来源于两个方面：内部资料和外部资料。

2. 问卷法

问卷法是指调研人员根据所需信息进行问卷设计，并由被调研者作答，最终收集市场有关信息的一种方法，也是收集一手资料最常用的方法之一。

3. 访问法

访问法，又称询问法，是指调查人员以访问为主要手段，从被调查者的回答中获取信息资料的方法，是一种最常用的实地调研方法。常用的方法包括以下三种：

（1）面谈访问法。面谈访问法，是指调研人员面对面地向被调查者询问有关问题，以获取相关信息资料的一种方法。包括个人访谈、小组访谈等多种形式，其中个人访谈包括入户访问、拦截访问及经理访谈等，小组访谈包括焦点小组访谈、深层访谈、德尔菲法访谈及头脑风暴法访谈等。

（2）邮寄访问法。邮寄访问法，是指调研人员将预先设计好的问卷以邮寄的方式送至被调查者手中，并请被调查者按照要求将问卷完成并寄回，从而获取信息资料的方法。

（3）电话访问法。电话访问法，是指调查者以拨打电话的形式与被调查者进行沟通、交谈并获取有关信息资料的一种方法。

4. 观察法

观察法是指调研人员凭借自身观察或借助相关仪器，在调研现场对被调查者的情况进行直接观察和记录，以获取信息资料的一种方法。观察法的类型有如下几种：

（1）顾客观察法。直接观察法的一种，是指调研人员在商场中秘密观察、跟踪、记录顾客的行为和举止，并将观察记录的结果汇总，总结出顾客的消费行为、偏好、心理特征等。采用顾客观察法一般可获得以下六方面的信息：一是商店的客流量及顾客平均滞留时间：二是顾客逛店路径；三是顾客购物偏好；四是顾客对价格的敏感程度；五是顾客驻足留意每种商品时间的长短；六是顾客产生购物冲动的次数及产生原因。

（2）环境观察法。直接观察法的一种，又称神秘购物法或伪装购物法，是指调研人员装扮成普通顾客介入活动之中，搜集有关商店、雇员与顾客的信息资料的一种方法。

（3）痕迹观察法。间接观察法的一种，是指调研人员通过观察被调查对象留下的实际痕迹，获取某方面信息的一种方法。

（4）仪器观察法。间接观察法的一种，由于很多场合并不适用或需要调研人员亲临现场，因此需要通过录音机、照相机、摄像机、红外线探测器、IC卡智能机及其他监听、监视设备对顾客进行观察。

观察法主要适用于以下情况：

（1）消费者偏好调查。观察法适用于对消费者购物时对商品的品种、规格、款式、包装、价格、服务等方面的偏好进行观察。

（2）商场经营环境调查。观察法适用于对商场的商品陈列、货架摆放、橱窗布置、卖场气氛、客流量等方面进行观察。

（3）品牌调查。观察法适用于调查消费者对某种品牌的喜好、忠诚程度，以及同类产品品牌的替代程度。

5. 实验法

实验法，是指在实验者首先从影响调查对象的诸多因素中选择一个或几个因素作为实验因素，而后保持其他因素不变，研究当实验因素发生变化时对调查对象的影响程度，最后对实验结果进行总结、分析、判断的一种方法。此法尤其适用于研究变量之间的因果关系，是一种特殊的观察法。实验法常用于以下几种情况：

（1）检验因果关系。实验法主要用于检验某些市场因素之间的因果关系，研究其对总体市场的影响程度。

（2）新产品的区域试销。在某一产品大规模进入所有目标市场之前，有必要在一个有代表性的区域内适销产品，以观察市场反应程度。

2.3.2 市场调研问卷的设计

1. 调查问卷的结构

（1）标题。能够突出问卷的调查主题及目的，使被调查者对所要回答问题的主要方向一目了然。

（2）问候语与填表说明。问候语的设计应语气亲切、诚恳、有礼貌，内容交代清楚，使被调查者消除疑虑，参与调研；填表说明旨在规范与帮助被调查者回答问题的方法，可以集中放在正文前面也可分散到相关问题中，视具体情况而定。

（3）正文。即包括所要调查问题的全部，主要由问题、答案及指导语构成。

（4）被访问者背景资料。包括性别、年龄、民族、文化程度、收入、婚姻、家庭类型、职业、职务、单位、联系方式等，目的是进行资料统计与分析时能够对消费者的特征有更好的把握。

（5）调研人员资料及问卷编号。为便于查询、核实、奖励及明确责任，问卷须包含调研人员的姓名，实施调研的时间、地点，相关信息及问卷编号。

（6）结束语。亦称致谢语，置于整篇问卷最后，作为向被调查者表达谢意之用。

2. 设计调查问卷的程序

（1）第一步，明确调研目的及信息来源。首先，进行探索性调研，发现待研究的问题；其次，参照调研主题对问题进行筛选，排除不必要问题；最后，确定调查主体和调查内容。

（2）第二步，确定问卷类型及抽样方式。首先，根据被调查群体的属性及特征确定采用何种问卷类型，即送发式、邮寄式、人员或电话访问式等；而后，确定抽样方式，即随机抽样或非随机抽样。

（3）第三步，明确需要获得的信息。首先，根据调研的目的及主题列出所要调研的信息；其次，集思广益，使问卷能够尽量包括所有问题；最后，考虑信息获得的渠道及可行性。

（4）第四步，设计问题及答案。首先，确定问题的类型（开放或封闭）；其次，设计问题，要求用词清楚，避免误导或引诱性词句，切忌一个句子中出现两个问题；最后，问题选项应尽量包含所有可能，例如，可增添“其他”选项。

（5）第五步，问题排序。首先，运用过滤性问题将不合格应答者剔除；其次，将易答问题放在前面，复杂、敏感的问题放在后面；最后，按照正常的逻辑顺序进行排序或问题分组，以免产生思维来回跳跃的现象。

（6）第六步，修改与完善问卷。首先对问卷的措辞反复推敲，使问题能够清晰地表达出所要获得的信息；而后进行小范围的问卷试答，确认每一个问题都能够被充分地理解与回答，最后接受各方意见完善问卷。

（7）第七步，排版与印制。二者看似无足轻重，实际却能较大影响调查效果。切忌为节省成本而进行版面压缩，使问题之间空隙太小，也不要使用低档的纸张和粗糙的印刷。

随着社会的发展与营销中人力成本的增加，很多调查并不需要也不可能由调研人员亲自到场实施调研，而是通过邮件、插页、亲自递送、传真、电子邮件、网站、设置调查站点等方式将问卷传送给被调研对象。

阅读材料：

调查问卷设计注意事项

作为一个最重要也是最有效的办法——问卷调查法始终被业内人士看做制胜的法宝。根据调查行业和调查方向的不同，问卷的设计在形式和内容上也有所不同，但是无论对于哪种类型的问卷来说，在设计过程中都必须要注意以下几个要点：

1. 明确调查目的和内容，问卷设计应该以此为基础

在问卷设计中，必须明确调查目的和内容，这是问卷设计的前提。为什么要做调查，而调查需要了解什么？在进行问卷设计的时候都必须对调查目的有一个清楚的认知，并且在调查计划书中进行具体的细化和文本化，以作为问卷设计的指导。调查的内容可以是涉及公众的意见、观念、习惯、行为和态度的任何问题，可以是抽象的观念，如人们的理想、信念、价值观和人生观等；也可以是具体的习惯或行为，如人们接触媒介的习惯，对商品品牌的喜好，购物的习惯和行为等。但是应该避免的是在调查内容上有使被调查人难以回答，或者是需要长久回忆而导致模糊不清的问题。

2. 明确针对人群，问卷设计的语言措辞应该选择得当

问卷题目设计必须有针对性，对于不同层次的人群，应该在题目的选择上有的放矢，必须充分考虑受调查人群的文化水平、年龄层次和协调合作可能性，除了在题目的难度和题目性质的选择上应该考虑上述因素，在语言措辞上同样需要注意这点。比如面对家庭主妇做的调查，在语言上就必须尽量通俗，而对于文化水平较高的城市白领，在题目和语言的选择上就可以提高一定的层次。只有在这样的细节上综合考虑，调查才能够顺利进行。

3. 在问卷设计的时候，就应该考虑数据统计和分析是否易于操作

目前做市场调查的人员，一般都能考虑到市场调查的目的和内容，在题目选择和言语措辞上也能够综合考虑到各种因素，但是往往容易忽视的一个问题就是数据的统计和分析。必须在问卷设计的时候就充分考虑后续的数据统计和分析工作，题目的设计必须容易录入，并且可以进行具体的数据分析。

4. 卷首最好要有说明（称呼、目的、填写者受益情况、主办单位），如有涉及个人资料，应该有隐私保护说明

问卷调查是一项面对广大受调查群体的活动，由于调查的目的和调查内容不同，针对的群体也不尽相同，由于受到受调查人群配合的积极性的影响，市场调查在操作上往往会比较困难，这也是很多市场调查往往做一些赠送等返利的原因。但是作为操作市场调查的策划人员，就应该从这点上充分地尊重受调查人员，因此在问卷的设计上也应该尽量规范，同时必须要有受调查人员有权利知道的内容，对调查的目的内容进行一个说明。需要有一个尊敬的称呼，填写者的受益情况，主办单位和感谢语。同时，如果问卷中有涉及个人资料，应该要有隐私保护说明。只有尊重受调查人群，才有可能调动他们的配合积极性。

5. 问题数量应该合理化、逻辑化、规范化

问题的形式和内容固然重要，但是问题的数量同样是保证一份问卷调查成功的很关键的因素。由于时间和配合度的关系，人们往往不愿意接受一份繁杂冗长的问卷，即使接受也不可能认真地完成，这样就不能保证问卷答案的真实性，同时在问题设计的时候也要注意逻辑性的问

题，不能产生矛盾的现象，并且应该尽量避免假设性问题，以保证调查的真实性。为了使受调查人员能够更容易回答问题，可以对相关类别的题目进行列框，受调查人员一目了然，在填写的时候自然就会比较愉快地进行配合。另外，主观性的题目应该进行避免，或者换成客观题目的形式，如果确实有必要的话，应该放在最后面，让有时间和能配合的受调查人员进行一定的文字说明。

最后，即使是一份很成功的问卷，也不是一制定好就是成功的，必须要经过实践的考验。所以在问卷初步设计完成时，应该设置相似环境，小范围试着填写，并对结果作出反馈，及时进行修改。只有这样，才能够达到市调的终极目的，就是以准确的数据和分析来为策略做一个有价值的参考。

资料来源：www.21manager.com

2.4 撰写市场调研报告

真实任务2.4：在当地找一快速消费品/汽车/房地产行业企业或某一项目/产品，进行市场环境分析，并撰写完整调研报告。

（1）了解市场调研报告的内容与结构；

（2）掌握市场调研报告拟定要求；

（3）撰写与汇报市场调研报告。

2.4.1 市场调研报告的内容与结构

1. 前言

（1）封面。通常包括以下四方面内容：第一，标题，要尽可能提供有关报告的目的和内容的信息；第二，委托单位的名称，即为哪个单位或个人提供调研服务；第三，调查机构的名称（可以添加地址、电话、传真、电子邮箱等联系方式）；第四，呈送调研报告的日期。

（2）授权书。指在调研活动开始前委托客户写给调研机构的信函，详细说明了对调研机构的要求。通常是由双方订立确定委托代理关系的合同文书。并非所有报告都要求有授权书。一份授权书通常包括以下内容：调研范围与调研方法、付款条件、预算、人员配备、期限、临时性报告及最终报告的要求。

（3）目录。即列示整个书面报告的内容目录，帮助快速找到每一章节在报告中的相应位置。通常包括以下三方面：章节标题、副标题及相应页码；图表及数字清单标题及页码；附录标题及页码（即附录、索引及相关资料），以方便资料查询。如果是电子文档，要添加超链接跟踪，以增强报告的阅读性。

（4）执行性摘要。此部分是对调研报告主体部分的高度概括和总结，是整个报告的必读部分，为忙碌的管理者及委托单位提供了预览条件。主要包括：调研目标；调研方法、调研结果的简单陈述；简述结论及建议；其他有关信息（如背景信息、局限性等）。

2. 主体

（1）引言。介绍实施调研的背景（如项目来历、对企业及市场现状和调研方法简单描述等）、参与调研的人员和单位、向相关个人及单位致谢。也可以对报告中每一部分内容及相关联系进行简单介绍。

（2）分析与结果。此部分是调研报告的正文部分，也是最核心的部分。应按照一定的逻辑顺序进行陈述（通常包括项目的市场背景分析、原因分析、利弊分析和预测分析），并配合文字、表格、图形等分析全过程，并得出调研结果。

（3）结论及建议。此部分是调研报告的关键部分，也是最吸引人之处。其中，结论是以调研分析结果为基础得出的结论或决策；建议是根据结论而提出工作及行动建议，是今后的行动指南，是调研机构对整个调研项目的总结。

（4）调研方法。此部分主要介绍调研的研究类型及研究目的；总体及样本的界定；资料收集方法（文案法、访谈法、问卷法等）和调查问卷的一般性描述及特殊类型问题的讨论，以及对特殊性问题的考虑，以增强调研的可靠性。通常描述调研方法的篇幅不需过长。

（5）局限性。由于任何调研都难免受样本界定误差或随机误差的影响，同时又受时间、预算、资源或其他条件的约束和限制，使调研结果产生不同程度的误差现象，因此应以客观的态度对所调研项目的局限性进行相关说明。

3. 附录

（1）调查问卷及说明。将调查问卷原稿附着在正文后面，并对调研方法、抽样调查方式以及问卷调查中相关问题进行详细说明。

（2）数据统计图表及详细计算与说明。报告中涉及的图表及其他视图资料应进行详细说明，对于数据的统计计算过程也应适当作详细解释。

（3）参考文献及资料来源索引。报告中所参考的文献、学术期刊等资料需进行说明；同时需要对一手资料、二手资料的来源及联系方式进行详细说明。

（4）其他支持性材料。除上述资料外的其他资料也应作相应说明。

2.4.2　市场调研报告的撰写要求及注意事项

一份好的市场调研报告不仅要精心设计报告内容，同时要合理地组织安排报告结构和格式，更重要的是应以客户导向为基础。以下是撰写市场调研报告的要求及注意事项。

1. 合乎逻辑

撰写调研报告应按照调研活动展开的顺序，前后衔接，环环相扣，使调研报告结构合理，符合逻辑，并对必要的重复性调研工作进行适当说明。通常通过设立标题、副标题、小标题并标明项目的等级符号以增强报告的逻辑性。

2. 解释充分，结论准确

调研报告中的图表是为增强阅读性、可视性而设计的，然而并不意味着不需要进行任何解释性工作。尽管绝大多数人都能够理解图表的内容及含义，但调研报告撰写者应辅以相关文字进行说明。同时，报告中不要堆砌很多与调研目标和调研主题无关的资料及解释说明，避免形成脱离目标的结论，而是应尽量切合实际地提出调研建议。

3. 重视质量，篇幅适当

有些调研人员误认为报告越长，质量越高，并试图将自己获知的所有信息均纳入到报告之中，从而导致“信息冗余，重点不突出”。因此，应重视调研报告的质量，一份优秀的调研报告应该是简洁、有效、重点突出，应避免篇幅冗长。

4. 定量与定性分析相结合

一份优秀的调研报告既不能通篇作文字说明（使报告的可读性下降），又不能将所有的定量分析结果罗列，这些通过高技术手段和过度使用定量技术的做法往往被视为“泡沫工作”，给人们的阅读及理解造成干扰和困难。因此，撰写调研报告要将定量分析与定性分析方法相结合。

5. 避免虚假的准确性

通常人们对于统计数字保留到两位小数以上形成认知错觉，主观上认为这些数字极其精确。例加，有52.79%的顾客对我公司提供的服务满意，人们会误认为这一数字是准确无误的，然而，这可能是调研者的技巧与方法。因此，调研人员应尊重客观事实，避免虚假的准确性。

思考题：

1. 请详尽地总结出地产项目的市场调查通常包含哪些内容?
2. 尝试为某一个调研内容进行问卷及调查表设计。

阅读材料：

调查问卷提问的十大艺术

艺术之一：避免复杂、抽象、专业、夸张的词汇。

问卷中的语句应能被所有被调查者理解，切忌出现复杂化、抽象化、专业化。

例1：

问题：“假设你注意到你冰箱中的自动制冰功能并不像你刚把冰箱买回来时的制冰效果那样好。于是打算修理一下，遇到这种情况，你脑子中会有一些什么顾虑?”

点评：此类复杂的问题容易给被调查者造成误解并使其厌烦。

改正：“如果冰箱的制冰功能运转不正常，你会怎么办?”

例2：

问题：“你经常来某某商场吗?”

点评：此类问题中“经常”一词过于抽象，每个人对其定义不同，易产生理解误差。

改正：“你多长时间来××商场一次?”

例3：

问题：“你认为本公司产品的定位是什么?”

点评：此类过于专业化的问题容易导致很多被调查者不理解问题。

改正：“你认为本公司的产品给你的第一印象是什么?”

例4：

问题：“你认为你会花多少钱去购买一副能防止眼睛失明的防太阳光紫外线的太阳镜?”

点评：此类问题夸大不购买太阳镜的危害，导致被调查者考虑眼睛而非考虑眼镜。

改正："你愿意花多少钱购买一副能防止太阳辐射的太阳镜？"

艺术之二：避免诱导性问题。

问题："吸烟有害健康，您不抽烟，是吗？"

点评：此类问题已经暗示了吸烟不好，诱导被调查者作出非正确的答案。

改正："您抽烟吗？"

艺术之三：避免一个问句有多重问题。

问题："你喜欢什么牌子的冰箱和电视机？"

点评：此类问题将两个互相独立的问题合并在一个问句中，给被调查者回答造成障碍。

改正："你喜欢什么牌子的冰箱？"或"你喜欢什么牌子的电视机？"

艺术之四：避免特例代替普遍情况。

问题："您能回忆起上星期的广告吗？比如你在报纸中缝上看到的？"

点评：此类问题使被调查者只把注意力集中在报纸中缝上，而非上周所有的广告。

改正："您是否记得上周的报纸或电视上的广告？"

艺术之五：避免敏感、隐私问题。

问题："您的真实年龄是？"

点评：此类问题易引起被调查者的厌恶，并且即使得到相关信息也未必准确，如果确实需要此类信息，则最好换一种提问方式，并置于问卷的最后。

改正："您属于下列哪一年龄段？　A：20以下；B：20～30；C：30～40；D：40以上。"

艺术之六：避免考察记忆力的繁重问题。

问题："您最近一次在超市购买的鸡蛋是多少钱？"

点评：此类问题可能需要被调查者回忆几天前、几周前甚至十几个月的事情，很难作答。

改正："您最近一次在超市购买的鸡蛋是高于、低于、等于2元钱？"

艺术之七：避免过多计算问题："请问你们家庭的年支出大约为多少？"

点评：此类问题可能会使被调查者进行一些计算，不仅需要计算每人每月的支出，还需要乘以12才能计算出每年的支出。

改正："请问你们家每月的支出大约多少？"

艺术之八：起始问题要有趣、亲切。

问卷的最初问题应有助于建立亲切感，使被调查者感到轻松、有兴趣。例如，在医药调查中，最好以这样的问题作为开头："我们正在进行医疗保健调查，第一个问题是，您平时感冒了怎么办？"

艺术之九：提问需要按照一定的顺序。

首先，基本信息置于前部、分类信息置于中部、鉴别性信息置于后部；其次，简单客观性问题置前，复杂、敏感、开放性问题置后；再者，总体性问题置于具体问题之前。

艺术之十：问题的安排要有逻辑性。

问题的安排要符合正常思维习惯，具有逻辑性，避免突然转换话题。通常是在问卷开端向被调查者简要介绍本次问卷的目的及主题。当引入一个新话题时，需要过渡并作相关解释，使被调查者明确整篇问卷的内在逻辑联系。

资料来源：中国营销评论网

◆课堂游戏

坦诚游戏

目标：

1. 使组员间彼此认识，建立默契，培养小组良好关系，以利于以后活动的进行。

2. 借由坦诚游戏，使组员更深地认识自己，接纳别人。

A：多样选择题

说明：分享为什么选这个答案，比较选什么答案更重要，因为这可以有助于彼此深刻地认识。下面这些例子以供参考：

（1）回到家中脱下外套，你会放在哪里？

A. 沙发上　　B. 挂在衣柜里　　C. 挂在椅背上　　D. 扔在床上

（2）你会选择什么地方和朋友聊天？

A. 家里　　B. 快餐店　　C. 咖啡厅　　D. 餐厅

E. 无所谓，何地皆可

（3）如果你遇到令你“坐立不安”“茶饭不思”的梦中情人时，你会如何？

A. 写信给她（他）　　B. 借机与她（他）搭讪　　C. 爱她（他）在心口难开

D. 立刻告诉她（他）　　E. 暗暗欣赏、默默祝福

（4）你希望成为下面哪一位人物？

A. 范大陵　　B. 王永庆　　C. 寇绍恩　　D. 张晓风

（5）在鱼与熊掌之中，你会放弃下面哪一样东西？

A. 自由　　B. 爱情　　C. 事业　　D. 健康

E. 友谊　　B. 生命曲线

B：实施方式可分两种：

（1）每人分得一段细铁丝，静心回想自己的人生经历。据此，用铁丝以各种绕折方式表现自己经历。

（2）每人一张白纸，共享一盒彩色笔，将过去生命历程的各个阶段以不同颜色作代表，画出一条生命曲线。完成后，分享彼此之生命历程，借此分享，更深地认识别人和自己，由成长经验的分享，促进自我成长。

C：个性曲线

在下表中，选出自己的位置，连起来成自己的个性曲线，彼此分享各自的个性曲线，也可互猜看看自己对同伴的估计和他自己做的有何不同？也可借此更认识别人眼中的自己。

（1）善于讲话________、________、________、________善于聆听

（2）行动派________、________、________、________思想者

（3）领袖者________、________、________、________跟随者

（4）冒险家________、________、________、________守成者

（5）施予者________、________、________、________接受者

(6) 台前人物＿＿＿＿＿、＿＿＿＿＿、＿＿＿＿＿、＿＿＿＿＿幕后人物

D：优点轰炸（戴高帽子）

说明：一人静默，其他人则分别说出他们认为此人的优点和原因，以此类推直到每个人都说完，亦可以用一张白纸贴在每个人的背后，彼此在背上互写优点。写完后，再拿下来当礼物送，再分享为什么要这么写。

本游戏主要是发掘彼此的长处，借由同伴之欣赏，肯定自己。若组员间情谊深厚，够交情，亦可互写需要改进之处，秉持以爱心说诚实话希望对方更好的心理，切忌开玩笑，以免引起反效果。

◆实训操作

引导学生对快速消费品、汽车和房地产行业的某一市场调研策划方案结构、创意进行评价。

◆技能自测

分析以下问卷提问中存在的问题，并修改：

1. “您对它的价格和服务质量满意还是不满意？”

2. 某公司想把某电视节目制作成 VCD 盘，调查其潜在市场，所设计的问卷中标题和说明部分均表明是调查关于该电视节目的。问卷首先要求被调查者列举最喜欢的三个电视节目（开放题），结果该节目名列榜首，98%的被调查者声称最喜欢该节目。

3. 比较下面两组问句：

A：您至今未买电脑的原因是什么？

(a) 买不起　　(b) 没有用　　(c) 不懂　　(d) 软件少

B：您至今未购买电脑的主要原因是什么？

(a) 价格高　　(b) 用途较少　　(c) 性能不了解　　(d) 其他

4. 请问您是否使用过 VCD 2.0 版本技术？

□使用过　　□没有使用过　　□不知道

5. 请您估计一下，您平均一个月在音像制品上花多少钱？

6. 您认为应该增加反污染法规吗？

7. 您辞去日前的职位后是否会立即找其他工作？

8. 比较以下两个问句：

①你的咽喉痛过吗？

②这个问题是关于咽喉疼痛的，我们正在寻找这方面的信息，请问你的咽喉曾经痛过吗？

9. 比较以下三句：

①对于目前广东新闻和新闻联播之间播出的短广告条数，您认为：

□应删减一些　　□还可以再增加　　□不用改变　　□没意见

②目前广东新闻和新闻联播之间播出的短广告＿＿＿＿＿＿＿＿＿＿＿＿＿＿＿

晚上6：50 看完广东新闻后，我＿＿＿＿＿＿＿＿＿＿＿＿＿＿＿＿＿＿＿＿。

③在广东新闻和新闻联播之间常播放一些短广告，在看到这些广告时，您一般是：
□从头到尾都认真看广告□只认真看感兴趣的广告□不留意具体内容，但耐心等待下面的节目
□换频道看其他节目□开着电视干其他事情□其他：________

思考题：

1. 什么是市场营销环境？市场营销环境可以分成哪些类型或层次？
2. 市场营销宏观环境包括哪些要素？
3. 市场营销环境如何进行分析？
4. 根据机会威胁矩阵分析，可能出现哪几种业务？
5. 市场营销调研有哪些职能？
6. 试述市场营销调研的对象和内容。
7. 简述市场营销调研的方法和程序。
8. 如何制定市场营销调研方案？应包括哪些主要内容？

◆课后拓展

1. 登录中国营销传播网（www. Emkt. com. cn）、中国营销评论网（www. marketingcn. org），查找某一地产项目、汽车或快速消费品市场调研报告，并进行分析。

2. 登录以下国内外几个有名的调查问卷网站中的一个，进行问卷设计并就某一市场问题展开调查，并出具报告。

（1）问道（http：//www. askform. cn）

（2）数字100调查网（http：//www. data100. com. cn/）

（3）我们做（http：//www. wezuo. com/）

（4）知己知彼网（http：//www. zhijizhibi. com/）

（5）问卷星（http：//www. sojump. com）

（6）http：//questionform. com/

（7）http：//www. wufoo. com

任务3 营销策略制定

教学安排

●能力目标

1. 掌握4P、4C、市场细分与定位等理论
2. 掌握营销策略分析方法
3. 能够根据模拟企业经营情况或市场调研结果确定竞争策略
4. 能够完整、流利地阐述自己提出的竞争策略，说服听众

●核心能力

1. 能够制定科学合理的营销策略
2. 能够熟练运用各类策略分析工具

●教学重点

1. 4P、4C等基本理论
2. 锻炼学生推销自己思想能力
3. 竞争策略思维训练

阅读材料：

从大众化消费时代到小众化消费时代的转变，是从树立“为部分人服务”这个理念开始的。我们已经习惯了“为人民服务”，即把所有人都当成客户，如何实现“为部分人服务”呢？这就涉及市场营销的第一项工作——市场细分。

中国移动的“动感地带”是最近几年中一个针对小众化市场做得非常成功的案例：它将自己的目标客户锁定为年轻群体，根据年轻群体使用手机的特点，而为其量身定做服务和收费。这是国内的电信运营商首次针对某个特定群体（小众）而推出的产品，经过几年的苦心经营，已经成为中国移动非常成功的产品品牌，既强化了自己的优势，也给竞争对手设置了进入的壁垒。

从大众化消费时代到小众化消费时代的转变，是从树立“为部分人服务”这个理念开始的，所以要改变过去那种“为人民服务”的思想，理解市场经济的第一课就是学会放弃！而不做市场细分的企业只能停留在大众化时代。

资料来源：《世界营销评论》

3.1 进行市场细分

真实任务 3.1：在当地找一快速消费品/汽车/房地产行业企业或某一项目/产品，进行市场细分分析。

（1）了解具体项目或产品市场细分分析内容；

（2）掌握市场细分方法。

市场细分是目标市场营销的基础。1956 年，美国市场营销学家温德尔·史密斯在《市场营销策略中的产品差异化与市场细分》中提出了市场细分概念，奠定了目标市场营销的理论基础，从而使市场营销进入一个新的阶段，即目标市场营销。从现代市场营销发展演变来考察，大致可以概括为三个阶段：大量市场营销阶段、多品种市场营销阶段和目标市场营销阶段。

20 世纪 50 年代，企业面对买方市场的严峻形势，开始实行目标市场营销，即企业识别各个不同的购买者群，选择其中一个或几个作为目标市场，运用适当的市场营销组合，集中力量为目标市场服务，满足目标市场需求。目标市场营销由三个步骤组成：一是市场细分；二是选择目标市场；三是市场定位。目标市场营销全过程如图 3－1 所示。

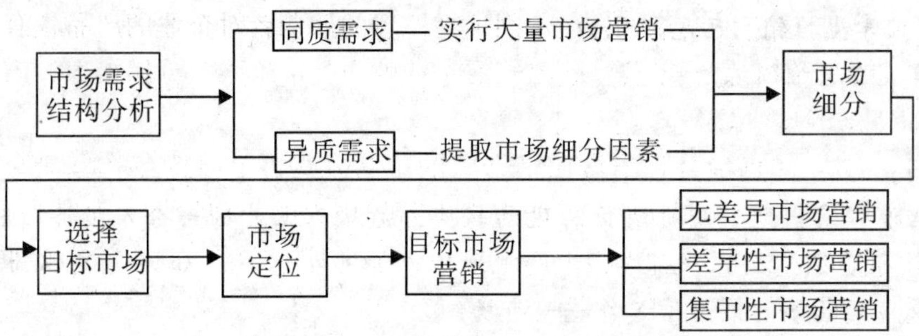

图 3－1　目标市场营销全过程

1. 市场细分的概念

市场细分，是指根据顾客在需求特点、购买心理、购买行为等方面的明显差异性，把某一产品的整体市场划分为若干个“子市场”或“分市场”的市场分类过程。

细分市场的前提是市场需求多种多样。市场中的各种需求既有部分同质性的，也存在异质性。市场细分的基本原理就是区分需求的异质性和同质性，进而区分市场。在被细分后的子市场与子市场之间，顾客需求、顾客特点和行为模式等明显不同。相反，在同一子市场内，顾客要求、顾客特点和行为模式等都是相同的。

由于顾客需求千差万别和不断变化，即顾客的需求、欲望及购买行为都呈现异质性，使得顾客需求的满足呈现差异性。为了有效满足顾客需求，企业就不得不将市场细分成不同的顾客群体，了解各个顾客群体的需求和欲望，并制定与之相适应的市场营销组合。任何一个企业由于资源限制和其他约束，也不可能在市场营销全过程中占有绝对优势。在激烈的市场竞争中，为了求生存、谋发展，企业必须分析市场需求，进行市场细分，选择目标市场，明确市场定位，集中资源有效地服务于市场，力争取得最大的竞争优势。

2. 市场细分的依据

一般依据消费者特性进行市场细分，常见的有依据人口因素、地理因素、心理因素和行为因素四大类（如表3－1所示）。

（1）人口统计细分。企业按照人口变量来细分消费者市场，它包括年龄、性别、收入、职业、教育水平、家庭规模、家庭生命周期、种族等。人口变量很久以来一直是细分消费者市场的重要变量，这主要是因为人口比其他变量更容易测量，用人口变量细分市场简单易行。例如：

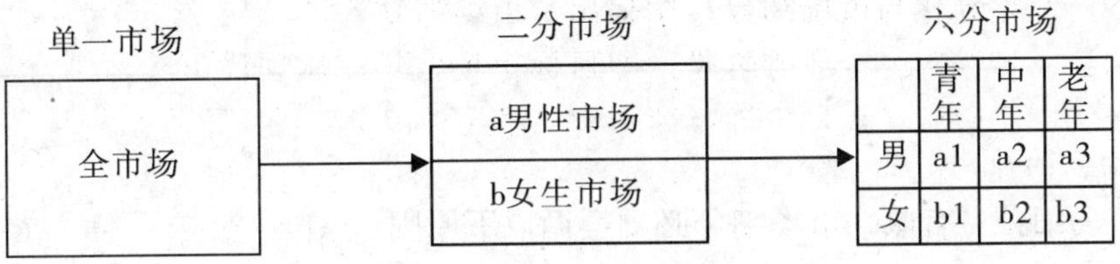

（2）地理细分。地理细分是指按照消费者所处的地理位置、自然环境等对市场进行细分。具体变量包括国家、地区、城市、农村、地形气候、交通运输等。

地理细分的主要理论根据是：处在不同地理位置的消费者对企业的产品各有不同的需求和偏好，他们对企业所采取的市场营销战略，对企业的产品、价格、分销渠道、广告宣传等市场营销组合各有不同的反应。

（3）心理细分。心理细分是指按照消费者的生活方式、个性特点等心理变量来细分消费者市场。在同一人口统计群体中的人可能表现出差异极大的心理特性。尤其是在生活多样化、个性化、质比量更受到重视的时代，市场不只是要在性别、年龄、职业等方面加以细分，而更重要的是要通过生活方式、价值观、兴趣爱好、个性、交友关系等来进行心理上的区分。

（4）行为细分。行为细分，是指企业按照消费者对产品的了解程度、态度、使用情况或反应等来细分消费者市场。其行为变量包括时机、利益、使用者地位、使用率、忠诚状况、消费者待购阶段和消费者对品牌的态度。

时机，即根据消费者产生需要、购买或使用产品的时机，将其区分开来。在我国，不少公司利用春节、元宵节、中秋节、五一节等节日大做广告，借以促进产品销售。利益，即消费者往往因为各有不同的购买动机、追求不同的利益，所以购买不同的产品和品牌。使用者，即许多商品的市场可以按照使用者情况来细分，如非使用者、曾经使用者、潜在使用者、初次使用者和经常使用者等。使用率，即市场也可以按产品被使用的程度，细分成少量使用者、中度使用者和大量使用者群体。忠诚度，即企业可以按照消费者对品牌（或商店）的忠诚度来细分消费者市场。品牌忠诚是指由于价格、质量等诸多因素的吸引力，使消费者对某一品牌的产品情有独钟，形成偏爱并长期地购买这一品牌产品的行为。提高品牌的忠诚度，对于一个企业的生存和发展、扩大市场占有率极其重要。

表 3－1 市场细分因素及其具体变量

人口统计因素	地理因素	心理因素	行为因素	
①性别	①国家	①生活方式	①使用体验	⑨购买频率
②年龄	②地区	②价值观	②了解程度	⑩价格反应
③家族	③大中小城市	③职业观	③兴趣程度	⑪广告反应
④收入	④农村	④兴趣爱好	④欲望程度	⑫服务敏感程度
⑤学历	⑤人口规模	⑤活动领域	⑤购买动机	⑬品牌忠诚度
⑥职业	⑥交通条件	⑥人生观	⑥使用频率	⑭其他
⑦种族	⑦距离	⑦情感	⑦商标可靠性	
⑧社会阶层	⑧气候	⑧性格	⑧商店信任程度	
⑨教育	⑨其他	⑨其他		
⑩其他				

3. 市场细分的原则

为了使市场细分更有效，市场细分必须遵循以下原则：

（1）可衡量性。

可衡量性，是指细分出来的市场范围，应当比较清晰，市场容量的大小可以大致判断。为此，需要恰当地选择市场细分变量，这些变量应当是可以识别和衡量的。

（2）实效性。

实效性，是指细分后的市场需求，必须足以实现企业的目标。因此，企业在市场细分时必须考虑，选用某一细分变量后市场上顾客的数量及其购买能力和购买特点。

（3）可进入性。

可进入性，是指细分后的市场，应是企业的市场营销活动能够通达的市场。主要表现在三个方面：一是企业具有进入这些细分市场的资源条件和竞争能力；二是企业能够把产品信息传递给该市场的众多消费者；三是产品能够经过一定的销售渠道抵达该市场。

（4）反应差异性。

反应差异性，是指细分出来的各个子市场，对企业市场营销组合中任何要素的变动，都能作出差异性的反应，如果反应相同，说明细分无效。

（5）社会性。

社会性，是指市场细分必须符合社会道德，符合社会整体利益，符合社会伦理道德。

阅读材料：

“动感地带”的市场细分

“动感地带”的目标用户在15~25岁这个年龄段，这个目标人群正是预付费用户的重要组成部分，而预付费用户已经越来越成为中国移动新增用户的主流，中国移动每月新增的预付卡用户都是当月新增签约用户的10倍左右。可见，抓住这部分年轻客户，就抓住了大多数的新增用户。通过细分目标客户和提供个性化服务来应对已经看似饱和的市场，客户年龄不同，需求也不同，支付能力也不同。中移动在研究这个年龄段人群的消费特点基础上，对语音和数据业务进行了选择，组合出适合他们的业务和资费，实施差异化策略，不是以产品特性而是以客户特性细分市场。短信套餐是其吸引年轻时尚一族的主打亮点。

资料来源：中国营销传播网

3.2　目标市场选择

真实任务3.2：在当地找一快速消费品/汽车/房地产行业企业或某一项目/产品，在市场细分分析基础上选择目标市场。

（1）了解目标市场含义；

（2）了解目标市场选择应该注意的问题；

（3）掌握目标市场营销策略。

1. 目标市场的含义

目标市场是指企业决定要进入的市场，也就是企业的目标顾客，是企业市场营销活动所要满足的那部分市场需求。

2. 选择目标市场应注意的问题

（1）存在尚未满足的需求。

规避红海、探索蓝海，也就是我们常说的寻找市场空缺，这是选择目标市场时首先要考虑的因素。只有企业选择的目标市场存在着尚未得到满足的需求，才有其进入的价值。企业进入该市场既能满足消费者需求，又能使企业自身得以生存和快速发展。

（2）有足够的销售量。

企业选择的目标市场不仅要有需求，而且还要有足够的销售量，这是选择目标市场时不可忽视的重要标准之一。也就是说，企业选择的目标市场不但存在需求，而且有足够的消费者愿意并能够通过交换来满足这种需求。

（3）未被竞争者完全控制，有进入的余地。

企业选择的目标市场，应该是没有完全被竞争者控制的市场。

（4）企业具备进入目标市场的能力。

企业选择目标市场既要考虑外部条件，即目标市场情况，又要考虑企业自身主观条件，即是否具备足以满足目标市场需求的企业经营资源、市场营销能力和企业外部资源组合能力等。

3. 目标市场营销策略选择

目标市场一旦确定，就需要根据目标市场的需求特点制定相应的市场营销策略。概括起来，目标市场营销策略大致可分为三个类型。

（1）无差异化市场营销策略。

无差异化市场营销，是指企业在市场细分之后不考虑各子市场的特性，而只注重子市场的共性，决定只推出单一产品，运用单一的市场营销组合，力求在一定程度上满足尽可能多的顾客的需求。这种策略的优点是产品的品种、规格、款式简单，有利于标准化与大规模生产，有利于降低生产、存货、运输、研究、促销等成本费用。其主要缺点是单一产品要以同样的方式广泛销售并受到所有购买者的欢迎，几乎是不可能的，企业一般不宜长期采用。典型的例子是黑色福特T型车大规模营销（如图3－2所示）。

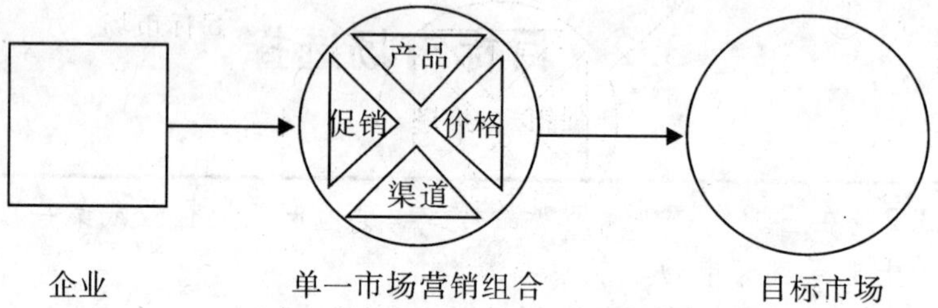

图3－2　无差异化市场营销策略

（2）差异化市场营销策略。

差异化市场营销，是指在市场细分的基础上，企业选择两个以上乃至全部细分市场作为自己的目标市场，并为每个选定的细分市场制订不同的市场营销组合方案，多方位地开展有针对性的市场营销活动。

采用这种市场营销策略，其明显的优点在于：第一，针对不同的目标市场，制订不同的市场营销方案，这种针对性较强的市场营销活动，能够分别满足不同顾客群的需求，市场营销活动易于收到较好的效果；第二，选择两个以上目标市场，还可以使企业取得连带优势，提高企业的知名度。当然，实行差异性市场营销策略，会使企业的生产成本、管理费用、销售费用等大幅度增加。因此，实施差异性市场营销策略要求所带来的收益超过所增加的成本、费用，这要求企业具有较为雄厚的财力、物力和人力条件（如图3－3所示）。

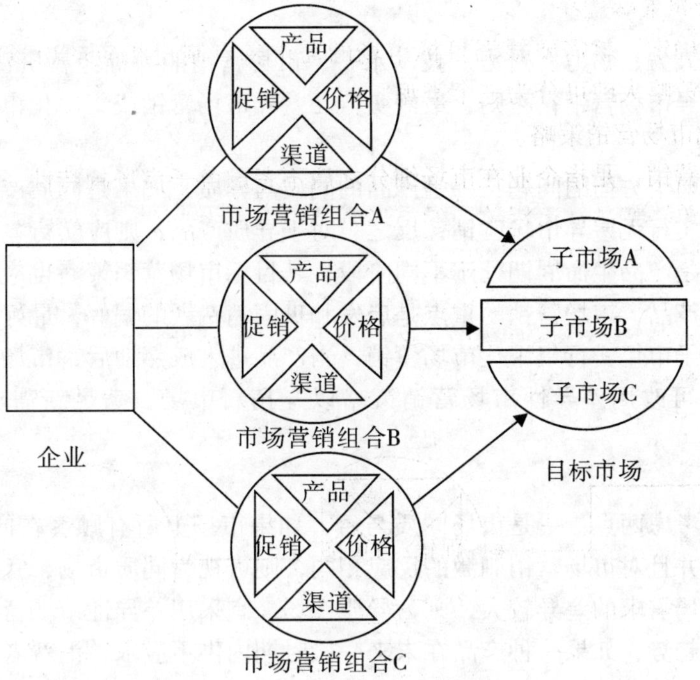

图3－3　差异化市场营销策略

（3）集中化市场营销策略。

集中化市场营销，是指在市场细分的基础上，选择其中一个细分市场作为企业的目标市场，集中力量为该市场开发一种理想的产品，实行高度专业化的生产和销售。这种市场营销策略主要适用于资源力量有限的中小企业。中小企业无力与大企业抗衡，于是在一些大企业尚未或不愿顾及的小细分市场上全力以赴，这往往易于取得成功。该策略的不足之处是风险较大，采用这一策略的企业，要密切注意目标市场的动向，提高应变能力（如图3－4所示）。

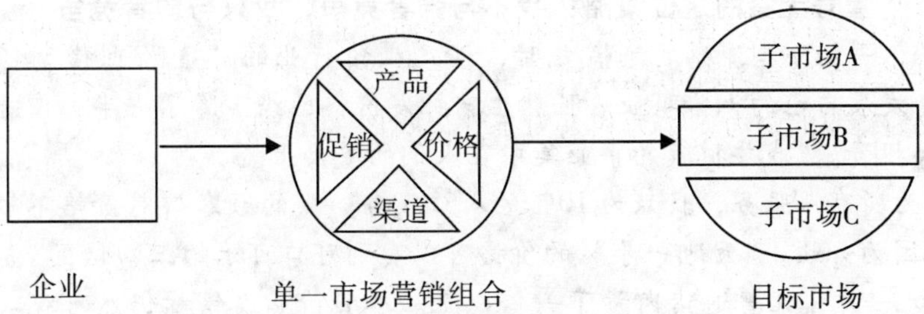

图3－4　集中化市场营销策略

4. 选择目标市场营销策略的影响因素

一个企业究竟应当采用哪种目标市场营销策略，将会受到企业资源、产品、市场、竞争等多种因素的影响，所以在选择目标市场营销策略时必须考虑这些重要因素。

(1) 企业资源。

企业资源包括人力、物力、财力、技术水平、市场营销能力等经营资源。如果资源雄厚，就可以考虑实行差异市场营销；否则，最好实行无差异市场营销或集中化市场营销。

(2) 产品特性。

产品特性包括两个方面的问题：一是产品的同质与异质，如果是同质产品或需求上共性较大的产品，一般宜实行无差异市场营销；反之，对于异质产品，则应实行差异性市场营销或集中化市场营销。二是产品生命周期处于不同阶段，其目标市场营销策略也应有所区别。处在导入期和成长期的新产品，市场营销的重点是启发和巩固消费者的偏好，最好实行无差异市场营销或针对某一特定子市场实行集中化市场营销；当产品进入成熟期后，市场竞争激烈，消费者需求日益多样化，可改用差异性市场营销策略以开拓新市场，满足新需求，延长产品生命周期。

(3) 市场特性。

市场特性也应考虑两点：一是市场同质与否，如果市场上所有顾客在同一时期偏好相同，购买的数量相同，并且对市场营销刺激的反应相同，则可视为同质市场，宜实行无差异市场营销；反之，如果市场需求的差异较大，则为异质市场，宜采用差异性市场营销或集中化市场营销。二是市场供求趋势，如果一种产品在未来一段时期内供不应求，消费者的选择较弱，企业就可以实行无差异市场营销策略；相反，则实行差异或集中化市场营销策略。

(4) 竞争状况。

竞争状况也可以从两个方面来考虑：一是竞争者的强弱；二是竞争者采用何种目标市场营销策略。一般来说，企业应当根据竞争对手的实力及其市场营销策略，选择更有效的目标市场营销策略。比如，竞争对手力量较弱，企业可采用无差异市场营销策略；竞争对手如果采用无差异市场营销策略，企业就应当采用差异性市场营销策略；如果竞争对手也采用差异性市场营销策略，企业就应进一步细分市场，实行更有效的差异性或集中化市场营销策略。

[案例分析]

壹号土猪的定位策略：我不与强者竞争，我只与弱者竞争

正当全球陷入一场甲型流感的恐慌之时，涉足生猪行业的“壹号土猪”创始人陈生，正在全国各地忙着发展自己的土猪事业。虽然生猪批发价格已经下降了一半，但是陈生很有信心地计划继续加大投资。“我要把我的事业集中在人们的餐桌上。”

“我不奢望为所有人服务，我只为10%的人口服务。我的顾客群对价格不敏感，他们只对品质敏感。”正因为如此，“天地一号”的价格可以卖到可口可乐的三四倍，“壹号土猪”在市面上也卖到28元一斤，比普通猪肉贵了一倍以上。尽管价贵，销量仍然可观。正因为陈生对产品、顾客群和竞争领域的定位避开了与人争锋，所以能畅通无阻地开疆拓土。他这一路走来，收获颇丰。

选择对手与农民竞争有优势，陈生说：“很多企业家不屑于搞农业，认定农业就是落后的代名词。其实，它是最富有潜力的市场之一。”他笑言，说不准将来中国的首富可能就是“猪肉佬”。在商业圈，很多人都听过陈生的名言：“我不与强者竞争，我只与弱者竞争。”这话简直成了他的招牌语。对竞争，陈生有不同寻常人的理解。他不会特意找强大的对手争个你死我活。在很多场合，陈生都不忘聊起他的竞争经。他说不会与存在了几十年、甚至上百年的大公司（强者）竞争，比如，不会与可口可乐竞争做饮料，不会与联想公司竞争做电脑，因为那不但非常艰难，而且胜算很小。相反，如果与弱者竞争，胜算会很大。农业的竞争就相对较小，他希望在里面长期驻扎。“我卖过菜、卖过鸡，现在卖猪。我就集中在农业这一块，凡是与人们一日三餐有关的，我都考虑做。”“我卖‘天地一号’，没有人跟我竞争；我卖猪肉，主要是农民跟我竞争。”他笑言，“与农民竞争，我还是有优势的。”

资料来源：网易

案例思考题：

请准确描述“壹号土猪”的目标市场。

3.3 市场定位

真实任务3.3：在当地找一快速消费品/汽车/房地产行业企业或某一项目/产品，在目标市场选择基础上进行定位。

1. 了解市场定位含义；
2. 了解市场定位应该注意的问题；
3. 掌握目标市场定位策略。

3.3.1 市场定位的含义

市场定位是指确定企业、产品在市场上的地位。市场定位包括企业的市场定位、店铺的市场定位、产品的市场定位、服务的市场定位等。一般所说的市场定位，是产品的市场定位，即根据消费者对产品或品牌心理知觉来确定产品或品牌在其心目中的地位并塑造良好形象。美国西北大学教授菲利普·科特勒（Philip Kotler）认为：定位就是对企业的产品进行设计，从而使其能在目标顾客心目中占有一个独特的、有价值的位置的行动。

企业通过市场定位，首先确认现在所处的地位，即产品、品牌能在多大程度上对应市场需求。比较评价竞争者与本企业的产品和品牌在市场上的地位，发现潜在的重要市场位置。了解和掌握应该追加投放新产品的市场位置，以及现有产品重新定位或放弃的方向等。设法在自己的产品、品牌上找出比竞争者更具竞争优势的特性或者创造与众不同的特色，从而使其产品、品牌在市场上占据有利地位，取得目标市场的竞争优势。例如，“沃尔沃”汽车——安全；“宝马”汽车——驾驭激情；“农夫山泉”——有点甜；日产汽车——技术领先、节油。

除了产品市场定位，企业的市场定位对营销与品牌建设也非常重要。企业的市场定位常以企业的形象表现，就是公众和企业人员对企业的整体评价及印象。企业形象的构成要素主要有：

（1）理念识别。

理念识别简称 MI。它是指整个企业经营管理的指导思想、进取精神和行为准则。它涉及企业文化、企业道德和企业伦理观等许多方面。它包括办企业的根本目标，也就是企业依据何种使命来进行活动。

（2）行为识别。

行为识别简称 BI。企业行为是企业理念的延续和实践，也是社会公众判断企业的最直接因素。企业行为识别是指对企业各项内外运行活动所作的规范，借以统一全体员工的行动，以共同塑造企业的良好形象，它是传递企业理念的渠道之一。

（3）视觉识别。

视觉识别简称Ⅵ。视觉识别是企业理念识别的视觉化。它通过组织化、系统化的视觉识别设计，传递企业理念识别和行为识别的信息，以达到认知和识别的目的。

企业形象定位，一方面包括企业目前所处的位置以及企业希望将自己提高到什么位置；另一方面，则是企业目前在公众中是什么样的形象，而企业又希望给公众一种什么样的形象。

外在企业形象是指一个企业在本企业人员以外的公众心目中，主要是在顾客、社区居民和政府公务人员心目中所留下的印象。内在企业形象是指企业形象的评价尽管是由企业之外的社会公众来作的，但企业形象归根到底是企业内部的全体员工塑造的，他们通过实实在在的工作创造出来的客观企业形象，在任何情况下都是评价的基础。所以，企业形象的塑造首先要从企业内部去塑造，尤其是要从员工的内在世界去塑造。

3.3.2 影响市场定位因素

影响市场定位因素，一般来说，就是消费者认为能满足自己某种需求和欲望的利益因素。

（1）功能性利益。

功能性利益，即产品本来要发挥的基本实用功能或产品属性，如高效性、易使用性、便利性、正确性、可靠性、安全性、耐久性等。

（2）信息性利益。

信息性利益，即能对应于所有的信息，提高信息处理能力，满足知识欲，或者能扩大能力，区别于他人，自我表现等。

（3）感觉性利益。

感觉性利益，即视觉，如好看、样子好、有魅力、轻便、崭新等；触觉，如轻、好拿、柔软、暖和等；听觉，如噪音小、听起来舒服等；嗅觉，如无臭、香味等；味觉，如好吃、甜、酸；其他，如无毒副作用、低脂肪等。

（4）心理性利益。

心理性利益，即提高内心的实现感和充实感，追求精神上的丰富和满足感；保持良好的心理状态，如自尊心、威望、地位的满足，快感、安心感、轻松感等。

（5）场所性利益。

场所性利益，即从空间上看，场所具有的方便性、快适性、接近性及其他。

（6）时间性利益。

时间性利益，即更快的速度、时间选择性大、节约时间、时间通融性、及时性、定时性等。

（7）经济性利益。

经济性利益，即降低成本，省力、省能，或提高费用效率比，便宜和降价感等。

（8）社会性利益。

社会性利益，即谋求对社会生活的发展和革新的贡献程度以及社会的接受程度，如无公害或减轻公害，提高消费者的福利水平，增大社会利益，增进健康等。

（9）文化利益。

文化利益，即对应价值观的多样化，灵活地适应不同文化上的规范，如风俗习惯、法律等。

3.3.3 市场定位方式

市场定位战略实际是一种竞争战略，即根据产品的特点及消费者对产品的知觉，确定本企业产品与竞争者之间的竞争关系。企业常用的市场定位方式主要有以下三种：

1. 避强定位

避强定位，是指避开强有力的竞争对手的市场定位。其优点是：能避开与强大竞争对手的直接冲突，并在消费者心目中迅速树立起自己的形象。由于这种定位方式风险相对较小，成功率较高，常常为很多企业所采用。例如，华为刚起步时以二三级城市服务为主要市场，有力地避开了思科等世界巨头。

2. 迎头定位

迎头定位，是指与在市场上居支配地位的即最强的竞争对手“对着干”的定位方式。这种方式风险较大，但一旦成功就会取得巨大的市场优势，因此对某些实力较强的企业有较大的吸引力。实行迎头定位，一方面要知己知彼，尤其要清醒地估计自己的实力；另一方面，还要求市场有较大的容量。

3. 重新定位

重新定位，是指企业变动产品特色，改变目标顾客对其原有的印象，使目标顾客对其产品新形象有一个重新的认识过程。市场重新定位对于企业适应市场环境、调整市场营销战略是必不可少的。企业产品在市场上的定位即使很恰当，但在出现下列情况时也需考虑重新定位：一是竞争者推出的产品市场定位于本企业产品的附近，侵占了本企业品牌的部分市场，使本企业品牌的市场占有率有所下降；二是消费者偏好发生变化，从喜爱本企业某品牌转移到喜爱竞争对手的某品牌。

常用产品定位与市场定位的战略还有以下几种：

（1）常用的产品定位策略包括：特色定位、利益定位、使用者定位、质量和价格定位、产品品目定位、竞争定位等。

（2）常用市场定位战略包括：首位战略、巩固战略、挖掘战略、共享战略（也叫“高级俱乐部战略”）。

阅读材料：

别出心裁的概念优势定位

企业进行市场定位，可以采用一种创新概念的策略。因为在消费者满满的心智空间里，你可能已找不到一个空子可钻，而你的产品质量和价格及服务又没有什么优胜之处，不能树立领域第一的形象。此时，你可以利用别出心裁的概念优势，或改变人们的观念，或排挤一些太软弱的概念取而代之。

（一）感性消费时代的概念营销

当商品能满足消费者某方面的心理需求或代表某种新观念时，它在消费者心中的价值已远远超过其成本。在感性消费时代，人们购买感性商品采用的是心理上的感性标准，其购买行为建立在感觉逻辑之上。在此可以把消费者理性和感性的一些购买动机用表格列示如下。

感性消费表现在消费者对产品的要求已不仅仅停留在图实惠、多功能、结实耐用上，更讲究消费的档次和品位，要求产品能集实用、装饰、艺术、情感于一体，能给人以美感和遐想。这就要求企业在给产品定位时，要有精神方面的内涵，即要有新思想、新概念。这可以说是产品之魂，没有魂的产品是一种干枯呆板的物体；有了魂，产品则升华为一种情感，一种有灵性的活物。

消费者的理性和感性购买动机

理性动机	感性动机
合理性	不想输给别人
便利性	自尊心
品质优良	追求流行
价格低廉	追求快乐
形式新颖	追求变化
令人满意的服务态度	野心
购物所需时间和经费的节省	幻想心
品牌声誉良好	爱情
信赖感	与众不同

（二）不卖产品卖概念

以消费者的立场来探讨产品定位的概念诉求。现在的消费者会构思设计符合本身个性的生活模式，因此产品概念要集中体现在服务的过程与商品的品质上面。服务的过程包括商品情报、生活提案与售后服务；商品的品质则有三个层面，即功能性、情绪性和社会性，后两种就是前面所说的软性商品价值。

对汽车而言，快速加上安全是其功能条件，可是消费者并不满足于此，汽车这种商品的设计能否满足消费者那种属于个性的、感性的要求，反而是消费者梦寐以求的追逐目标。而消费者也正是以商品来向他的周围传达一个信息——他的社会地位和身份阶层。如此把功能性（品质）、情绪性（个性）、社会性（身份地位）三个要素加以组合，把提升生活品位的条件设计在商品定位并以品质层面的三个要求和服务的过程来表达完整的想法，这就是概念优势定位。

概念定位绝不会局限于商品本身的功能，它的意义更加广泛，它可以从功能中引申出去。事实上，许多优秀的企业经营者对自身商品的认识早已超越了其本身功能的范围。

资料来源：中国营销传播网

［案例分析］

通用汽车品牌定位

尽管在全球金融危机下，当前美国通用公司正面临破产与重组，但自1998年进入中国以来，通用汽车在国内的市场营销可圈可点。上海通用在我国汽车领域所创造的奇迹就从没间断过：1999年12月，推出国内第一款多功能MPV车——别克GL8，定位于“陆上公务舱”，其美观大方富有现代感的造型，让人耳目一新，在市场上所向披靡；2000年10月，赛欧紧凑型轿车在国内第一次向人们诠释了“10万元”家用轿车的概念；2001年11月，赛欧SRV上市，外形时尚而不突兀，与都市和郊野的环境融合，让购车族们充分体验那种驾车出游的感觉。

一、上海通用的品牌系列

凯迪拉克，别克，雪佛兰。2005年上海国际汽车展开幕，上海通用汽车首次挟三大品牌集体亮相。4月21日车展媒体日上午，上海通用汽车将在新国际博览中心5号馆3 000平方米展台上举行激情澎湃的揭幕仪式，显现全系列汽车公司的强大阵容。

1. 凯迪拉克群星超豪华

世界顶级豪华车品牌凯迪拉克以全明星阵容亮相，以极具现代感和突破创新精神的最新车型，让观众体味凯迪拉克百年品牌精髓和尊贵历史血统。凯迪拉克SRX以大胆创新的外观设计、卓越的操控性能、超大灵活的多元大空间以及领先创新的尖端创科技，将其全时四轮驱动豪华SUV的高贵气质挥洒得淋漓尽致。突破顶级敞棚跑车豪华极限的凯迪拉克XLR，具有快速开启的新时代大型豪华硬顶敞篷、按钮式点火发动系统、高贵意大利珠宝品牌Bvlgari设计的组合表盘等豪华配备，使这款旗舰级产品熠熠生辉。

2. 支柱品牌别克活力激情

肩负上海通用汽车支柱品牌重任的别克，此次在展台上焕发出蓬勃朝气和动感激情。除盘踞中高档车市场主力地位的别克君威，中级车市场主力王牌且屡获消费者及权威机构褒奖的别克凯越及凯越HRV外，作为别克品牌旗舰车型的别克荣御也将在车展上与公众近距离接触。贯穿着现代科技与人性化设计理念，并注重舒适乘坐享受与激情驾驭感受，迎合中国政界商界杰出领导者追求胸怀博大、远见卓识、力量与智慧的气度及特质。

3. 大众化雪佛兰亲和友善

大众化的值得信赖的国际汽车品牌——雪佛兰，将以值得信赖、聪明务实、亲和友善、充满活力的品牌个性满足消费者对有车生活的追求。

雪佛兰新赛欧是针对现今中国家庭用车实际需求，在原赛欧的基础上全新打造的，以“扎实可靠”的核心特点让消费者享受高品质的有车生活。1.6升MPFI高效环保发动机和全面升级的变速器，使雪佛兰新赛欧的操控性和经济性得到进一步的提升。它很好地满足了家用车消费者对第一部小车的设想——可靠、安全、经济、自如。

二、上海通用的目标市场定位

1. 凯迪拉克："敢为天下先"

品牌定位：凯迪拉克定位为"美国派"的豪华车，其品牌核心概念是"敢为天下先"，定位于具有胆识、远见、开拓领先的高收入消费群。

竞争对手：虽然凯迪拉克去年夏天在北京的"出场秀"着实吸引了不少眼球，但它在中国市场的品牌知名度还远不及奥迪、宝马和奔驰，在凯迪拉克进行国产之后，上海通用新的营销思路将展现出来。

2. 萨博：强调个性且崇尚内敛

品牌定位：通用在中国已经有大量的本地化产品，在进口车品牌上，通用主要选择一些个性化的产品作补充。萨博整个品牌定位于低调的成功人士，为高档进口车消费者群中强调个性且崇尚内敛生活方式的消费者提供另一种选择。

竞争对手：奔驰、宝马、VOLVO、奥迪。

3. 欧宝：锁定年轻新贵

品牌定位：在中国试图塑造"欧洲精品车"形象，吸引相对比较年轻的、事业比较成功、追求生活品质的年轻新贵，对那些偏好精湛工艺且口味时髦、乐于张扬个性的消费群体也具有一定吸引力。今年通用主推的雅特进口车，就被称为"城市银狐"，将目标锁定在国内中小型轿车的两厢高端市场。

竞争对手：威达的竞争对手包括进口佳美、飞度等，而雅特的竞争对手包括标致307、进口高尔夫。

4. 别克："大气沉稳，激情进取"

品牌定位：通用本地化做得最成功的品牌。品牌定位为"大气沉稳，激情进取"。在别克进入中国6年时间后，GL8、赛欧、君威、凯越、荣御都分别被作为子品牌纳入别克母品牌的营销体系中间去。

竞争对手：荣御的竞争对手是天籁、奥迪A6、皇冠。君威的对手是雅阁、帕萨特、蒙迪欧。GL8的对手是奥德赛，凯越的对手是伊兰特、千里马、飞度、风云等，赛欧的对手是派力奥、富康等。

5. 雪佛兰：打造大众化的国际品牌

品牌定位：定位于适合中国普通老百姓的、值得信赖的大众化的国际品牌。通用希望借助于这个品牌把买得起车的人群一网打尽。

竞争对手：极为宽泛，覆盖从5万元到15万元的价格区间，包括富康、捷达和桑塔纳老三样以及伊兰特、千里马、风云、飞度、POLO等所有经济型车。

6. 五菱：做自主开发微车先锋

品牌定位：着眼国际，自主创新；立足自身，百姓信赖。

竞争对手：包括铃木、长安等。

通用汽车目前在国内市场的这六大品牌个性鲜明，并分别针对需求区别不同的消费对象群，从基础品牌到高档豪华品牌形成了金字塔形品牌构架。

三、差异化竞争的市场运作策略

市场细分是成熟的消费市场发展的必然趋势。随着经济发展和家庭汽车市场的启动，汽车消费需求出现多元化。作为上海通用来讲，要想办法走出一条差异化竞争的道路来。首先体现在品牌有非常明确的定位，产品对用户的界定也要非常明确，根据企业对用户对市场的解读来充分满足所界定的用户需求。

1. 市场细分清晰

上海通用每一款新车的推出，都成了细分市场的标准制定者；上海通用是国内进入车型细分市场最大的企业。别克车主为高端和中端消费者两类，一般为中高级主管及私营企业主。

2. 群体定位准确

汽车产品在市场上品牌繁多，各有特色，而广大用户又都有着自己的价值取向和认同标准，企业要想在目标市场上取得竞争优势和取得更大效益，就必须在充分了解用户和竞争者两方面情况的基础上，确定本企业的定位，为企业树立形象，产品及服务赋予特色。

从细分市场的商业案例来看，成功的产品不仅在设计开发的层面上迎合、强化目标人群的功能需求，还会往前多走一步，有意识引导消费习惯的成熟和价值取向的形成，使这一特定产品的市场不断扩大。

四、通用汽车的品牌金字塔

通用汽车目前在国内市场的这六大品牌个性鲜明，并分别针对需求区别不同的消费对象群，从基础品牌到高档豪华品牌形成了一个金字塔形品牌构架，占领各个细分市场，满足不同层次、不同类别消费者差异化和细分化的需求。高端和高档品牌的凯迪拉克，激情进取、不断追求成功的别克，亲和友善的雪佛兰，高性价比和实用的五菱，每一系列无不体现明晰的品牌核心和明确的消费群体。从敢为天下先的凯迪拉克到微车先锋的五菱，从激情豪迈的别克到灵巧实用的新赛欧，上海通用从商务、运动、休闲建立了它又长又宽的强大阵容，形成了一个明确的多品牌体系。

资料来源：《汽车品牌营销》

[案例分析]

1. 通用是如何进行市场细分的？你认为它选取的主要细分变量是什么？

2. 请用市场营销学理论对上海通用汽车的中国各目标市场进行评估，并分析在具体的经营中有可能遇到哪些问题？

3. 选取另一个你所熟悉的汽车品牌，比较一下它和上海通用市场竞争战略上的区别与优劣。

[案例分析]

年销售额为2亿的金娃虽然位列果冻市场次席，但要挑战年销售额为15亿元的喜之郎，在许多人看来无异于以卵击石。

金娃能将喜之郎从老大的位置上拉下马来吗？

要完成这个似乎是不可能完成的任务，最好的制胜之道是找准喜之郎的命门，全力进攻。但喜之郎的命门在哪里？

从喜之郎的广告风格上看，其诉求是营造温馨祥和的欢乐气氛，以情动人，但却很少在功能上进行诉求，使消费者对于喜之郎作为产品的特性并不了解。其品牌内涵过于空洞，一旦缺乏大量的广告支持就撑不起来。

另据调查，果冻有近90%的消费者是儿童，而真正的购买者——家长考虑更多的却是安全、营养。在金娃的调查中，家长们几乎无一例外地对孩子零食的营养状况表示担忧。他们非常关注小食品对于儿童健康的影响，但是他们对此基本是一无所知，因而也无从选择。

对此，营销专家建议金娃以功能为诉求点，进行高度差异化营销，营造“功能性营养果冻”的概念，将目标瞄准真正的购买者。

基本方向确定后，金娃采取了一系列针对性的进攻措施：

在“功能性营养果冻”的旗帜下，金娃的新广告片完全体现了金娃“功能性营养果冻”的定位，诉求点非常鲜明。

在产品上，金娃的强大研发能力与“功能性营养果冻”定位开始紧密结合。“伊人芦荟”的诞生就是一个极好的例子。“伊人芦荟”的对手是喜之郎的“水晶之恋”，都是针对年轻女性消费者，但是“伊人芦荟”的定位却是“含有可以美容养颜的芦荟的非常适合女性的产品”。与“水晶之恋”相比，“伊人芦荟”无疑有非常独特的利益点，差异化的优势非常明显。

案例思考题：

试分析金娃面对强手，采用什么样的营销战略？

3.4 市场营销战略

战略（Strategy）一词源于军事用语，指军事方面事关全局的重大部署，是如何赢得一场战争的概念。现在，战略已成为一般用语，广泛应用于经济、经营管理、市场营销等领域。战略即为各领域事关全局性、长期性、方向性和外部性的重大决定和计划方案。

企业的战略并非单一，而有层级之分，其层级又与组织结构密切相关。采用职能制组织结构的企业一般可将战略分为两个层级；采用事业部制组织结构的企业可将其分为四个层级，即：企业战略、事业战略、职能战略、业务战略。其关系如图3－5所示。

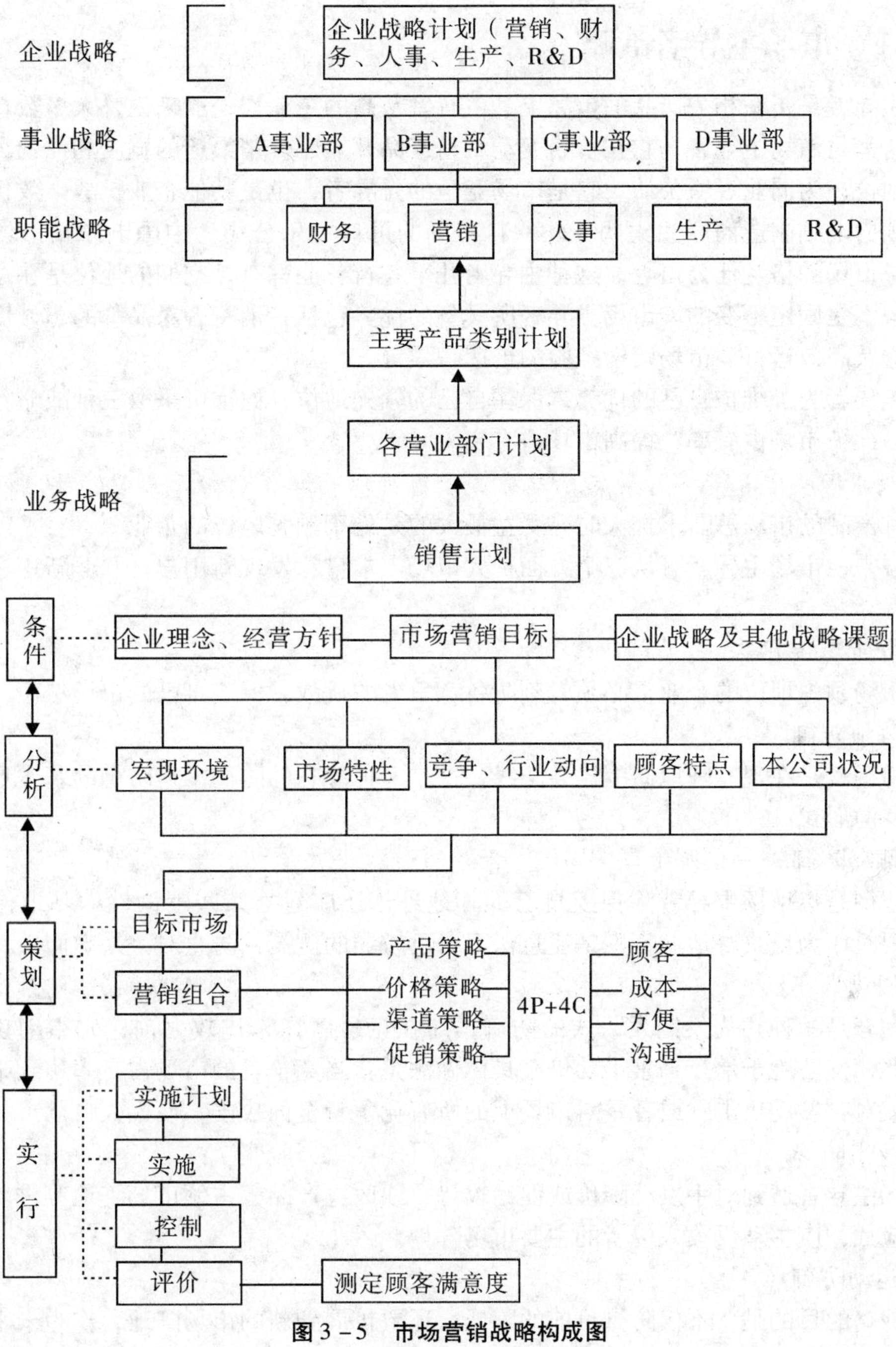

图3－5　市场营销战略构成图

企业在进行竞争因素分析之后，还必须明确自己在同行业竞争中所处的位置，进而结合自己的目标、资源和环境，以及在目标市场上的地位等来制定市场竞争战略。现代市场营销理论根据企业在市场上的竞争地位，把企业分为四种类型：市场主导者、市场挑战者、市场跟随者和市场补缺者。

3.4.1　市场主导者战略

市场主导者是指在相关产品的市场上其占有率最高的企业。一般来说，大多数行业都有一家企业被认为是市场主导者，它在价格变动、新产品开发、分销渠道的宽度和促销力量等方面处于主导地位，为同业者所公认。它是市场竞争的先导者，也是其他企业挑战、效仿或回避的对象，如国内电脑制造商联想集团、软饮料市场的可口可乐公司、中国电冰箱市场的海尔集团、微波炉市场的格兰仕公司等。这种主导者几乎各行各业都有，它们的地位是在竞争中自然形成的，但不是固定不变的。市场主导者所具备的优势包括：消费者对品牌的忠诚度高、分销渠道的建立及高效运行、市场营销经验的迅速积累等。

市场主导者为了维护自己的优势，保住自己的领先地位，通常可采取三种战略：扩大市场需求总量；保护市场占有率；提高市场占有率。

1. 扩大市场总需求

当一种产品的市场总需求扩大时，受益最大的是处于领先地位的企业。

一般说来，市场主导者可从三个方面扩大市场需求量：发现新用户；开辟新用途；增加使用量。

2. 保护市场占有率

处于市场领先地位的企业，必须时刻防备竞争者的挑战，保卫自己的市场份额。

（1）阵地防御。

阵地防御就是在现有阵地周围建立防线。这是一种静态的防御，是防御的基本形式，但不能作为唯一的形式。

（2）侧翼防御。

侧翼防御是指市场主导者除保卫自己的阵地外，还应建立某些辅助性的基地作为防御阵地，或必要时作为反攻基地。特别是注意保卫自己较弱的侧翼，防止对手乘虚而入。

（3）以攻为守。

以攻为守是一种“先发制人”式的防御，即在竞争者尚未进攻之前，先主动攻击它。这种战略主张，预防胜于治疗，事半功倍。具体做法是：当竞争者的市场占有率达到某一危险的高度时，就对它发动攻击；或者是对市场上的所有竞争者全面攻击，使人人自危。

（4）反击防御。

当市场主导者遭到对手发动降价或促销攻势，或改进产品、占领市场阵地等进攻时，不能只是被动应战，应主动反攻入侵者的主要市场阵地。

（5）运动防御。

这种战略的目的是，不仅防御目前的阵地，还要扩展到新的市场阵地，作为未来防御和进攻的中心。

（6）收缩防御。

在所有市场阵地上全面防御有时会得不偿失，这种情况下，最好是实行战略收缩，即收缩防御，是指放弃某些疲软的市场阵地，把力量集中到主要的市场阵地上去。

3. 提高市场占有率

市场主导者设法提高市场占有率，也是增加收益、保持领先地位的一个重要途径。美国的一项研究表明，市场占有率是与投资收益率有关的最重要的变量之一。市场占有率越高，投资收益率也越大。市场占有率高于40%的企业其平均投资收益率相当于市场占有率低于10%者的3倍。不过，领先企业在追求提高市场占有率之前必须认真筹划，以免发生成本上升过快、市场占有率虽上升利润却下降的问题。

在现有市场上扩大市场份额，实际上意味着要向其他企业发起进攻，即使是处于市场主导地位的企业也须慎重，并要选择好进攻对象。

3.4.2 市场挑战者战略

市场挑战者和市场跟随者，是指那些在市场上处于次要地位（第二、第三甚至更低地位）的企业，如软饮料市场的百事可乐等。这些处于次要地位的企业可采取两种战略：一是争取市场领先地位，向竞争者挑战，即市场挑战者；二是安于次要地位，在“共处”的状态下求得尽可能多的收益，即市场跟随者。每个处于市场次要地位的企业，都要根据自己的实力和环境提供的机会与风险，决定自己的竞争战略是“挑战”还是“跟随”。

市场挑战者如果要向市场主导者和其他竞争者挑战，首先必须确定自己的战略目标和挑战对象，然后还要选择适当的进攻战略。

1. 确定战略目标和挑战对象

战略目标同进攻对象密切相关，对不同的对象有不同的目标和策略。一般来说，挑战者有三种对象可以选择。

（1）攻击市场主导者。

这种进攻风险很大，然而吸引力也很大。挑战者需仔细调查研究领先企业的弱点和失误：有哪些未满足的需求，有哪些使顾客不满意的地方。找到主导者的弱点和失误，就可作为自己进攻的目标。

（2）攻击与自己实力相当者。

挑战者对那些与自己势均力敌的企业，可选择其中经营不善发生亏损者作为进攻对象，设法夺取它们的市场阵地。

（3）进攻小型企业。

对一些小型企业中经营不善、财务困难者，可夺取它们的顾客，甚至兼并或收购这些企业。

2. 选择进攻战略

在确定战略目标和进攻对象之后，挑战者还需要考虑采取什么进攻战略。

（1）正面战略。

正面战略，是指集中攻击对手的强项而不是弱点，如在产品开发、定价、广告等方面较量。正面进攻的胜负取决于谁的力量更强。因此，若在相应项目上无优于对手的资源和能力，就不宜采取此策略。

（2）侧翼进攻。

侧翼进攻，是指选择对手之弱点或“缺口”，以己之长，攻彼之短。如进攻偏僻地区市场或某个细分市场，有时这些地区市场几乎没有竞争者的推销力量，或这些细分市场并未被竞争者明确意识到，因此是最容易取得攻击胜利的薄弱之处。

(3) 包围进攻。

包围进攻，是指看准敌方一块阵地后，从前后左右几条战线上同时进攻，迫其全面防守。如产品包围战，就是针对竞争者的产品，推出质量、风格、特点各异的数十种同类产品，以此淹没对手的产品，最后夺取市场。

(4) 迂回进攻。

迂回进攻是一种间接进攻策略。它不是进攻竞争者现有的市场或地盘，相反，对这些产品和市场采取回避态度，绕过竞争者，或是开发新产品去满足未被任何竞争者满足的市场；或是开展多角化经营，进入与竞争者不相关的行业；或是寻找新的、未被竞争者列入经营区域的地区市场。

(5) 游击式进攻。

游击战在军事上是以小胜大、以弱胜强的有效战略，在市场营销上也不例外。其典型做法是向竞争者的不同领域或不同部位发动小规模、时断时续的攻击，骚扰对手，使之不得安宁，疲于应付，最终逐渐被削弱和瓦解。

3.4.3 市场跟随者战略

并非所有在行业中处于第二或第三位的企业都可以或愿意充当挑战者。一些公司通过模仿或改进革新者推出的新产品，大量推向市场销售，虽未必夺得行业第一，却能获得很好的利润，因为它们不必承担用于创新的高额费用，也用不着冒创新的风险。

1. 紧密跟随

紧密跟随，是指在各个子市场和市场营销组合方面，尽可能仿效主导者。这种跟随者有时好像是挑战者，但只要它不从根本上侵犯主导者的地位，就不会发生直接冲突，有些甚至被看成是靠拾取主导者残余谋生的寄生者。

2. 距离跟随

距离跟随，是指跟随者在主要方面，如目标市场、产品创新、价格水平和分销渠道等方面都追随主导者，但仍与主导者保持若干差异。这种跟随者可通过兼并小企业而使自己发展壮大。

3. 选择跟随

选择跟随，是指跟随者在某些方面紧跟主导者，而在另一些方面又各行其是。也就是说，它不是盲目跟随，而是择优跟随，在跟随的同时还发挥自己的独创性，但不进行直接的竞争。这类跟随者之中有些可能发展成为挑战者。

3.4.4 市场补缺者战略

所谓市场补缺者，是指精心服务于市场的某些细小部分，而不与主要的企业竞争，只是通过专业经营来占据有利的市场位置的企业。市场补缺者成功的关键，一是要选择好补缺之处，即补缺基点；二是要在确定补缺基点的基础上选择和制定适当的战略。

1. 补缺基点的选择

选择市场补缺基点时，多重补缺基点比单一补缺基点更能减少风险，增加保险系数。因此，企业通常选择两个或两个以上的补缺基点，以确保企业的生存和发展。总之，只要企业善于经营，小企业也有许多机会，可以在获利的条件下很好地为顾客服务。

2. 专业化市场营销

取得补缺基点的主要战略是专业化市场营销。具体来讲，就是在市场、顾客、产品或渠道等方面实行专业化。

阅读材料：

上海药店的市场补缺者战略

上海药店实施市场补缺者战略，打出特色牌，取得市场营销成功的实例，很有启发意义，很值得一些企业借鉴。

随着上海第一家冠心病特色药房在南京路上的诞生，肿瘤药房、糖尿病药房、皮肤病药房等越来越多的特色药房相继在上海出现。特色药房的诞生，一方面是因为随着医疗体制改革的深入，人们逐渐习惯于小病自己买药，吃非处方药，于是药房销售额有所上升；另一方面，药房竞争日趋激烈，没有经营特色和服务特色就没有竞争优势，于是一些有远见的药店老总纷纷打出了特色牌。特色药房不仅“对症卖药”，往往还配套了各种特色服务。华氏大药房皮肤病特色药房不但针对某种病由推出一个系列的药品，而且推出了发送联系卡，提前与专家预约等服务，接待顾客达4 000多人次。从“大而全”到“细分化”，特色药房的出现，不但有利于整个医药市场的良性竞争，也为病人带来了方便。此外，特色药房还为制药厂商了解市场最新信息、进入市场打下基础，成为沟通生产者与消费者的大窗口。一些大药房已看准了时机，也准备以连锁经营的形式，把特色药房开到郊区，开进社区。

资料来源：中国经理人网

3.4.5 市场营销战略的制定和实施

1. 目标市场的选定

目标市场的选定和市场营销组合是市场营销战略的两个相互联系的核心部分。

选定目标市场就是在上述细分的市场中决定企业要进入的市场，回答顾客是谁，产品向谁诉求的问题。即使是一个规模巨大的企业也难以满足所有的市场，但我国不少企业想占领所有的市场，特别是保健品，有的功效诉求多达十几种，几乎能包治百病，适合任何人群。另外，有的企业不知道自己的产品是什么，向消费者诉求什么，如新上市的一种酱油，据该公司介绍，它既是酱油，又可代替味精，还是一种保健品，具有保健功能。它究竟是什么，也许谁都会感到疑惑不解。总之，一是企业必须有明确的目标市场；二是对于一种产品必须有明确的诉求，有明确的消费群体；三是要抓住主要矛盾，突出重点，即不要向谁都诉求，也不要什么都诉求。

2. 市场营销组合（4P）

目标市场一旦明确，就要考虑如何进入市场，并满足其市场需求的问题，那就是有机地组合产品、价格、渠道、促销等因素，但绝对不是几种组合因素的简单相加，企业在进行市场营销组合时必须考虑以下几点：

（1）要通过调查国内外优秀企业等来了解它们一般进行的市场营销组合。

（2）突出与竞争公司有差异的独特之处，充分运用能发挥本公司优势的有利性。

（3）市场营销组合是企业可以控制的，企业可以通过控制各组合因素来控制整个市场营销组合。

（4）市场营销组合是一个系统工程，由多层分系统构成。

（5）市场营销组合因素必须相互协调，根据不同的产品，制定不同的价格，选择不同的渠道，采取不同的促销手段。

（6）市场营销组合不是静态，而是动态的。产品生命周期分为四个阶段，当产品生命周期所处阶段发生变化时，其他组合因素也随之变化。就拿广告来说，导入期为通知广告；成长期为劝说广告；成熟期为提醒广告。

在四种（4P）主要的组合因素中到底哪种最重要，这会因行业、业态不同而异，但一般来说，受到高度重视的是产品，企业提供的产品是否能满足消费者需求，这才是产品的关键所在。

阅读材料：

4P与4C

4P，即产品（Product）、价格（Price）、渠道（Place）、促销（Promotion）；4C，即顾客（Consumer）、成本（Cost）、方便（Convenience）、沟通（Communication）。4P理论始创于1960年，由麦卡锡提出，而4C理论于20世纪90年代由美国市场营销学教授劳特朋提出，试图用4C理论取代4P理论。自4C理论提出之后，许多学者认为应该抛弃4P，由4C理论取而代之，国内也有些学者持这种观点。对此，我们认为，4P理论仍然是市场营销的重要理论，是进入目标市场，满足目标市场需求的基本手段，不仅不能抛弃，还应该加强。即用4C理论来加强4P理论，完善4P理论，解决4P以什么为导向的问题。其实，市场营销观念的提出就把市场营销推进了一个新的阶段，即要求企业以市场、顾客为导向。可是，在市场营销实践中，大多数企业都做得不太好，还是站在企业的角度来考虑和决定产品、价格、渠道和促销，而不是从市场、从顾客出发。所以提出4C，并以此进一步强调4P的出发点，的确很有必要。我们的基本观点是，现代市场营销组合既不是单纯的4P，也不是单纯的4C，而应该是4P+4C，其关系是：

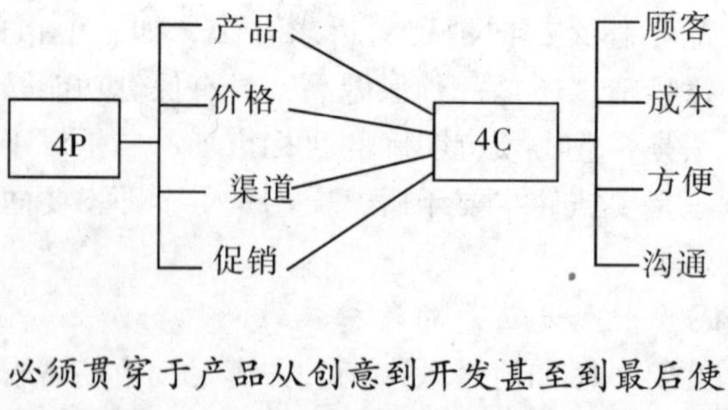

1. 产品与4C，即4C必须贯穿于产品从创意到开发甚至到最后使用的整个过程。

（1）顾客，即企业不是生产自己能生产的产品，销售已经生产好的产品，而是应该从顾客出发，充分了解顾客的需求和欲望，开发他们真正所需要的并能完全满足其需求的产品。

（2）成本，即不是企业考虑生产其产品花费了多少成本，而是应该在产品开发之前了解顾客愿意为其付出的成本，并在开发生产过程中将其成本控制在一定范围内，用公式表示为：

愿意支付价格－适当利润＝成本。

(3) 方便，即企业从产品的设计开始就要考虑如何使顾客方便使用、方便搬运等，降低使用成本，如傻瓜照相机就是其中典型的例子。传统照相机对照相技术要求相当高，否则就很难照出好相片来，可是，傻瓜照相机就不同了，它不需掌握专门的照相技术，无论大人还是小孩，无论会照相还是不会照相，都可以用傻瓜照相机照相，并还能照出较好的相片来。这样，既可降低顾客的购买成本，也可减少使用成本，从而扩大了照相机市场。

(4) 沟通，即可以从两个方面来理解和把握：一是在产品开发前和开发过程中都必须通过沟通来了解顾客的需求和欲望，了解他们能付的和愿意付的成本，了解他们所认为的方便等；二是要使产品本身成为一种沟通的手段，可具体体现在品牌、质量、包装、特色等上面。

2. 价格与4C，即价格的决定不是以企业为中心，而是应该以顾客为中心。

(1) 研究顾客心理及其对产品价格的反应或他们理解的产品的价值及与之相适应的价格。

(2) 成本，不是指生产成本，而是指顾客为购买其产品能支付的成本和愿意支付的成本。例如，福特汽车公司于1962年研制出一种“野马牌”轿车，为了了解消费者的想法，在新型车推出之前，福特公司选择了底特律地区52对夫妇，邀请他们到样品陈列室。其中每对夫妇都已拥有一辆标准型汽车，他们的收入是中等水平。公司负责人将他们分为若干小组，带进陈列室看汽车样品，并听取他们的感想。这些人当中，一部分是白领阶层，收入较高，对车的样式感兴趣；而另一部分蓝领夫妇则认为车过于繁华不敢问津。亚柯卡请他们估一下车价，几乎所有人都估计要10 000美元，并表示不购买这种车；因为家中已有，当亚柯卡宣布车价在2 500美元以下时，大家惊呆了，之后又欢呼起来，纷纷道：“我们要买这部车，我们把这车停在我们自己车道上，所有邻居都会以为我们交了好运。”

(3) 方便，可以从两个方面来考虑：一是对产品的价值和价格理解的方便性；二是便于付款。

(4) 沟通，一是对上述问题的了解和掌握需要沟通；二是有时在价格上存在较大障碍，其实都是因没有沟通或沟通不够所致，所以有必要在售前、售中加强与顾客的沟通，让顾客充分了解产品及其价值和价格，使其感到“一分钱一分货”、“价高优质”、“钱出得值”。

3. 渠道与4C，即渠道决策必须以4C为依据。

(1) 顾客，即企业在选择或决定渠道策略时，首先需要考虑什么渠道最能接近目标市场，目标顾客最愿意且经常利用的渠道是什么。

(2) 成本，即对目标顾客来说成本最低的渠道，它包括目标顾客为购买产品，接近其渠道所花费的金钱成本、精力成本、时间成本和体力成本。

(3) 方便，即目标顾客最容易接近和最方便购买的渠道，它包括交通便利，停车方便，购物环境好，看、选、购都方便。

(4) 沟通，即渠道不只是一个分销产品的机构或场所，而且还应该是相互沟通、情感交流以及获取相关信息和新知识的渠道。

4. 促销与4C，即在促销过程中或采取各种促销方式时都应该贯彻4C精神。

(1) 顾客，即促销的诉求对象必须明确，一定是目标顾客，诉求内容和诉求方法也应以目标顾客为出发点。

(2) 成本，即一方面要考虑企业为促销付出的成本，如何以较低的成本获取较大的促销效果；另一方面，也是更重要的方面，那就是要使目标顾客以最低的成本获得产品信息，包括产品功能、质量、使用方法、价格、售后服务等方面的信息，尤其是在信息泛滥的今天，顾客往往要为获取一条准确、可靠的信息付出很大的代价。

(3) 方便，既要考虑如何便于目标顾客获得信息、了解信息，又要便于顾客对同类产品进行比较，尤其是选购品，顾客一般都要货比三家。

(4) 沟通，即在促销过程中应尽量避免那种强加于人的促销活动，主张卖方和买方或制造商与消费者或用户进行对话式的沟通，做到既把企业及其产品信息传递给消费者或用户，又将消费者或用户的有关反应和意见等反馈给企业的双向沟通。

资料来源：中国营销传播网

3.5 市场营销战略管理及战略分析方法

市场营销战略管理过程，实际上是指在企业的战略计划下制订和实施市场营销计划的过程。它包括企业战略、市场营销计划及其实施与评价。

3.5.1 企业战略

企业战略包括企业使命（任务）、企业目标、事业组合和发展战略等主要内容。

1. 规定企业使命或任务

规定企业使命或任务，就是要明确企业的事业性质，明确企业的活动领域，明确企业的发展总方向。

2. 确定企业目标

企业使命一经确定，就应具体地将其化为企业目标。企业目标，是指未来一定时期内企业所要达到的一系列具体目标的总称。企业的常用目标有：投资收益率；销售增长率；市场占有率；提高知名度；树立企业及其产品的良好形象；产品创新和开发新市场等。

3. 事业或业务组合

任何一个企业的资金总是有限的。为了实现企业目标，就需要对企业现有的战略事业单位进行分析和评价，并作出相应的资源配置决策。其分析评估方法主要有两种：一是波士顿矩阵法；二是GE法，即“多因素矩阵法”。

(1) 波士顿矩阵法。

波士顿矩阵法，即“市场增长率——相对市场占有率矩阵”，用以对企业的战略事业单位（Strategic Business Unit）或产品进以分类和评估（图3-6）。纵向表示市场增长率，即产品销售额的年增长速度，以10%（也可以设其他临界值，视具体情况而定）为临界线分为高低两个部分；横向表示业务单位的市场占有率与最大竞争对手市场占有率之比，称为相对市场占有率，以1.0为分界线分高低两个部分。如果相对市场占有率为0.1，则表示该业务单位的市场份额为最大竞争对手市场份额的10%；相对市场增长率为10，则表示其市场份额为最大竞争对手市场份额的10倍。市场增长率反映产品在市场上的成长机会和发展前途；相对市场占有率则表明企业的竞争实力大小。区域图中的圆圈代表企业的各个业务单位，圆圈的位置表示该业务单位市场增长率和相对市场占有率的现状，圆圈的面积表示该业务单位的销售额大小。

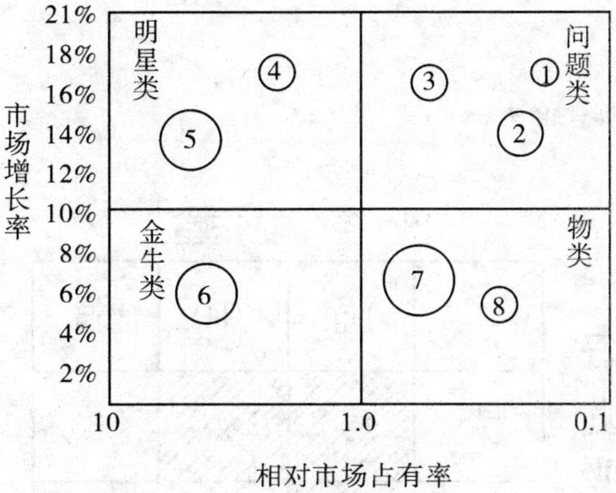

图3－6　波士顿矩阵法

区域图中的四个象限分别代表四类不同的业务单位或产品。

①问题类。市场增长率高但相对市场占有率低的业务单位或产品。大多数业务单位最初处于这一象限，这一类业务单位需要较多的资源投入，以赶上最大竞争者和适应迅速增长的市场。但是它们又都前程未卜，难以确定远景。企业必须慎重考虑，是对它们继续增加投入，还是维持现状，或进行精简乃至断然淘汰。

②明星类。问题类业务单位如果经营成功，就会成为明星类。该类业务单位或产品的市场增长率和相对市场占有率都较高，因其销售增长迅速，企业必须大量投入资源以支持其快速发展，待其市场增长率降低时，这类业务单位就由“现金使用者”变为“现金提供者”，即变为金牛类业务单位。

③金牛类。市场增长率低，相对市场占有率高的业务单位或产品。由于市场增长率降低，不再需要大量资源投入；又由于相对市场占有率较高，这些业务单位可以产生较高的收益，支援其他类业务的生存与发展。金牛业务是企业的财源，这类业务单位愈多，企业的实力愈强。

④瘦狗类。市场增长率和相对市场占有率都较低的业务单位或产品。它们多处于成熟后期或衰退期，只能获取微利或保本甚至亏损。

在对各业务单位或产品进行分析之后，企业应着手制定业务组合或产品计划，确定对各个业务单位或产品的投资策略。

①发展策略，是指投入资金，以提高其相对市场占有率。此策略特别适用于明星类及某些有发展前途的问题类业务单位（产品），并尽快使那些有发展潜力的问题类业务（产品）转化为明星类业务（产品）。

②维持策略，是指保持原有的资金投入规模，以维持相对市场占有率。该策略适用于金牛类业务单位（产品），特别是其中的大金牛类。

③缩减策略，是指减少投资、减少促销费用，以求短期内获取尽可能多的利润。此策略适用于弱小的金牛类，也适用于问题类和瘦狗类。

④放弃策略，是指清理、变卖现存产品，处理某些业务单位，使企业资源转移到那些赢利的业务单位或产品上。其策略适用于给企业造成负担而又没有发展前途的问题类和瘦狗类业务单位（产品）。

（2）GE 法。

GE 法，即多因素矩阵评价法。

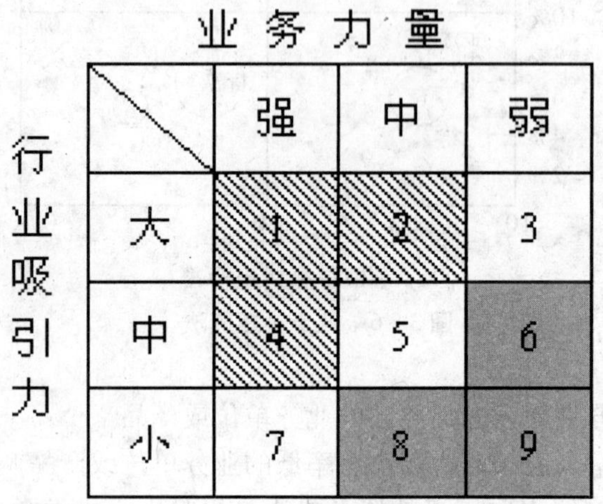

图 3－7　多因素矩阵评价法

图 3－7 中，纵轴表示行业吸引力。行业的吸引力又包括：

①市场规模。市场规模越大的行业，吸引力越大。

②市场增长率。市场增长率愈高，吸引力越大。

③利润率。利润率愈高，吸引力越大。

④竞争程度。竞争愈激烈，吸引力越小。

⑤周期性。受经济周期影响越小，吸引力越大。

⑥季节性。受其影响越小，吸引力越大。

⑦规模经济效益。单位产品成本随生产和分销规模的扩大而降低的行业，吸引力大；反之，则吸引力小。

⑧学习曲线。单位产品成本有可能随经营管理经验的增加而降低的行业，吸引力大；反之，如果其积累已经达到极限，单位成本不可能因此再下降的行业，则吸引力小。

图 3－7 中，横轴表示企业的战略业务单位的业务力量，由下列因素构成：

①相对市场占有率。业务力量与相对市场占有率成正比，即相对市场占有率越高，业务力量就越强。

②价格竞争力。业务力量与价格竞争力成正比，即价格竞争力越强，业务力量就越强。

③产品质量。产品质量较竞争者越高，业务力量就越强。

④顾客了解度。对顾客了解程度越深，业务力量就越强。

⑤推销效率。推销效率越高，业务力量就越强。

⑥地理优势。市场位置的地理优势越大，业务力量就越强。

企业根据上述两大类因素的各具体项目一一评估打分，再按其重要性分别加权合计，得出行业吸引力和企业业务力量的数据，然后利用“多因素矩阵评价法”加以分析，分成三个区域。

1、2、4为第1区，最佳区域；3、5、7为第2区，中等区域；6、8、9为第3区，两者均低的区域。

上述评估，划分区域，其目的是为了有针对性地进行投资决策。其策略包括三种：

①发展策略——对于第1区应该增加投资，促进其发展。(投资成长)

②维持策略——维持现有投资水平，不增不减。第2区应采取此策略。(选择性)

③收获·放弃策略——对两者均低的第3区应采取收获或放弃策略，不增加投资或收回现有投资。

4. 发展战略

企业要在动态的环境中求生存和发展，仅停留在现有业务组合上是远远不够的。“不创新即死亡”，企业必须不断地发现新的市场机会，不断地更新其事业内容，对未来的事业发展方向作出战略计划，制定其发展战略。可提供选择的主要发展战略有三个类型，即密集性发展战略、一体化发展战略、多角化发展战略。

表3-2　发展战略

密集性发展	一体化发展	多角化发展
(1) 市场渗透	(1) 后向一体化	(1) 同心多角化
(2) 市场开发	(2) 前向一体化	(2) 横向多角化
(3) 产品开发	(3) 横向一体化	(3) 综合多角化

(1) 密集性发展战略。

密集性发展战略，是指某一特定市场上存在尚未被充分满足的需求，企业可以利用现有的生产，在现有的经营范围内谋求发展的战略。具体可采取三种策略：

①市场渗透。通过更加积极有效的营销措施，如增加销售网点，加强广告宣传，采取各种促销方式以及降价等，努力在现有市场上扩大现有产品的销售量。

②市场开发。通过开拓新市场，扩大市场范围来增加现有产品的销售。如：地方→全国；国内→国际；城市→农村。

③产品开发。通过向现有市场提供多种改型变异产品，如花色品种、规格档次、更新包装、改善服务等；或者增加新产品来扩大产品的销售，如由单一产品向系列产品转化。

(2) 一体化发展战略。

一体化发展战略，是指一个企业通过把自己的业务活动伸展到供、产、销不同环节或与同类企业联合来谋求发展的战略（如图3-8所示）。一体化发展战略有三种具体策略：

①后向一体化。通过各种形式向后控制供货商，使供产一体化，实现供产结合，但绝不是“大而全”、“小而全”。

②前向一体化。指企业向前控制分销系统，实现产销结合。如汽车厂家自设销售公司等，

日本的流通系列化均属于前向一体化策略。

③横向一体化，又称水平一体化。兼并或控制竞争者的同类产品的企业，或与同类企业合资经营。

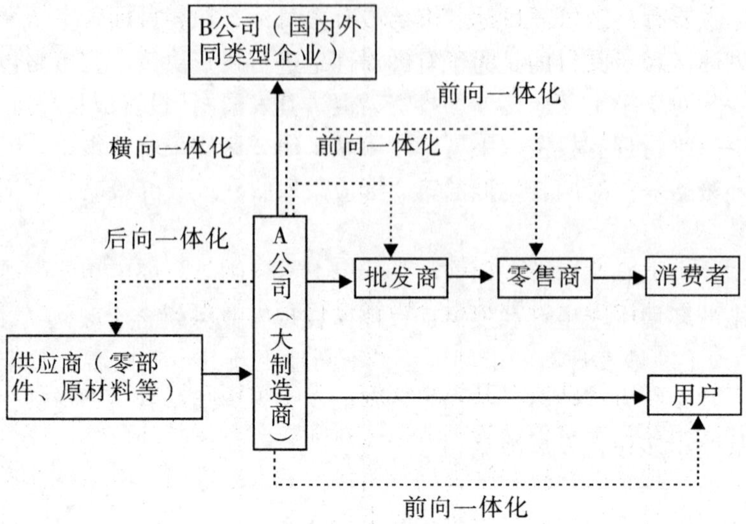

图 3－8　一体化发展战略

（3）多角化发展战略。

多角化发展战略，也称多样化或多元化，是指向本行业以外发展，扩大业务范围，实行跨行业经营。多样化发展战略也有三种具体策略：

①同心多角化，是指以现有业务为中心向外扩展业务范围，用企业现有物质技术力量开发新产品，增加产品的门类和品种，以寻求新的业务增长。这种策略有利于发挥企业原有的设备、技术和营销人员的优势。

②横向多角化，也称水平多角化，是指企业针对现有顾客对其他方面的需求，增加物质技术力量开发新产品，扩大业务经营范围，实现业务增长。

③综合多角化，也称集团式多样化，是指企业通过投资或兼并等形式，把经营范围扩展到多个部门，组成混合型企业集团，开展与现有技术、产品、市场无联系的多角化经营活动，以寻求新的增长机会。

确定发展战略后，进行全面宏观与微观市场环境分析，竞争分析以及企业内部分析，确定目标市场和进行市场定位，并在此基础上制订营销计划。

3.5.2　市场营销计划及其实施与评价

1. 市场营销计划

市场营销计划实际上包括确定市场营销目标、选择市场和市场营销组合等。

（1）市场营销目标。

市场营销目标，是指企业市场营销战略或市场营销活动，在一定时间内应完成的任务和达到的目标。每一个目标都应该意思清晰，表述简单明了，避免使用冗长的语言和文字说明目标。

市场营销目标不能只规定单一的目标，而应该有若干具体目标，如销售额、市场占有率等。所规定的各个具体目标有一定的时间性，只有在一定期限内完成才恰当、有效，所以必须明确实现其目标的时间范围。目标应该可衡量，应该尽可能以数量化等可衡量的方式规定市场营销目标，以利于把握和核查。所制定的目标要有一定的难度，富有挑战性，经过努力可以实现。

市场营销目标主要有：销售额目标、市场占有率目标、顾客目标、市场开发目标、新产品开发目标，形象目标、知名度目标、商誉目标等。

（2）选择市场。

首先进行市场细分，这是选择目标市场的前提，然后在众多的细分市场中选择适合自己的目标市场，再对企业及其产品进行市场定位。

（3）市场营销组合。

市场营销组合，是指企业在不可控的宏观环境下，为满足目标市场的需求，将企业自身可以控制的各种市场营销手段即市场营销组合因素进行有机的组合。

2. 实施

市场营销计划制订好后，就要对其组织实施。为组织实施，要设置相应的组织，并配备适当的人员；进行合理预算；市场营销管理者通过对下属进行指导和监督，使市场营销计划的实施活动有序展开；要对直接或间接实施市场营销计划的人或部门予以激励，唤起他们对工作的热情，引发其为共同的组织目标而积极协作的精神。

3. 评价

评价是市场营销管理过程中的最后环节，在这一环节中包括两大内容：一是协调，即内部协调和对外协调；二是控制，即年度计划控制、效率控制、预算控制等。

◆课堂游戏

拼图游戏

训练团队分工与合作能力

游戏规则：

1. 将学员分成5个小组，第1组1人，第2组2人，第3组4人，第4组8人。基本趋势就是后一组人数比前一组明显多。

2. 发给每一个小组一个拼图盒，每一个盒子中都有200块的拼图。每个小组的任务就是要在一定的时间内按照盒子上的图案拼出画图，越多越好，完成最多的小组获胜。

3. 最后对各个小组的人数，完成总数，人均完成数进行统计，制成表格。

游戏目的：

人多是否一定力量大呢？不一定，这需要多方面的配合。其中团队内的团结合作精神是最为重要的。

1. 团队合作的训练

2. 团队中有效组织和分工的训练

相关讨论：

1. 表中的人数和人均完成数之间呈现出什么样的规律？人多一定力量大吗？

2. 我们应怎样克服这一点？你是否能利用表中的数据说明这一点？

游戏主要障碍和解决策略：

1. 人多力量大一定程度上是成立的，人多的小组完成的总数应该是比较多的。但是人多的时候效率却大大降低了，而这主要是由于集体间合作的不完善所致。承担责任不明确、责任重叠、分工不明都将导致集体效率的降低。反之，只要我们克服了这些就能充分体会到人多力量大的含义。

2. 要想达到责任明确，事先的计划和讨论是非常重要的。

参加人数：不限，合理分组

时间：10 分钟

场地：不限

道具：拼图游戏盒若干

◆实训操作

组织学生在用友或 ITMC 沙盘软件上进行对抗性模拟练习，重点训练学生竞争策略分析与运用能力，教师进行总结。

以团队为单位，制定某一产品年度营销计划书。

◆技能自测

思考题：

1. 什么是市场细分？为何要市场细分？
2. 市场细分有哪些主要依据？
3. 试述目标市场营销过程。
4. 什么是目标市场？如何选择目标市场？
5. 有哪些目标市场营销策略？各有什么优缺点？
6. 什么是市场定位？有哪些主要定位方式？
7. 如何市场定位？有哪些市场定位因素？
8. 举某一产品为例，说明其市场定位。
9. 企业的战略层级如何划分？它们之间有什么联系？
10. 试述市场营销战略与企业战略的关系。
11. 什么是市场营销战略？它有哪些特点？
12. 市场营销战略如何制定和实施？
13. 试述 4P 与 4C 的关系。
14. 什么是波士顿矩阵法？如何用它分析和评估业务单位或产品？
15. 什么是 GE 法？如何用 GE 法来分析和评估业务单位或产品？
16. 市场主导者为了维护自己的优势，保住自己的领先地位，通常可采取哪些战略？

拓展阅读：

《蓝海战略》作者：W. Chan Kim；《竞争优势》作者：迈克尔·波特

任务4　产品策划

教学安排

●能力目标

1. 制定产品生命周期各阶段营销策略
2. 进行品牌策划
3. 制定包装策略
4. 开发新产品

●核心能力

1. 能制定产品生命周期各阶段营销策略
2. 进行品牌与包装策划
3. 熟悉新产品开发

●教学重点

1. 理解产品及产品组合概念
2. 根据市场需求分析产品
3. 品牌及包装策略制定
4. 产品生命周期策略运用

阅读材料：

周大福——产品策略演绎成功经典

周大福创立于1929年，后辗转迁移并正式在香港成立，历经70余年的风雨历程，于20世纪90年代开始进军内地市场，在短短几年时间里，在内地发展分行数目已近二百家。围绕时尚、新潮等消费心理，周大福推出了5款适合内地消费者的系列产品组合，成为内地珠宝饰品领域里跃出的一匹“黑马”。

1. “绝泽”珍珠系列

所有的美丽都离不开水。珍珠正是水的化身、水的结晶，是品格高贵的象征：“绝泽”珍珠系列将颗颗富有灵性与生命力的珍珠置于流畅、唯美的线条之中，增添了女性的清新风格，含蓄却耀目，是热爱自然、追求意境的女性之首选。

2. “绝色”红蓝宝石系列

“绝色”红蓝宝石系列将性感魅惑、甜蜜动人与浪漫鲜明、前卫个性的元素完美结合，将女性妩媚动人的气质演绎到极致，打造出了一款款古典浪漫又兼具现代时尚气息的饰物，是摩登女郎心中之至爱。

3. “水中花”系列

铂金“水中花”系列的设计概念源于“铂金如水”。主打吊坠和指环以女性“心湖中的涟漪”为主题，设计时尚优雅，将清雅与灿烂完美协调，灵巧地勾勒出盛放的花儿在平静心湖中泛起的丝丝涟漪，就像“水中花”般含蓄，却是心湖中真实而恒久的灿烂回忆！其清新、高雅的格调，让人浮想联翩。

4. “迪斯尼公主”首饰系列

“迪斯尼公主”首饰系列设计主要以六个深受欢迎的迪斯尼童话公主故事为主题，整个系列均围绕着公主的华丽、优雅及纯洁等特质设计而成，包括钻石系列、18K金、铂金及纯银系列，其中钻石系列中更首推限量版“公主方钻石首饰”，显示出尊贵非凡的气派，给首饰增添了灵性与神秘。

5. “惹火”系列

“惹火”单颗美钻系列吊坠和戒指，借助层次空间与柔美线条的完美结合，诠释极度的女性化风潮，在动感与和谐中，运用奇妙的层次空间令钻石展现无与伦比的折射光芒，而撩人的曲线更是喻义了无限舒展的女性魅力，让新潮女性叹为观止。

此外，周大福开创了金饰制造新工艺的先河，率先推出的999.9纯金饰品已经成为香港黄金成色标准与典范。在周大福75周年纪念庆典之际，还隆重推出“绝配”组合套配，该套配可以随意变换不同戴法，成为市场的新宠。

在激烈的市场竞争中，消费者是企业赖以生存的基础，企业只有勇于创新，生产并提供消费者青睐的产品，最大化地占领市场，才能在市场竞争中得以生存和发展。周大福品牌产品的成功，得益于其全面而彰显个性的产品策略，准确的产品定位与市场细分，使其拥有了最大化的消费群，而其不断创新、与时俱进的研发风格，使其品牌含金量不断增加，并焕发出恒久的魅力。

资料来源：www.21manager.com

4.1 理解产品概念

真实任务4.1：在当地找一快速消费品/汽车/房地产行业企业某产品，分析其产品设计与市场需求情况，提出改进意见。

（1）了解产品含义；

（2）了解产品组合含义；

（3）熟悉产品组合策划方法。

阅读材料：

IKEA的产品

IKEA（宜家）是创立于1943年的一家瑞典家居用品企业，IKEA的创始人是瑞典人坎普拉德，创立之初主要经营文具邮购、杂货等业务，后转向以家具为主业，在不断扩张过程中，产品范围扩展到涵盖各种家居用品。IKEA的产品（Product）采用了如下策略：

1. 准确的产品市场定位

IKEA 的经营理念是"提供种类繁多、美观实用、老百姓买得起的家居用品"。

从创建初期，宜家就决定与家居用品消费者中的"大多数人"站在一起。这意味着宜家要满足具有很多不同需要、品位、梦想、追求以及财力，同时希望改善家居状况并创造更美好日常生活的人的愿望。针对这种市场定位，宜家的产品定位于"低价格、精美、耐用"的家居用品。在欧美等发达国家，宜家把自己定位成面向大众的家居用品提供商。因为其物美价廉、款式新、服务好等特点，受到广大中低收入家庭的欢迎。

进入中国市场之后，其市场定位作了一定的调整，因为中国市场虽然广泛，但普遍消费水平低，原有的低价家具生产厂家竞争激烈，接近饱和，市场上的国外高价家具也很少有人问津。于是宜家把目光投向了大城市中相对比较富裕的阶层。宜家在中国的市场定位是"想买高档货，而又付不起高价的白领"。这种定位是十分巧妙准确的，获得了比较好的效果。

IKEA 作为全球品牌迎合了中国白领人群的心理；IKEA 卖场的各个角落和经营理念上都充斥异国文化；IKEA 家具由顾客自己拼装，免费赠送大本宣传刊物，自由选购。

2. 产品风格独特，有利销售

宜家家居出售的产品全部由宜家公司独立设计，产品风格与众不同。宜家强调产品"简约、自然、清新、设计精良"的独特风格。宜家源于北欧瑞典（森林国家），其产品风格中的"简约、清新、自然"亦秉承北欧风格。大自然和家都在人们的生活中占据了重要的位置。实际上，瑞典的家居风格完美再现了大自然，充满了阳光和清新气息，同时又朴实无华。我们在宜家产品上看到的是：现代但不追赶时髦，很实用而不乏新颖，注重以人为本，在多方面体现了瑞典家居的古老传统。

3. 产品设计精美且经久耐用

宜家一贯强调产品设计精美、实用、耐用。

4. 产品系列广泛

宜家产品系列广泛，宜家共有 10 000 多种产品供顾客选择。基本上，任何品味的顾客都可以在宜家买到所需的家居产品。宜家产品系列的"广泛"有以下几方面的含义：

首先，品种齐全。顾客无须往返于不同的专卖店去购买家居用品。在 IKEA 可以找到从客厅家具、玩具、煎锅到餐具刀叉，从办公家具到绿色植物的所有物品，一句话——在宜家可以找到所有实用的家居用品，顾客不必在各个家居店之间东奔西走。

其次，风格范围广泛。不同品位的人在这里都能找到自己的所爱。但宜家的产品也不是无所不包，宜家没有过于极端或过于夸张的产品。IKEA 提供的是为创造舒适的家居环境所需要的产品。

另外，通过适当协调，可同时实现广泛的功能和风格。无论顾客喜欢哪种风格，都会有一款扶手椅与书柜相配，有一款书柜与新的折叠桌相配，有一款新的折叠桌与扶手椅相配。因此，宜家的"系列广泛"有着多层含义。

资料来源：中国营销传播网

4.1.1　产品概念

现代营销学的产品整体包含三个层次的内容：第一个是产品的核心利益或服务；第二个是核心产品借以实现的形式；第三个是购买产品的同时所提供的服务或利益。

产品是指能够提供给市场进行交换，供人们取得使用或消费，并能够满足人们某种欲望或需要的任何东西。

产品的五个层次：

第一个层次是核心产品，指产品的核心利益或效用；

第二个层次是形式产品，包括产品包装、品牌、质量、式样、特色等；

第三个层次是期望产品，即购买者购买产品时通常期望得到和默认的一系列基本的属性和条件；

第四个层次是附加产品，指提供者提供产品时增加的服务和利益，也是购买者购买产品时希望得到的附加服务和利益，如安装、送货、信用等；

第五个层次是潜在产品，指现在产品可能发展的前景，包括现有产品的所有延伸和演进部分，最终可能发展成为未来产品的潜在状态的产品。

在市场上，产品一般可以进行以下分类：

（1）根据购买者的购买意图，把产品和服务分成两大类，即消费品和工业品。

（2）根据产品的有形性和耐用性，将产品分为耐用品、非耐用品和服务。

（3）根据消费者购买习惯，将消费品进一步细分为便利品、选购品、特殊品和非需品。

4.1.2 产品组合

（1）产品组合决策。

产品组合（也称为产品搭配）是指一个企业提供给市场的全部产品线和产品项目组合。

海尔公司的产品组合（部分）如表4-1所示。

表4-1 海尔公司的产品组合（部分）

产品大类	产品项目
冰箱	王子、金王子、太空王、果菜王、金统帅、大统帅、小统帅、太空王子、快乐王子
空调	超人、大超人、金超人、健康超人、太空金元帅、金状元
洗衣机	太空钻、太阳钻、水晶钻、玫瑰钻、银河钻、小神童、小小神童、多变神童、小神功
电热水器	大海象、金海象、海象王、小小海象
电视	宝德龙、美高美、影丽、小雷达、青蛙王子
手机	西多星、彩智星、天彩星、地文星、奔风

产品线是指密切相关的一组系列产品。

产品项目是指企业生产和销售的各产品类别中的某一特定产品，也就是通常所说的某一产品的具体品名和型号。

产品组合宽度指该企业拥有多少条不同的产品线。

产品组合的长度是指产品组合中所有产品项目的总和。

产品组合的深度是指产品线上每种产品的数目。

产品组合的相关性是指各类生产线在最终的用途、生产条件、销售渠道或其他方面相互联系的紧密程度。

（2）产品线决策。

产品线扩展全部或部分改变原有产品的市场定位（包括向上扩展、向下扩展和双向扩展）。

产品线填补即在现有的产品线范围内增加新的产品项目。

4.1.3　品牌和商标

品牌是一个名称、术语、标记、符号、图案，或者是这些因素的组合，用来识别产品的制造商和销售商。它包括品牌名称和品牌标识。品牌传达品牌属性、品牌利益、品牌价值、品牌文化、品牌个性、品牌使用者六层含义。

品牌策略主要有制造商品牌和中间商品牌；个别品牌和统一品牌；特许品牌和共同品牌；品牌延伸和品牌扩展。

品牌重新定位市场和顾客偏好的改变，原有的品牌定位已经与环境不相适应，这时往往需要给品牌重新定位，以推进品牌的发展。

商标是向有关部门登记注册，经过法律程序取得专用权的品牌或部分品牌。

4.1.4　包装和标签

1. 包装的定义和功能

包装是指为产品设计和生产容器或包裹物的行为，具有容纳、保护、促销、陈列、储存和为买卖提供便利等功能。

2. 包装策略

包装策略包括配套包装、差别包装、统一包装、再利用包装、附赠品包装。

3. 标签

标签是指贴在产品上的简单签条，也可以是作为产品的一部分的复杂图案和文字。它是任何一个完整包装不可缺少的部分。标签通常采用下面两种形式的一种：一是说服性标签；二是说明性标签。

4.1.5　服务

1. 服务的性质与定义

服务是一方能够向另一方提供的基本上是无形的任何活动或利益，并且不导致任何所有权的产生。它的产生可能与某种有形产品密切地联系在一起，也可能毫无联系。

2. 服务组合的分类

服务可分为与有形产品相伴随的服务、与有形产品混合在一起的服务、与小物品相伴随的主项服务、无须与有形物品相伴随的纯粹服务。

3. 服务的特点

服务具有无形性、不可分性、可变性和易消失性的特点。

4. 服务的市场营销策略

服务的市场营销策略包括服务利润链、竞争差异化、服务质量管理、服务生产率管理。

阅读材料：

五粮液的品牌历程

一、白酒业，危机四伏

中国白酒行业，是中国传统名牌最多、受WTO影响最小的行业，也是营销环境最为混乱、竞争手段最为复杂的行业之一。自1993年以来，各种国家政策的出台对中国白酒营销的影响不可忽视。

1. 对白酒业的政策遏制

国家轻工业“十五”规划（酿酒行业）明确规定“四个转变”，要求重点发展葡萄酒、水果酒，积极发展黄酒，稳步发展啤酒，控制白酒总量。

2. 来自市场本身的危机

与政策遏制相比，更大的危机来自于市场自身。人民生活水平提高，饮料礼品代用品增多，加上假酒劣酒的负面报道不断，使中国白酒销量自1996年以后持续下降。

3. 白酒业竞争白热化

几年来，白酒业全面滑坡导致行业内部竞争环境的迅速恶化。同档次、同价位、质量粗糙、内涵匮乏，以哄抬终端、广告轰炸、本末倒置等强力促销手段去争夺市场与消费者，忽视品牌成长规律，这种只求短期效益的浮躁病无疑为中国白酒业雪上加霜，进一步导致政策负面、舆论限制，品牌深受其害。

二、五粮液——白酒业的一抹亮彩

正是在这样一种行业环境下，来自四川宜宾的五粮液，却连续10年稳居此类企业规模效益之冠，以无可争辩的事实，成为中国酒业的巨擘。

那么五粮液集团有限公司是以何种方式在如此不利于自己主业发展的外部环境下创下了一次又一次的奇迹，其间经历了哪些曲折呢？

三、广种薄收，有郎就嫁，养虎为患

1. 有郎就嫁，五粮液品牌严重透支

1994年，福建邵武糖酒副食品公司携百万现金入川，与五粮液联姻推出“闽台春”酒，拉开了五粮液品牌延伸的序幕。至2002年五粮液家族已延伸出五粮春、五粮醇、五福液、金六福、六和醇、蜀粮春、铁哥们、干一杯、四海春、京酒、浏阳河、圣酒、友酒、火爆酒、老作坊、东方龙、岁岁乐、宜寿酒、亚洲液、川酒王、送福液、六百岁等百余个品牌，200多种规格的新产品，取代茅台，成为“中国白酒之王”。这百余个品牌绝大多数处于成长期，都需要“五粮液”这个母品牌的形象支持。“五粮液”已经不胜其累，品牌资产被严重透支。五粮液延伸出的百余个品牌，价格主要集中在30～80元之间，产品风格、个性和消费者群体没有什么差异，大量同质产品挤在相同的市场空间，难免“济济一堂，同室操戈”。某杂志曾报道过这样一件事：在某酒店负责采购的经理曾经在同一天内接待了11位五粮液系列酒的推销员，而且个个酒名不同，令人难辨真假。

2. 五粮液品牌延伸的后果

五粮液的品牌买断策略的成功，不仅拉开了中国白酒业战国时代的序幕，也给五粮液带来了两个直接的后果：一个是买牌者另起炉灶；另一个是竞争者群起模仿。

（1）养虎为患。五粮液采用特许经营式的品牌买断策略，授权对象可以在其产品上使用五粮液这个总品牌（以公司名的方式），但同时授权对象还可以拥有一个属于自己的产品品牌（如金六福、京酒的商标所有权都不属于五粮液，而是属于授权对象）。

（2）五粮液的品牌延伸引来的另一个问题是竞争者的仿效，这无疑加剧了白酒行业的竞争。据悉在白酒行业，茅台、泸州老窖、剑南春、汾酒、种子酒、沱牌等上百个品牌都在进行品牌延伸，而这场品牌延伸热必将导致一场全国性的白酒市场危机。

四、剖析危机，把握机会，树立品牌观

1. 白酒业的危机与机遇

纵观白酒行业几十载，其面临着市场总规模下降、行业产销量下降、利润下滑、OEM品牌过度开发、白酒信誉感降低的危机。同时，这个行业也为五粮液等大企业带来了机会。全行业整体滑坡后开始复苏，市场总量稳定在400万吨左右，各档次白酒保持稳定消费量；白酒行业的行业集中度有所提高，行业格局呈金字塔状，利润分配趋于垄断，在利润分配上，大中型企业仍主导着我国白酒市场，利税前20位企业占全行业利税总额的61%，其中利润占全行业的94%。

2. 五粮液的六大品牌规划观

五粮液经过对白酒业存在的危机和机会进行细致分析后，提出六大品牌规划观。一为整合观，即做强"五粮液"大品牌，缩减OEM品牌，清晰各档次分布，完成"全国性名牌＋区域性名牌"的品牌布局。二为增值观，即坚持在产品质量基础上，清晰品牌文化内涵，整合传播，使品牌持续增值，以品牌文化创造忠实消费。三是高档观，就是品牌开发应以中高档品牌为主，整体做强"五粮液代表高档酒这一形象，并使各中、高档品牌在消费者群体、品牌文化上差异明显，追求长线效益"。四为背书观，也就是超越"五粮液"品名的产品含义，按背书品牌、企业品牌的方向，塑造"五粮液"，使其品牌带动面广、透支性强、塑造成本降低。五为全球观，即中国白酒是世界三大蒸馏酒之一，五粮液作为"中国酒王"，应寻找全球市场，做世界级品牌，从观念上彻底与国内竞品拉开档次。六为第一观，作为市场领导者，五粮液的品牌定位不可能是比附、挑战、收缩型的，而是求先、强硬、开放型的。同时，应肩负扩展整体市场容量的领导者责任，改善中国白酒形象。

五、挥泪斩马谡，重建品牌架构

品牌的营销模式让五粮液迅速发生了规模效应，构筑起了遍布全国的五粮液酒业大市场版图，造就了五粮春、金六福、浏阳河、京酒等全国家喻户晓的名牌，但是也透支了品牌核心价值，埋下了极大的市场隐患。在2002年12月18日的五粮液全国经销商大会上，五粮液宣布了2003年的营销政策，五粮液要挥泪斩马谡，重建品牌架构。而上述6大品牌规划观，直接表现在2003年五粮液大力度的品牌结构调整上。

1. "1＋9＋8"的18名牌工程

"1＋9＋8"的18名牌工程是2003年末提出来的。其中"1"就是要将"五粮液"这个品牌做成世界名牌，并将五粮液分成4个消费层面：珍品五粮液系列、精品系列、豪华系列、饮用型系列，即1个国际品牌——五粮液。

"9"，即打造9个全国品牌，包括五粮春、五粮醇、金六福、浏阳河等家喻户晓的产品。这个"9"是连接五粮液塔基和塔顶之间的桥梁，既体现在品牌形象上，又体现在价格上，所谓形象决定价值；既然有价格上的支撑，那在相对价格上便有更大的利润空间，这也是吸引众多五粮液品牌商的一个原因。

"8"，即打造8个区域性品牌，价格定位比全国性品牌低，大约在40元左右。8个区域品牌是五粮液贴近普通消费者的大众品牌，因为它们是这个金字塔的塔基。

2. "三个转变"的改革思路

在2003年末的五粮液经销商大会上，五粮液集团又提出了"三个转变"的改革思路。

第一转变：厂商要从一般的产品生产、销售的经营方式转到打造、培育名牌上来。品牌至上，名牌制胜，注重名牌的塑造与培养。

第二转变：厂商要从生产销售一般的以低价位产品为主转到生产销售中高价位的产品上来。集团老总明确指出，五粮液就是要满足中高档次的消费需求。

第三转变：经销商经销产品要从一般意义上的以批发、分销为主转到抓终端、抓直销上来——这是五粮液在通路格局上的一次变革。

3. 品牌结构和内涵价值的调整

调整后的五粮液品牌结构，在消费档次上呈现出五粮清晰、收缩低档、发展中高档的倒梯形式样。而且，各品牌不仅有规格档次的明确划分，更在内涵上进行了定位区分，实现了消费人群不同，内涵不同，表达方式不同。

六、以企业品牌带活产品品牌

1. 五粮液的品牌内涵——以企业品牌带活产品品牌

在中国名酒企业中，五粮液集团恐怕是唯一一个以展示企业形象的方法来树立企业品牌，带动品牌家族的企业。毋庸置疑，名酒五粮液是五粮液集团最主要的品牌。在“五粮液”这个品名的内涵赋予上，到底是偏重于集团企业，还是偏重产品本身，或者两者分开并重？五粮液集团经过仔细研究和思考，最后选择了以企业品牌带活产品品牌的方法。

2. 具体的广告宣传实例

五粮液集团每年投入1.5亿~2亿以上，在央视做宣传五粮液的形象、历史、荣誉、品牌故事的广告。

七、与时俱进，独树一帜——现代进取的五粮液品牌形象

行业新贵与传统名酒同打“历史牌”。

从1998年到现在，中国白酒行业出现了种种怪现状：不重产品质量，不重技术更新，而是在品名、包装、历史典故上费尽苦心。历史上一个名人、一句古诗、挖掘出来的一个陶罐、一点文物，都煞有介事地描述成为“酒文化”，都要跟自己的产品联系在一起。与此同时，几乎所有的传统名酒，如茅台、剑南春、古井贡等，也大张旗鼓地打起了“历史牌”，希望与后起的文化新秀们争夺“文化正宗”。

1. 与时俱进，现代进取的五粮液

作为行业领导，五粮液虽然同样具有古老的酿酒历史，但其形象定位远远突破了这一思路局限。五粮液明确指出：在整个世界经济一体化、世界文化多元化的大背景下，五粮液的企业形象，应该代表与时俱进的人类文明，继往开来，富有朝气。

这一形象定位，从观念上就拉开了与对手的档次，代表着全新的中国白酒形象。五粮液在企业文化、企业宣传以及日常的产品开发中，也始终贯彻着这一定位，尽量把产品往当代感拉，往年轻感拉，避免老气过时。

广告策略是对五粮液品牌策略的具体传播执行。好的广告策略，表现在准确的创意概念、出众的创意文案、优秀的广告执行以及精准的媒体投放上。

2. 广告创意更注重创意概念

多年来，五粮液不仅努力通过广告提升品牌形象，更重要的是，把广告作为阶段性手段，严格考察不同生命周期、不同市场环境中品牌所最需要的广告，提出解决问题的创意概念，使每一条广告都能激发消费者需求、改变消费行为，达到最终销售效果。创意概念的重要性，远胜过创意表现。

3. 五粮液产品广告的特色

五粮液在其产品广告宣传上始终贯彻“内涵不具象、技术要突出、企业带产品”的原则。

这种对品牌内涵的刻意模糊，完全是根据产品消费实际，实事求是的品牌考虑。

(1) 五粮液自身不同于新开发的白酒，有很强的特殊性。

(2) 作为最主流的高端公务用酒，五粮液实质上更需要窄众传播。

(3) 从品牌规划来看，以企业品牌涵盖产品品牌，五粮液产品可减少宣传量，而通过企业诸多的软性宣传方式获得品牌增值。

4. 立意高远，口碑造势

这些年来，五粮液一直非常重视企业、产品的公关活动。作为白酒品牌，常规的营销手段如高频次广告、大力度促销、买断终端进店等近年来已屡见不鲜，竞争激烈，效果日益减弱，而针对政府、媒体的高档次公关活动，有助于提升品牌美誉，赢得领导人群，以高带低，以小搏大，维护品牌忠诚度。因此，公关手段已经成为五粮液在品牌成熟阶段最为重要的对外传播方式。五粮液形象公关系统的建立，是对企业形象系统、品牌广告宣传系统的重要补充，与之配合，形成五粮液品牌的整合传播结构。

资料来源：中国营销传播网

4.1.6 产品组合策划

1. 产品组合策略

产品组合策略是指企业根据其目标和市场竞争环境，对产品组合的宽度、长度、深度和密度进行抉择，使之形成最佳的产品组合。

(1) 扩展策略。扩展策略包括扩展产品组合的宽度和长度。前者是在原产品组合中增加一条或几条产品线，扩大企业的经营范围；后者是在原有产品线内增加新的产品项目，发展系列产品。一般当企业预测现有产品线的销售额和赢利率在未来几年要下降时，往往就会考虑这一策略。这一策略可以充分利用企业的人力等各项资源，深挖潜力，分散风险，增强竞争能力。当然，扩展策略也往往会分散经营者的精力，增加管理困难，有时会使边际成本加大，甚至由于新产品的质量、功能等问题，影响到企业原有产品的信誉。

(2) 缩减策略。缩减策略是企业从产品组合中剔除那些获利小的产品线或产品项目，集中经营那些获利最多的产品线和产品项目。缩减策略可使企业集中精力对少数产品改进品质，降低成本，剔除得不偿失的产品，提高经济效益。当然，企业失去了部分市场，也会增加企业的风险。

(3) 产品延伸策略。产品延伸策略是指全部或部分地改变公司原有产品的市场定位。具体做法有向下延伸、向上延伸和双向延伸。

①向下延伸策略。向下延伸是企业原来生产高档产品，后来决定增加低档产品。采取向下延伸策略主要是因为高档产品在市场上受到竞争者的威胁，本企业产品在该市场的销售增长速度趋于缓慢，企业得向下延伸寻找新的经济增长点。同时，某些企业为填补产品线空缺或阻止新的竞争者进入，也常采取此策略。

向下延伸策略的优势是显而易见的，既可以节约新品牌的推广费用，又可使新产品搭乘原品牌的声誉便车，很快得到消费者承认。同时，企业又可以充分利用各项资源。

但向下延伸策略也存在一定的风险，如渠道冲突、对手反击等，甚至损害原高档产品品牌的高品质形象。

②向上延伸策略。向上延伸是指企业原来生产低档产品，后来决定增加高档产品。企业采

取这一策略的原因是：市场对高档产品需求增加，高档产品销路广，利润高；希望自己生产经营产品的档次更全、占领更多市场；提高产品的市场形象。

向上延伸也有可能带来风险：一是可能引起原来生产高档产品的竞争者采取向下延伸策略，从而增加自己的竞争压力；二是市场可能对该企业生产高档产品的能力缺乏信任；三是原来的生产、销售等环节没有这方面足够的技能和经验。

③双向延伸策略。即原来生产经营中档产品，现在同时向高档和低档产品延伸，一方面增加高档产品；另一方面增加低档产品，扩大市场阵地。

产品组合策划就是依据企业发展目标和市场需求情况，对现有产品进行重新设计或组合，以进一步提升产品的市场竞争能力。一般可通过扩大或者缩减产品组合的广度、扩大或者缩小产品组合的长度、扩大或者缩小产品组合的深度、提高或者降低产品组合的密度等策略来进行。

阅读材料：

顾客对沙发最重视的两个属性是价格和功能。价格可以分为高、中、低三个档次；功能分为单功能（只能坐）、双功能（坐和睡）、三功能（坐、睡及储藏）。A、B、C公司都有沙发产品线，A公司原来一直生产单功能高档沙发，但B公司生产高、中两档的单功能沙发，C公司生产低档双功能和低档三功能沙发。通过权衡利弊，A公司决定生产高档双功能、中档双功能和中档三功能三种沙发，因为这三个市场没有竞争者。

资料来源：中国经理人网

2. 产品组合策划的程序和方法

产品组合策划是企业营销策划的一项重要的内容。产品组合体现了一个企业经营涉足的领域和范围，体现了企业捕捉市场信息的能力，也同时体现了企业产品开发的能力。产品组合策划要求策划人员在对企业内外营销环境进行细致的调查分析，并在有效利用企业各种资源的基础上，提出在一段时间内企业的产品组合方案，依此来实施企业的产品组合策略。整个产品组合策划可以通过以下步骤进行：

（1）资料搜集和分析。

通过对市场环境的分析和竞争形势变化的了解，企业可以对自己的产品组合有一个了解，并进行系统的评价，适时调整产品组合，来实现企业产品组合的动态平衡。为此产品组合策划的第一步就是要搜集有关市场环境、行业环境、竞争对手和企业自身状况的资料，为分析提供客观、详尽的材料依据。第二步是对搜集来的资料进行分类、整理和分析。在产品组合策划中，对市场环境的分析是极其重要的，市场环境分析是产品组合方案设计的前提与依据。没有市场环境分析就不可能设计出合理的产品组合方案。

（2）产品组合方案的设计。

企业可以根据市场产品需求的特点、竞争者的产品组合策略、针对具体的目标顾客的具体需求进行产品组合设计。在设计产品组合方案时，应围绕产品组合策略的三个层次进行：一是产品项目的增加、修改或剔除；二是产品线的扩展、填充或剔除；三是产品组合的增设、加强、简化或淘汰。在讨论方案时，应该集思广益，大胆构思，不断交流。具有新的创意或新的设想时要迅速记录下来，不断修改，最终形成较为完整的产品组合方案。

（3）方案论证与评价。

方案的讨论结果要进行适当论证与评价。要将其讨论的预备方案征求多方意见，进行评定。根据评定意见，再讨论方案，重新进行修改，最终保证所设计的方案既符合实际情况，又体现个性、特色，具有创意，能够在消费者中引起轰动。整个产品组合不仅定位要准确，广告宣传、营业推广设计也要与之相适应，形成较完整的产品组合策划的内容。

阅读材料：

上海龙柏饭店婚宴组合策划书

——“这里——您的爱情伊甸园”

目录（略）

一、任务概述（略）

二、市场环境分析（略）

三、饭店状况分析

本饭店位于虹桥路，而虹桥路是上海西区的一条重要通道，周围集中了世贸商城、国际贸易中心、国际展览中心、友谊商城等高级商住场所。此外，这里也是上海最主要的高级住宅区、外籍居住中心区，如古北新区、龙柏花园、锦江经纬、皇朝别墅等。虹桥路是高级的象征。饭店的面积是其他任何竞争者所不能比较的，拥有上海商务饭店中最大的花园。森林般自然、安静、怡人，品种达几百种之多的花卉，把园地装扮得分外娇艳。园内神奇地缀着几块湖面，你可以在她的旁边欣赏倒影或是垂钓，在你不经意时，会有小鸟过来与你对话。在这里你会有一种世外桃源的感觉。饭店的客房掩映在树林之中。客房内有电视、小酒吧、电话、七国语言的电视频道与机场的即时航班信息频道、电热水壶、吹风机等，可享受免费送报、擦皮鞋等服务。此外，饭店还提供野外烧烤，可供千人举办野外冷餐会。饭店的综合部是沪上设施最好、项目最齐全的综合部。拥有室外标准网球场，室内标准游泳池、壁球室、桌球室、保龄球室、健身房等。

四、婚宴目标顾客分析

饭店的主要客源市场来自外籍职员、社会名流、外资商社、银行及证券机构等，这些人层次高、消费额大，对饭店产品服务质量要求高，对环境也比较挑剔。所以，婚宴客人的层次也要高些。根据饭店的特色，通过设计独特的婚宴包价，将目标市场定位在月收入3 000元以上的白领阶层是有可能的。每桌筵席的最低价为1 588元加5%服务费。

五、竞争对手分析（略）

六、婚宴产品组合方案

根据上述分析，我们饭店应利用独特的资源优势，设计竞争对手所没有且无法模仿的产品，就有可能取胜。

（一）婚礼形式

1. 中西式婚礼仪式

在美丽的花园草地上，乐队在演奏着欢快的乐曲，迎宾小姐、先生穿着中式（或西式）盛装，按中式（或西式）程序欢迎新人们。绿色的草坪，嫣红的地毯，专业的服务，让您倍感与众不同的温馨爱恋，纯洁的纱裙随着微风飘拂在草地上，让新人们记住这花、这天、这气氛、这日子。（饭店提供迎宾小姐、先生和经验丰富的司仪，代请乐队。）

2. 焰火晚会（价格视婚宴规模商议）

当筵席结束后，夜色中星星闪闪，在灯火点点的花园里，喜庆的焰火在空中缤纷绽放。人们拥着新人，这样的情景，使婚宴进入高潮。（饭店位于内环线之外，允许放焰火，这是一个有利条件。）

3. 浪漫同心结仪式

在花园里，有许多高大的树木，新人们可以把心爱的物品挂在树上，佳偶天赐，眷属终成，爱的坚定与永恒在此同心留住。（饭店提供精心设计的升降台。）

4. 水上婚礼（价格视婚宴规模商议）

饭店的室内游泳池宽敞、气派，在蓝色的水波上搭一舞台，铺上红地毯。婚礼仪式就在这里举行。蓝色是永恒，爱情是蓝色的。

5. 花好月圆宴

经典欧陆风尚的花园自助餐（每人200元起），上海滩唯一的户外草地餐厅，留下人生中一首最美的的诗篇。

（二）婚宴产品组合

1. “龙凤呈祥宴”（每桌1 588加5%服务费）。凡惠顾10席以上，可获赠蜜月房一晚（或提供豪华行政房一晚，补差价800元）。

其他（略）

2. “玫瑰双人行”（每席1 888加15%）。凡惠顾10席以上，在获赠（1）~（8）项基础上再增加或升级为：

（8）第（1）项中蜜月房升级为豪华行政房。

（9）第（3）项升级为次日早餐送房服务。

其他（略）

3. “豪华连理宴”（每桌2 388加15%服务费）。凡惠顾10桌以上，在获赠（1）~（18）项基础上再增加或升级为：

（18）第（9）项中蜜月房升级为豪华行政房两晚。

（19）入住期间，综合部所有项目（美容、按摩除外）免费开放（限新婚夫妇）。

其他（略）

4. “宝贵同心宴”（每席2 888加15%）。凡惠顾10席以上，在获赠（1）~（25）项基础上再增加或升级为：

（25）第（19）项中豪华行政房升级为豪华套房两晚。

其他（略）

七、广告策划（略）

八、营业推广活动（略）

资料来源：www. 21manager. com

4.2　产品生命周期理论应用

真实任务4.2：分析某一款手机（或某汽车品牌）的生命周期，并对其各阶段的营销策略进行比较分析。

（1）了解生命周期含义；

（2）熟悉产品生命周期各阶段的营销策略。

4.2.1　产品生命周期的含义及各阶段特征

1. 产品生命周期的含义

产品生命周期（Product Life Cycle），又称为产品循环理论，是指产品在完成研制以后，从投入市场到被市场淘汰，最终退出市场所经历的时间过程。

正确理解产品的生命周期应该注意以下两个问题：

（1）要区分产品的生命周期与产品的使用寿命。产品的使用寿命是指产品从投入使用到损坏或消失所经历的时间，与产品的自然属性和使用强度有关。产品的生命周期和产品的使用寿命不能混为一谈。例如，肥皂其使用寿命很短，但市场生命周期很长；而计算机，其使用寿命很长，但市场生命周期很短。

（2）市场营销中研究的产品生命周期，严格讲是指产品形式的生命周期。产品种类、产品形式、产品品牌的生命周期各不相同。一般来讲，产品种类的生命周期是最长的，产品形式的生命周期次之，产品品牌的生命周期最短。如电视机这种产品，生命周期较长，而某些形式（如黑白电视机）、某些品牌的电视机随时都有可能被市场淘汰。

2. 产品生命周期的划分

典型的产品生命周期以产品的市场占有率、销售额和利润额的变化为标志分为四个阶段：导入期、成长期、成熟期、衰退期。

3. 产品生命周期各阶段的特征

在产品生命周期的不同阶段中，销售、利润、购买者、市场竞争等都有不同的特征。

（1）导入期（Introduction），也称为投入期，这一阶段，产品刚投入市场，消费者还不太熟悉产品。产品生产的工艺不成熟，质量不稳定，销售渠道等可能都不适应消费者的需求。销量不大，生产批量小。成本较高，广告费用大，利润较少甚至亏损。企业承担的风险大。没有或者只有少量的竞争对手。

（2）成长期（Growth），这时产品已相当成熟，有的已经产生利润；产品生产工艺成熟且可大批量生产；成本大幅度下降，销售量快速上升，利润增长较快；大批竞争者纷纷加入，竞争开始激烈；企业开始建立比较理想的销售渠道。

（3）成熟期（Maturity），潜在的购买者已加入了购买的行列，市场需求趋饱和，产品销售量处于高点并相对稳定；产品的生产技术成熟，生产批量大，成本低，利润位于高点；很多同类产品进入市场，竞争更加激烈，具有规模和品牌实力的企业市场占有率提高，一部分企业在后期因竞争激烈而退出市场；企业为了抢占市场先机或进行差异化竞争，新的产品或升级产品陆续推出；整体市场销售增长放慢，有的产品增长等于零，甚至出现负增长。

（4）衰退期（Decline），消费者的需求已经发生转移，产品销量明显下降，甚至停止。市场上产品供过于求，价格进一步下跌，企业生产下降，获取的利润也很微薄并逐渐出现负利润。竞争日益淡化，一些竞争者的同类产品纷纷退出市场。

产品生命周期各阶段的特征，如表4-2所示。

表4-2 产品生命周期各阶段特征表

	导入期	成长期	成熟期		衰退期
			前期	后期	
销售量	低	快速增大	继续增大	有减低趋势	下降
利 润	微小或负	大	高峰	逐渐下降	低或负
购买者	爱好新奇者	较多	大众	大众	后者
竞 争	甚微	兴起	增加	甚多	减少

4.2.2 产品生命周期各阶段的营销策略

由于产品生命周期各阶段的特点不同，企业在各阶段的经营决策的内容也不一样。企业应针对产品生命周期不同阶段的特征制定相应的营销策略。

1. 导入期营销策划

这一阶段新产品刚投入市场，由于销售量少而且销售费用高，企业往往无利可图或者获利很少。企业营销重点主要集中在“促销—价格”策略方面，即把价格与促销两个营销因素结合起来考虑，各设高低两档，则可有四种营销策略，如图4-1所示。

促销高低

价格高低		
	快速撇脂策略	缓慢撇脂策略
	快速渗透策略	缓慢渗透策略

图4-1 四种导入期营销策略

（1）快速撇脂策略。即以“高价格—高促销水平”策略推出新产品。企业采用高价格是为了在每单位销售中尽可能获取更多的毛利，同时，花费巨额促销费用，也向市场说明，虽然该产品定价高，但物有所值。高水平的促销活动，可迅速扩大销售量，加速对市场的渗透，以图在竞争者还没有反应过来时先声夺人，把投资尽快收回来。

采用这一策略的市场条件是：产品知名度低；顾客了解该产品后愿意高价支付；产品十分新颖，具有老产品所不具备的特色，或企业面临着潜在竞争。

（2）缓慢撇脂策略。即以“高价格—低促销费用”策略推出新产品。高价可以迅速收回成本撇取最大利润，低促销费用又可减少营销成本。高档进口化妆品大都采取这样的策略。

采用这一策略的市场条件是：市场规模有限；消费者大多已知晓这种产品；购买者愿意高价支付；市场竞争者威胁不大。

(3) 快速渗透策略。即以“低价格—高促销费用”策略推出新产品。花费大量的广告费，以低价格争取更多消费者的认可，获取最大的市场份额。

采取这一策略的市场条件是：市场规模大；消费者对该产品知晓甚少；大多数购买者对价格敏感；竞争对手多，且市场竞争激烈；企业的单位制造成本会随着其生产规模的扩大与积累的制造经验而降低。

(4) 缓慢渗透策略。即以“低价格—低促销费用”策略推出新产品。低价格将促进市场迅速接受该产品。同时，企业能降低营销成本，并有效地阻止竞争对手介入。

采取这一策略的市场条件是：市场容量大；市场上该产品的知名度较高；市场对该产品价格相对敏感；有相当的竞争对手。

2. 成长期的营销策略

成长期的主要标志是销售迅速增长。越来越多的消费者喜欢这种产品，大批量生产能力已形成，分销渠道也已建成，新的竞争者开始进入，但还未成为有力的对手。在这一阶段企业营销应紧紧把握市场成长机会，主要策略有以下几个方面内容：

(1) 改进产品质量和增加产品的特色、款式等。在产品成长期，企业要在产品的质量、性能、式样、包装等方面努力加以改进，以对抗竞争产品。

(2) 开辟新的细分市场。通过市场细分寻找新的目标市场，以扩大销售额。

(3) 进入新的分销渠道。着力建立新的分销网络，扩大销售网点。

(4) 改变广告宣传重点。随着产品市场逐步被打开，该类产品已被市场接受，同类产品的各种品牌也都开始走俏。企业广告的侧重点要从介绍产品转到建立产品形象上来，树立产品品牌，着力维系老顾客，吸引新顾客，使产品形象深入人心。

(5) 适当降价。在扩大生产规模、降低生产成本的基础上，选择适当时机降价，适应多数消费者的承受力，并尽力阻止竞争者加入。

3. 成熟期的营销策略

产品的销售成长到达某一点后将放慢步伐，并进入相对的成熟阶段。多数产品这一阶段的持续期长于前两个阶段。成熟期又可以分为三个具体阶段：第一阶段是成长中的成熟，销售渠道达到饱和，销售增长率开始下降；第二阶段是稳定中的成熟，市场已饱和，未来的购买只能依赖老顾客的重复需求和新增顾客的需求；第三阶段为成熟中的衰退，消费者开始转向其他产品，销售水平开始下降。处于成熟期的产品，由于销售速度的减缓，常导致行业生产能力的过剩，供给大于需求，竞争力较弱的企业开始退出市场。该行业将由一些地位牢固的竞争者组成。在这一阶段，产品生产量大，销售量大，阶段持续时间长。同时，此时市场竞争异常激烈。为此，企业总的营销策略是要采取积极进攻的策略，防止消极防御。

(1) 市场改进策略。

①扩大顾客队伍。包括维持老顾客和吸引新顾客。能否保持老顾客是一个企业成熟与否的标志。同时企业还要努力将非使用者或潜在使用者转变为使用者。

②进入新的细分市场。通过调整或开发新的功能，进入新的细分市场，如上网本笔记本电脑。

③争取竞争对手的消费者。如可口可乐争夺百事可乐消费者。

④增加顾客的使用次数。如牙膏的生产厂倡导消费者注意口腔卫生，一天至少刷两次牙。

⑤增加每个消费者的使用量。

⑥开发新的和更多种类的用途。如某品牌的电视既可以用来唱卡拉OK，也可以下载电影，一机多用。

（2）产品改进策略。

①质量改进。增加产品的耐用性、可靠性、速度、口味等。

②特点改进。增加产品的新特点，扩大产品的多功能性、安全性和便利性。通过改进现行产品的特性，以吸引新用户或增加新用户使用量。如吉列剃须刀从“安全剃须刀”、“不锈钢剃须刀”到“双层剃须刀”、“三层剃须刀”，不断改进产品，使其生命周期得以不断延长。

③式样改进。增加对产品的美学诉求，改变产品的外观和款式，迎合消费者的求新心理。现在各种手机款式更新快，外观在线条、颜色、大小等方面不断变化和创新，不断吸引消费者更换原来的手机。

④服务改进。如技术咨询、免费维修等。

（3）营销组合改进策略。

通过改变营销组织中各要素的先后次序和轻重缓急，来延长产品成熟期。如改进产品包装，调整产品的价格，优化销售渠道，促销应从宣传产品用途、宣传企业品牌转变为塑造企业形象、宣传企业的理念、努力提升企业的形象和声誉等。

4. 衰退期营销策略

产品进入衰退期，销售量每况愈下，消费者已在期待新产品的出现或已转向。有些竞争者已退出市场，留下来的企业可能会减少产品的附加服务。企业经常调低价格，处理存货。行业利润整体下降。在衰退期应采取以下营销策略：

①收缩策略。即把企业的资源集中使用在最有利的细分市场、最有效的销售渠道和易销售的品种上，力争在最有利的局部市场赢得尽可能多的利润。大幅度降低促销水平，尽量降低促销费用，尽可能减少成本，以增加利润。

②持续策略。在产品衰退阶段，竞争者相继退出市场，但市场上对此产品还有一定需求。成本降低的企业可继续保持细分市场，沿用过去营销组合策略，将销售量维持在一定水平上，待到时机合适，再退出市场。

③集中策略。这是由于市场容量衰退，一些目标市场的营销效率下降，企业放弃低效益的目标市场，在一定时期内集中力量经营少数效益较好的目标市场，从中获取更多的利润。

④放弃策略。对于衰退比较迅速的产品，当机立断，放弃经营。可以采取完全放弃的形式，如把产品完全转移出去或立即停止生产；也可采取逐步自弃的方式，使其所占用的资源逐步转向其他产品。

综上所述，在衰退期，企业营销管理者应分析产品所处市场情况、竞争者情况及顾客对该产品的忠诚度等，并作出相应的策略调整。此时企业应当面对现实，衰退期产品应用最少的投入，获取最大的利润，做到见好就收，寻找新的产品和项目，将主要精力放在新产品的开发上，找到企业新的利润点。

上述内容可用表4－3来概括。

表4－3 产品生命周期不同阶段的营销策略

	导入期	成长期	成熟期	衰退期
产品策略	确保产品的核心价值	提高质量、改进款式、增加特色	改进工艺、降低成本、产品改进	有计划地淘汰滞销品种
促销策略	介绍商品	品牌宣传	突出企业形象	维护者
分销策略	开始建立与中间商的联系	选择有利的分销渠道	充分利用并扩大分销网络	处理淘汰产品的存货
价格策略	撇取价或渗透价	适当调价	价格竞争	削价或大幅削价

4.3 品 牌

真实任务4.3：在当地找一快速消费品/汽车/房地产行业企业产品品牌，调查分析其品牌成长历程及不足，提出改进意见。

（1）了解品牌及其管理含义；

（2）了解品牌个性与定位；

（3）熟悉品牌策划方法。

4.3.1 品牌的概念

许多人在谈策划谈营销谈品牌，但大多人却不知道品牌究竟为何物？按中文字面意义讲有点像是“品名”、“产品”、“品种”和“招牌”、“标牌”的混合物件。它实质上是一个外来词，品牌的英文单词“Bland”，出自古挪威文“Brandr”，意思是“烧灼”。

著名营销学教授P. 科特勒（1994）的定义：品牌是一种名称、术语、标记、符号或图案，或是它们的相互组合，用以识别企业提供给某个或某群消费者的产品或服务，并使之与竞争对手的产品或服务相区别。科特勒的定义较普遍地为目前营销界认同和接受，他认为品牌主要反映了以下六方面的内容：

（1）属性，即该品牌产品区别于其他品牌产品的本质特征，如功能、质量、价格等。

（2）利益，即该品牌产品因能帮助消费者解决问题而带来的实惠利益。顾客不是购买属性，他们是购买利益，利益是属性转化而来的。

（3）消费价值，产品为消费者提供的价值。如奔驰代表着高效、安全、威望。

（4）文化，品牌所具有的文化内涵。如奔驰意味着德国文化：有组织、有效率、高品质。

（5）个性，品牌所具有的人格特性。奔驰可以让人想起一位严谨的老板，一头有权势的狮子或一座质朴的宫殿。

（6）购买使用者，即该品牌现实地为哪种类型的消费者所购买和使用，也即该品牌的目标消费者。当我们看到一位20岁的女性驾驶奔驰时会吃惊，我们愿意看到的是一位50岁的高级经理坐在车后。

1. 品牌是一个复合概念，包括品牌名称、品牌标志和商标

品牌名称（Brand Name）是指品牌中可以用语言称呼的部分，如“三星”、“海尔”、“娃哈哈”都是著名的品牌名称。名称是企业形象和品牌形象的核心要素，是构成形象概念的基础。在营销实践中，常有“名不正则言不顺”的案例。

如日本胶卷市场上市场占有率最大的是“富士”和“樱花”。1950年代“樱花”市场占有率超过50%，然而“富士”份额越来越大，成为市场霸主。根据调查，樱花公司失败不是产品质量，而是产品名称，因为在日文里“樱花”一词代表软性的、模糊的、桃色的形象；相反“富士”一词则和日本的圣山联系在一起。“樱花”受制于这一不幸形象，各种广告宣传均无济于事，只有节节败退。

品牌标志（Brand Mark）是指品牌中可以被识别但又不能用语言称呼的部分，如符号、字体、图案、色彩等。如耐克的“对勾”等。

商标是一个法律术语，是指已获得专有权并受法律保护的一个品牌或品牌中的一部分。我国习惯上对一切品牌不论注册与否统称商标，而另有“注册商标”与“非注册商标”之分。注册商标受法律保护，而非注册商标不受法律保护。

2. 品牌命名的原则

从传播学和营销学的角度，名称要简、特、新、亮、巧、合、法。

（1）简。越单纯、明快的名称，越易于和消费者进行交流。根据调查，企业名称越短越利于传播，4个字的名称平均认知度为11.3%，8个字的名称认知度则只有2.88%。名字是打造品牌中最不可忽视的要素。“旺旺”仅凭这个名字每年赚得盆满钵满。就空调产品来说，“格力”不仅中文名字比对手的名字好听，其英文名“GREE”也高人一筹，简短、有力。

（2）特。名称应具备独特的个性，力戒雷同，避免与其他品牌名称混淆。

（3）新。名称要有新鲜感，赶上时代潮流，创造新概念。

（4）亮。发音响亮、朗朗上口的名称，比那些难发音或音韵不好的名称容易传诵。

YOUNGOR（雅戈尔）是“青春”两个字的英文名称，“雅戈尔”既有着“青春”的历史延续，又寄托着对未来的期待，且无论是英文还是中文，均书写流畅，音节朗朗上口，是一个近乎完美的创意。

（5）巧。名称要有一定的寓意，让消费者能从中得到愉快的、吉利的、优美的、高雅的等多方面的提示和联想。如“孔府家酒”让人联想到悠久的历史、中国的儒文化和高品位。

（6）合。名称要适合市场上消费者的文化价值观念，不仅要适应目前目标市场的文化价值观念，还要适应潜在市场的文化价值观念。在这里，文化价值指风俗习惯、宗教信仰、价值观念、民族文化、语言习惯、民间禁忌等。熊猫在我国乃至多数国家和地区均颇受欢迎，它是和平和友谊的象征，但在伊斯兰地区却忌讳熊猫。

（7）法。品牌经营者应注意，名称一定要能够注册，受到法律的保护。为此，一要注意该品牌名称是否有侵权行为，是否已有相同或相近的品牌被注册；二要了解该品牌名称是否在允许注册的范围之内。

3. 品牌资产

品牌资产（Brand Equity）也称品牌权益，是与品牌、品牌名称和标志相联系，能够增加或减少企业所销售产品或服务的价值的一系列资产与负债。它主要包括五个方面，即品牌忠诚

度、品牌认知度、品牌感知质量、品牌联想、其他专有资产（如商标、专利、渠道关系等），这些资产通过多种方式向消费者和企业提供价值。

从品牌资产的定义可以看出，要想让品牌成为资产的一部分，就必须对品牌实施资产化管理，通过不断地对其进行投入来维护和巩固其价值。品牌资产管理要从构成品牌资产的几个要素入手，具体方法如下：

（1）建立品牌知名度。

品牌知名度的真正内涵是认知度及回忆度。品牌知名度的建立至少有两个作用：第一，消费者从众多品牌中能辨识并记得目标品牌；第二，能从新产品类别中产生联想。由此，建立品牌知名度通常可采用的做法是：

①创建独特且易于记忆的品牌。就是给产品或服务取个好记的名字。这也是广告所遵循的基本原则。

②不断突出品牌标识。除了声音之外，品牌名、品牌标识、标准色也具有很强的沟通能力。目标物重复暴露出现，可以提高人们对目标物的正面感觉，使消费者不论走到哪里始终看到一样的视觉印象。如可口可乐的红色，百事可乐的蓝色。

③运用公关的手段。广告效果显著，但相对代价昂贵，且易受其他广告的干扰。但是，运用公关的传播技术，制造出一些话题，通过报纸杂志来引起目标消费者注意常常可以取得事半功倍的效果。

④运用品牌延伸的手段。运用产品线的延伸，用更多的产品去强化品牌认知度，即所谓的统一式识别。

（2）维持品牌忠诚度。

品牌忠诚度就是来自于消费者对产品的满意并形成忠诚的程度。对于一个企业来讲，开发新市场、发掘新的顾客群体固然重要，但维持现有顾客品牌忠诚度的意义同样重大，因为培养一个新顾客的成本是维持一个老顾客成本的5倍。维持品牌忠诚度的通常做法有：

①给顾客一个不转换品牌的理由。比如推出新产品，适时更新广告来强化偏好度，举办促销等都是创造理由，让消费者不产生品牌转换的想法。

②努力接近消费者，了解市场需求。不断深入地了解目标对象的需求是非常重要的，通过定期的调查与分析，去了解消费者的需求动向。

③提高消费者的转移成本。一种产品拥有差异性的附加价值越多，消费者的转移成本就越高。因此，应该有意识地制造一些转移成本，以此提高消费者的忠诚度。

（3）建立品质认知度。

品质的认知度是消费者对某一品牌在品质上的整体印象。消费者对品质的认知度完全来自于产品使用或服务享受之后，产品的品质并不完全是指产品或服务本身，它同时包含了生产品质和营销品质。建立品质认知度可从以下几个方面着手：

①注重对品质的承诺。企业对品质的追求应该是长期的、细致的和无所不在的，决策层必须认清其必要性并动员全体员工参与其中。

②创造一种追求品质的文化。因为品质的要求不是单纯的，每个环节都很重要，所以最好的办法是创造出一种对品质追求的文化，让文化渗透到每一个环节中去。

③增加培育消费者信心的投入。经常关注、观察、收集消费者对不同品牌的反应是不可或缺的做法，强化对消费者需求变化的敏感性。

④注重创新。创新是唯一能够变被动为主动进而去引导、教育消费者进行消费的做法。

（4）建立品牌联想。

联想集团有一句很有创意的广告词：“人类失去联想，世界将会怎样。”同样，建立品牌联想对于品牌资产管理非常重要。品牌联想是指消费者想到某一个品牌的时候所能联想到的内容，然后根据内容分析出买或不买的理由，这些联想大致可以分为几类：产品特性，消费者利益，相对价格，使用方式，使用对象，生活方式与个性，产品类别，比较性差异等。对企业而言，所要掌握的就是消费者脑海中的联想，能有一个具体而有说服力的购买理由，这个理由是任何一个品牌得以存活延续所具备的。

阅读材料：

2011 年全球品牌价值排行榜

BrandZ 最具价值全球品牌 100 强（BrandZ Top 100 Most Valuable Global Brands）第六次全球发榜，苹果去年以 84% 的惊人价值增长率，成为全球最具价值品牌，并结束了 Google 连续四年雄踞 BrandZ 最具价值全球品牌 100 强榜单的历史。

经过 WPP 旗下公司 Millward Brown Optimor 的计算，苹果品牌自 2006 年以来品牌价值增长了 859%，达到 1 533 亿美元。其他主要发现包括，在去年的经济恢复期，榜单上 100 强品牌的价值总额增长了 17%，达到了 2.4 万亿美元。就上榜品牌的地理来源来看，根据 2011 年 BrandZ 研究，100 强品牌中有 19 个来源于金砖国家（BRICs）市场，而在 2006 年仅有 2 个。跻身 BrandZ 全球最具价值品牌 100 强排行榜的 12 家中国公司分别是：中国移动（9）、中国工商银行（11）、中国建设银行（24）、百度（29）、中国人寿（33）、中国银行（37）、中国农业银行（43）、腾讯（52）、中国石油（78）、平安保险（83）、中国电信（91）和招商银行（97）。

五分之一的品牌来自金砖国家

今年，19 个品牌来自于发展中市场，而这个数字在 2006 年仅为 2 个，在 2010 年为 13 个。榜单上来自金砖国家品牌的持续增加表明了这些国家人们消费力 的持续增长。虽然这些品牌也得益于它们本土消费者的庞大规模，但许多品牌也有了走向国际的野心，包括巴西的 Petrobras（以 134 亿美元位列排行榜第 61 位）、印度的 ICICI 银行（价值 149 亿美元，排在第 53 位）以及中国最大的搜索引擎百度。百度已在 NASDAQ 上市，其品牌价值达到 225 亿美 元，相比去年的榜单，其排名上升了 46 位，达到第 29 位。尽管本土品牌获得了这些成功，但金砖国家的消费者仍然喜爱西方品牌。以路易威登为例（巴西是它的第二大市场），它就得益于金砖国家的动力和信息。它凭借 23% 的品牌价值增长，达到 243 亿美元，排列第 26 位，较去年上升了 3 位。

BrandZ Top 100 Most Valuable Global Brands 2011

#	Brand	Brand Value 2011 ($M)	% Brand Value Change 2011 vs. 2010	#	Brand	Brand Value 2011 ($M)	% Brand Value Change 2011 vs. 2010
1		153,285	84%	26	LV	24,312	23%
2	Google	111,498	-2%	27	TOYOTA	24,198	11%
3	IBM	100,849	17%	28	HSBC	22,587	-4%
4		81,016	23%	29	Bai百度	22,555	141%
5	Microsoft	78,243	2%	30		22,425	3%
6	Coca-Cola	73,752	8%	31	TESCO	21,834	-15%
7	at&t	69,916	N/A	32	Gillette	19,782	-4%
8	Marlboro	67,522	18%	33	中国人寿 CHINA LIFE	19,542	N/A
9	中国移动通信 CHINA MOBILE	57,326	9%	34	Pampers	19,350	11%
10		50,318	12%	35	f	19,102	246%
11	ICBC 工商银行	44,440	1%	36		17,597	N/A
12	vodafone	43,647	-2%	37	中国银行	17,530	-20%
13	verizon	42,828	N/A	38	Disney	17,290	15%
14	amazon.com	37,628	37%	39		17,182	3%
15	Walmart	37,277	-5%	40		17,115	23%
16		36,876	97%	41	ExxonMobil	16,973	10%
17	ups	35,737	35%	42	TD	16,931	19%
18	hp	35,404	-11%	43	中国农业银行	16,909	N/A
19	Deutsche Telekom T···	29,774	N/A	44	cisco	16,314	-2%
20	VISA	28,553	15%	45	Budweiser	15,952	0%
21		27,249	N/A	46	L'ORÉAL	15,719	11%
22	ORACLE	26,948	9%	47	citi	15,674	17%
23	SAP	26,078	7%	48	docomo	15,449	19%
24	中国建设银行	25,524	22%	49	accenture	15,427	5%
25	BlackBerry	24,623	-20%	50		15,344	12%

传统品牌在科技时代仍保持强势

可口可乐（第6位），通用（第10位），IBM（第3位）以及麦当劳（第4位），这些都已经超过50年历史的品牌在这次的排行榜中依然保持了强劲的表现。除了领导力、战略和战术外，这些公司有一个共同点即它们利用品牌来保持与消费者们的相关性，从而推动全球业务的增长。

科技和电信品牌主宰榜单

科技品牌占据了100强品牌的三分之一，再次证明了它们与我们日常生活的相关性。苹果领衔排行榜，谷歌紧随其后（品牌价值达到1 115亿美元），IBM以1 009亿美元位列第三位。Facebook首次进入榜单，列第35位，以246%的最快价值增长，其品牌价值达到191亿美元。互联网在线零售商亚马逊也超越了老牌零售商品牌沃尔玛成为零售商品类排名第一的品牌，同时在100强中位列第14位，品牌价值增长37%，达到376亿美元。

快餐、奢侈品和科技品牌领先品牌价值增值

研究涵括的13个品类相比去年都获得了增长。快餐品牌增长最快（22%），其后为奢侈品品类（19%）和科技品类（18%）。石油和天然气类增长最慢（1%）。

科技和融合创造了品牌之间的互相依赖

品牌从未像现在这样如此依赖对科技的利用来赢得消费者的心。巴宝莉、夏奈尔、路易威登和可口可乐的品牌价值都得益于它们对科技的运用，例如对社交媒体以及各种应用的利用。同时，在实体世界中，各种应用、设备和操作平台之间也在制造着类似的品牌依赖。品牌意识到可以通过利用这些联结来推动价值增长。

丰田仍然是最具价值的汽车品牌

这证明了强势品牌有从最基本的品牌效益和名誉的挑战中恢复的强大能力。丰田品牌被消费者誉为“极高的价值”，其品牌价值较去年上升了11%，达到241亿美元。

品牌塑造中的品牌联想

品牌如何打动消费者？塑造品牌还需要技术层面的思考：设计感性符号——为品牌找到一个感性符号（视觉、听觉），使之与品牌一一对应；挖掘心理感受——即塑造品牌的附加值，使消费者在使用该产品时能够获得额外的心理满足。所以，只有当我们为品牌构思出独特的视觉联系符号，并在产品与消费者之间建立了唯一的消费心理感受联想，此时，我们可以说：品牌塑造成功了。

品牌发展需要一个渐进过程，即：提出品牌核心价值→通过广告向消费者准确传播→一次又一次地重复积累→在消费者心中建立明确的品牌联想。下面，让我们看一些熟悉的、品牌传播的成功例子：

1. 万宝路（Marlboro）香烟

形象联想（视觉符号）——牛仔

消费心理感受——雄性、粗犷、征服

2. 555香烟

形象联想（视觉符号）——寂静深邃的星空

消费心理感受——醇和清新

3. 万事发（Mild Seven）香烟

形象联想（视觉符号）——碧水蓝天绿地

消费心理感受——休闲、轻松

4. 国际商用机器公司（IBM）

形象联想（视觉符号）——E－Business 电子商务

消费心理感受——IT 行业最前沿的技术

5. 英特尔（Intel）微处理器

形象联想（视/听觉符号）——“Intel Inside”图形及音乐

消费心理感受——奔腾的、强有力的芯

6. 诺基亚（NOKIA）移动电话

形象联想（理念符号）——科技以人为本

消费心理感受——最人性化的手机

7. 耐克（NIKE）运动服

形象联想（视觉符号）——“J”的一勾

消费心理感受——命运操之在我（Just do it）

资料来源：www. 21manager. com

4.3.2 品牌战略

1. 产品品牌战略

产品品牌战略，也叫“个别品牌名称决策”。它的做法是给每一个产品一个独有的名字，并给予它们各自的定位，占领特定的细分市场。也就是说，即使同属于一个产品种类，但由于定位不同，产品有各自的品牌。如在洗发水中，宝洁的品牌有“海飞丝”（定位于去头皮屑）、“飘柔”（定位于使头发柔顺）、“潘婷”（定位于使头发健康）、“沙宣”（定位于保湿、超乎寻常的呵护）。在世界名表中，“欧米茄”、“雷达”、“浪琴”、“斯沃琪”、“天梭”等品牌系出自同一制表集团 SMH 的姊妹产品。

产品品牌战略适用于以下这些情况：

（1）当厂商对一个特定的市场具有战略上的需要时。如宝洁的洗发水有四个重要品牌，这样就保证它在洗发水市场上获得极高的份额。

（2）当这些细分市场不是十分不同，而产品外表看上去是相同时。每个产品选择不同的品牌名称，保证消费者看到的是不同的产品。消费者很难看出洗发水有何不同（尽管它们在成分、功能上有所不同），而特别的名称强调了产品间物理性质的差异。

（3）产品品牌战略能凸显产品个性，锁定目标消费者。如“欧米茄”代表着成功人士或名人的尊贵豪华的选择，“雷达”是高科技的象征，而“斯沃琪”则是前卫、时髦、潮流人士的首选。

（4）当公司对创新具有强烈的欲望时。产品品牌战略能够为公司抢先获得有利的定位。名称使得创新变成自己的专利，有效地抵御同行的仿制。

（5）产品品牌战略允许公司在新市场上冒险。如果一个细分市场的前景不明朗，那么采用产品品牌战略，即使失败也不会影响到原有成功产品的品牌形象。

（6）产品品牌战略意味着公司的名称独立于公众之中。这样就给公司进入新的市场提供了自由的空间。

（7）产品品牌战略有助于获得有利的货架空间。因为零售商分配给公司货架空间的多少是与品牌数量成正比的。

（8）产品品牌战略适用于处于成长中的市场。虽然采用这种战略，在研究开发、设备和商业费用上投入很大，但因市场在成长，它取得投资回报的机会也是很大的。

2. 产品线品牌战略

所谓产品线，是指企业生产或经销的产品组合，又分为不同类别产品组合与同一类别不同品种的产品组合。前者称为产品线的宽度组合，后者称为产品线的深度组合。

（1）产品线宽度组合品牌战略。

产品线宽度组合品牌战略是指对产品使用不同类别的家族品牌名称，即对每一个具有相同能力的产品群在同一品牌之下给予一个单独的名称。它被广泛地用于家用电器、食品部门、化妆品、服饰、厨房用具、零配件和工业品上。这种战略也可理解为“不同类别的家族品牌名称决策”。例如，松下公司将它的音像制品的名称定义为 Panasonic，家用电器的名称定为 National，立体音响的名称定为Technics。

产品线宽度组合品牌战略的优点在于两点：第一，由于集中在一个单独的品牌下，避免了传播的随机分散，建立起来的品牌知名度能为所有产品所共享。更进一步地说，这种战略能通过广告传达它的独特承诺。第二，推出新产品的成本不需要花费很大。这种战略常见的问题是，由于在一个品牌下集中了太多的产品，难免会出现与品牌基础不同的产品，导致对品牌个性产生负面影响。还有一个问题是，具体产品的传播信息难免与整个品牌的承诺产生不一致。

（2）产品线深度组合品牌战略。

产品线深度组合品牌战略是指对于每一大类产品中的不同品种给予相同的品牌名称。该大类中的产品密切相关，它们以类似的方式起作用，定位于相同的质量和价格水平，满足同类型顾客的需要，出售给相同的顾客群，通过同类型的销售网点分销，或在一定的幅度内作价格变动。例如，雀巢公司用雀巢品牌推出的奶粉、咖啡、糖果、巧克力、麦片、调味品、果汁等。金利来集团公司用金利来品牌推出的皮带、皮包、领带、皮鞋等。

产品线深度组合品牌战略有以下几项好处：第一，它提高了品牌的销售力，有利于创造鲜明持久的品牌形象；第二，它便于更进一步的产品线延伸；第三，它减少了推广的费用。这一战略的不利之处在于，产品线的扩展总是有限的，只能生产与现有产品密切相关的新产品，如果企业生产与原来产品差别很大的新产品，会使原有品牌的定位发生改变。

3. 双重品牌战略

双重品牌战略是指企业所有的产品品牌都来源于一个母品牌，但是每一种产品又都各自有一个子品牌，母子品牌合成一个特有的品牌。在双重品牌概念下，子品牌有它们自己的信仰，但它们仍牢牢地受到家族精神的支配。双重品牌战略的益处在于，它有能力把一种差别化感觉强加于子品牌身上。同时，通过子品牌名称的修饰和丰富，母品牌可以加强自己的价值和识别。因此，我们可发现，子品牌和母品牌相互影响、相互促进，最终吸引一个特定的细分市场，雀巢公司在全球采用的就是这种战略。

双重品牌战略有很多优点，但它的缺点也很明显，双重品牌战略面对的首要危险是超越母品牌核心识别的限制。这意味着要保持对子品牌的严格界限。只有经过鉴别的可靠的名称才可以在母品牌的活动范围内使用。在双重品牌战略中，子品牌被当作一种改变或支持母品牌形象的工具。例如，在轿车生产领域，双重品牌被广泛采用，如福特汽车公司在中国市场上推出的福克斯、嘉年华、蒙迪欧、翼虎、全顺等品牌。

4. 品牌延伸战略

品牌延伸是指企业利用现有的品牌延伸到新产品之上的经营行为。新产品泛指企业过去没有经营过的产品，不仅包括了全新的产品，还包括了经过改进的产品和市场上已有的产品。例如，“康师傅”方便面在中国方便食品市场上独领风骚已多年，到1997年，“康师傅”在方便面市场上的占有率高达58.37%。在“康师傅”成为名牌的同时，为了充分利用这一品牌的巨大资产辐射功能，在原有的“康师傅”碗面的基础上推出了“康师傅面霸”。与原有产品相比，后者容量发生了变化，这就是典型的改进产品的品牌延伸战略。而几乎与此同时，“康师傅”纯净水也于1998年进入市场，显然“康师傅”纯净水相对于公司来说是全新的产品。

5. 品牌资产扩张战略

品牌资产是企业的无形资产，它是通过企业在长期的经营活动过程中，投入大量的人力物力培育起来的一种商誉，是企业利用品牌竞争的源泉。品牌资产扩张战略是指利用品牌资产进行企业兼并，或者通过特许经营来扩大企业的经营规模，获得更多的市场份额，从而增加企业的利润。一项调查称，美国企业品牌资产平均占企业市值的37%，而著名品牌资产可达公司市值的70%左右。2006年，在中国对外开放的27个行业中，销售额排前5位的都是外国品牌。在汽车行业，外国公司通常用30%的资本加上品牌，占50%的股份，获取70%的利润；在进口散件组装的经营模式下，外方最终可获得的利润超过90%。

企业品牌资产扩张战略第一种常见的形式就是利用知名品牌进行企业兼并，来扩大企业的生产经营规模。

企业品牌资产扩张战略的第二种常见形式是特许经营。特许经营是一种以契约方式构筑的特许人与受许人共同借助同一品牌在同一管理制度的约束下实现品牌扩张、市场扩张进而实现双赢或多赢的营销方式。例如，遍及世界各个角落的肯德基和麦当劳，以其优质的服务、整洁明快的用餐环境、可口的快餐口味享有盛誉。他们的成功有许多相似之处，其中最重要的一点在于他们都是特许专卖权所有者，都成功地应用了特许经营方式。可以说，没有特许经营，麦当劳和肯德基就不可能如此迅速地在全世界扩张，也难以成为全球性强势品牌。"肯德基"和"麦当劳"也通过特许经营赚取了大量的利润。

应当指出的是，品牌战略在具体实施过程中并不绝对按上述类型划分，企业往往同时采用不同类型的品牌战略，灵活地加以运用，如四川长虹就把它的不同类别的产品统一冠以长虹品牌，就是在产品线宽度组合战略中同时采用品牌延伸战略。

4.3.3　品牌战略的制定步骤

在对品牌战略环境和企业品牌资源条件进行充分分析的基础上，可以具体制定品牌战略规划。一般来说，制定品牌战略规划包括以下四个步骤：

1. 确定品牌战略目标

品牌战略目标也称为企业品牌的愿景。企业的品牌战略目标应与企业总体战略目标一致。例如，当企业把争取国内市场最大份额作为发展目标时，品牌战略也相应地把争取国内市场顾客的忠诚度作为目标；而当企业把扩大国外市场销售额作为发展目标时，品牌战略也相应地把争取国际市场的知名度、美誉度、认知度作为目标。

品牌战略目标一般包括：

（1）品牌的竞争能力。主要通过品牌的知名度、美誉度、认知度和顾客的忠诚度来表现。

（2）品牌的延伸能力。主要通过品牌的联想度和延伸空间来表现。

（3）品牌资产的增值能力。主要通过品牌推进的企业销售收入和利润来表现。

2. 品牌战略类型的选择

企业要根据上述对于战略环境和资源条件的分析，确定选择何种类型的品牌战略。品牌战略类型的选择既要实事求是，又要高瞻远瞩，为品牌的延伸和品牌资产扩张留下足够的空间。

品牌战略类型的选择实质上是决定品牌的结构问题。是选择单一的产品品牌战略还是多元化的产品线品牌战略，是双重品牌战略还是延伸品牌战略，要综合企业内外多种因素来考虑。品牌战略类型虽无好与坏之分，却有一定的行业适用性与时效性。如日本丰田汽车在进入美国的高档轿车市场时，没有继续使用"TOYOTA"，而是另设一个完全崭新的独立品牌"LEXUS"，这样做的目的是避免"TOYOTA"会给"LEXUS"带来低档次印象，妨碍"LEXUS"成为可以与"宝马"、"奔驰"相媲美的高档轿车品牌。

一般来说，企业对于品牌战略类型的选择要考虑下述问题：

（1）现有品牌是否有助于新事业，这取决于现有品牌是否使产品更吸引顾客，现有品牌的积极联想物是否转移到新的产品环境里等。如果有帮助，可以考虑单品牌架构，反之宜考虑多品牌架构。

（2）现有品牌能否得到加强，如果新产品能够加强现有品牌，可以考虑单品牌架构；反之，宜考虑多品牌架构。

（3）使用新品牌对于原有品牌的影响，如果对原有品牌产生负面影响，则要放弃使用新品牌。

（4）市场对于新品牌是否有支持的持续性，如果业务太少或持续时间短，无法支持必要的品牌创建，那么不管其他理由如何，引进新品牌即采取多品牌架构就是不可行的。

3. 设计品牌战略的空间结构与安排品牌战略的时间结构

品牌战略的空间结构是指对于实施品牌战略的各职能部门的分解，这种分解可以将品牌战略转化成具体的战略任务，便于落实到每一个职能部门和每一位职工。

品牌战略的时间结构是指对于品牌战略的实施划分不同的阶段。并把各阶段有机地联系起来，形成一种分阶段实施的时间结构。

如表4－4表示了品牌战略空间组织与时间组织的结合，图4－2表示了企业品牌战略的空间分解，图4－3表示企业品牌战略的时间分解。

表4－4　品牌战略空间组织与时间组织的结合

任务 阶段	品牌战略规划	品牌战略实施	品牌战略控制
第一阶段	战略选择和分解	BIS计划	控制标准
第二阶段	制定品牌战略方针	BIS组织实施	问题诊断
第三阶段	战略调整	BIS强化	控制评价

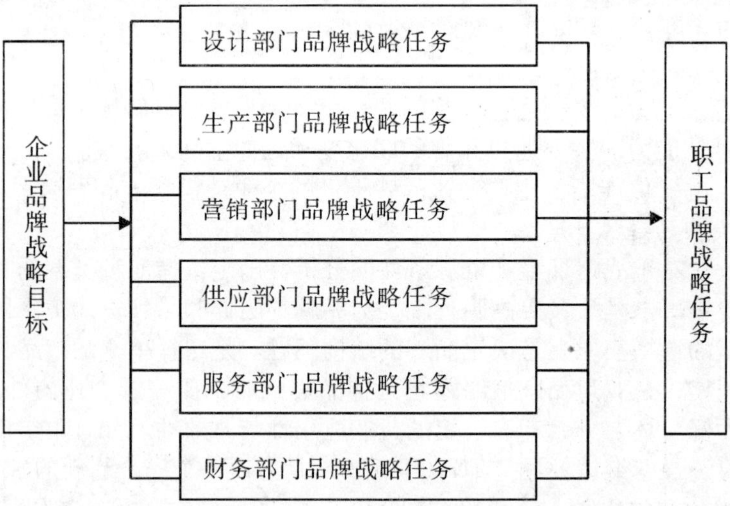

图4－2　企业品牌战略的空间分解

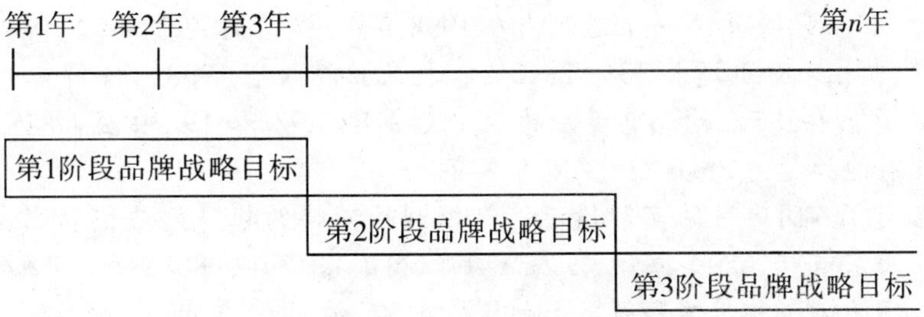

图 4－3　企业品牌战略的时间分解

4. 制定企业品牌战略方针

企业品牌战略方针是企业实施品牌战略时所要遵守的基本原则。这些原则是不能违反的，违反了就会影响品牌战略的实施，阻碍品牌战略目标的实现。品牌战略方针可以通过制定相应的规章制度加以贯彻。

企业品牌战略方针主要有三条：

（1）围绕品牌战略任务整合资源。企业要在明确品牌战略任务的基础上把有限的人、财、物力资源进行有效整合，企业的全部经营管理活动要聚焦到品牌战略目标上，切不可把有限的资源分散使用。

（2）长期坚持品牌的核心价值。对于品牌的核心价值要长期坚持，不断强化核心价值在消费者心目中的印象，不能随便转移。很多知名品牌的价值是长期积累的结果。例如，舒肤佳香皂从 1992 年进入中国以来就开始诉求“杀菌”，直到现在从来没有改变过，虽然广告换了无数个，但是品牌核心依然是“杀菌”。但是，有些品牌如“娃哈哈”作为儿童饮品的核心价值，近年来由于品牌延伸的原因，原品牌逐渐被淡化和转移。

（3）用品牌价值的增减变化衡量企业绩效。企业各部门经营活动的绩效要用对品牌的贡献来衡量。凡是有利于品牌价值增加的行为应给予表彰和鼓励，凡使品牌价值下降的行为要及时给予批评和纠正。

【案例分析】

“满堂红”东阿阿胶北方市场品牌战略策划方案

“东阿阿胶”，是享誉千年的补血精品。东阿已成为阿胶的代名词。东阿阿胶，已成为阿胶行业的领导品牌，在医药行业屡创奇迹。尽管如此，东阿阿胶还需要以利润增长空间作为支撑企业品牌深层次成长的后盾，品牌的价值才会不断地增加，也只有这样才会不断地为企业创造更多利益。而东阿阿胶的决策者又是怎样看待东阿阿胶北方市场品牌战略规划的呢？在东阿阿胶全球战略的经营思想已经启动之时，山东东阿阿胶集团向世界宣布：“东阿阿胶志在成为世界最大的阿胶制造企业、亚洲领先的大型中药企业。”但最大的企业未必是最强的企业，要最大且最强，必定要寻找最有力的竞争支柱。

一、东阿阿胶北方市场背景

东阿阿胶北方市场始终未能出现质的突破，针对山东东阿阿胶集团企业的实际状态、品牌的实际状态、市场的实际状态、竞争的实际状态、消费者的实际状态系统的调查研究，发现东阿阿胶的北方市场具有较大的潜力。因此北方市场应成为东阿阿胶集团的一个利润增长空间。

1. 北方市场的相对饱和量

根据山东东阿阿胶集团全国各省市 1997 年销量情况，浙江省销量最大，为 138 030 公斤；

广东省次之，为117 887公斤。而上述两省在1998年1—7月的销量为52 193公斤和56 205公斤，较1997年同期相比分别增长33%和10%，据此推算两省1998年全年销售量应为142 171公斤和129 676公斤。年/万人均销售量应为33.11公斤/万人和19.39公斤/万人。取平均值确定为全国市场相对饱和量为25.6公斤/万人·年。

针对北方与南方不同地区的实际情况，可以利用同样的推算方法，取北方地区1998年人均销售量最高的北京市（16.09公斤/万人·年）和山东省（6.88公斤/万人·年）两地为代表，得到北方市场的全年相对饱和量是11.49公斤/万人·年。

2. 根据相对饱和量推算各省全年目标销售量

经过数据分析，北方省市（北京市、山东省除外）全年人均销量仅为1.44公斤/万人·年，想达到北方市场的相对饱和量，也是不合理的。所以通过东阿阿胶北方市场品牌营销战略规划，预计使北方省市（北京、山东除外）全年人均销量提高到4.39公斤/万人，这便是我们的目标人均销售量。

3. 选择北方重点省份（加权累计积分法）

综上所述，北方市场无疑具有极大的潜力。然而不同的省市差异也是巨大的，应选择条件较好的省份进行试点，成功后再进行推广。

二、策略策划

没有正确的战略运用，谋求最佳效益是完全碰运气的事情。“满堂红”东阿阿胶北方市场品牌战略计划，将整合所有优势资源集中在“满堂红工程”上，抓住一个核心点展开主题性、互动式品牌推广计划、OTC药品分销计划、广告策划。

1. 品牌推广计划

产品的市场运作应适时注意消费者的心理变化，并积极炒作大众话题，丰富品牌内涵，这样宣传既省力又易在消费群体中巩固产品形象。东阿阿胶北方市场全面开展主题性、互动式推广需达到两项提升：东阿阿胶品牌形象提升和东阿阿胶产品销售提升。而影响这两个提升的主要有三点：产品铺货缺乏助销手段、整合传播跟进不够、企业经销商与消费者之间缺少联动与互动。因此，“满堂红工程”东阿阿胶北方市场主题性、互动式推广计划，以“满堂红工程”为核心，同时带动经销商的助销、营业员的主动推介、消费者购买力的增强、产品销量的提升并使东阿阿胶的品牌形象、品牌记忆度、品牌美誉度、品牌忠诚度得到综合性提升。

2. OTC药品分销计划

“满堂红工程”东阿阿胶北方市场品牌营销战略OTC药品分销计划是整体战略的一部分。分销网络就是分销过程中所涉及的一系列相联系、相互依赖的组织和个人的集合。这些组织和个人通过分工和合作，形成系统性的网络化分销通路，使商品和服务能够有效地从生产者手中转移到最终消费者手中。

3. 广告策划

在完成对东阿阿胶的产品特性及北方市场的深入分析后，可知：北方市场东阿阿胶销售业绩不佳，其重要原因是北方消费者缺乏对固体阿胶的了解，没有形成较强的购买欲。针对这一问题点，广告策划注重实际，把如何解决北方消费者对阿胶的熬制及功效的困惑作为切入点，力求通过有力度的、全面的广告宣传，使消费者产生购买欲望，进而形成服用阿胶的习惯和传统。

三、“满堂红”东阿阿胶北方市场品牌战略实施

1. 主题性、互动式推广实施

主题从“消费者请注意”转变为“请注意消费者”可使地面推广更清楚简明，更与众不同，更熟悉易懂，更亲近有趣。主题下的互动是产品、经销商、消费者之间的关系，这种关系的强弱决定了东阿阿胶在市场上的号召力，最终表现为企业的一种有力的竞争手段。

2. 东阿阿胶OTC药品分销计划的实施

当消费者受广告或促销活动的影响，来购买阿胶产品时，药店必须有充足的产品，这是终端销售环节最为重要的组成部分。如果产品供应不及时，铺货不到位，消费者就会选择其他同类产品。东阿阿胶“满堂红工程”分销商协力奖励办法及分销商销售竞赛办法，通过一系列互动性的执行，使整体规划方案利于铺货，并有效提升分销商积极参与的活跃度；快速铺货，扩大市场覆盖率，增加市场份额，进一步提升东阿阿胶系列产品终端可见率；迅速建立与所属分销商的紧密关系，为进一步合作开拓北方市场打下坚实的基础。

3. 广告策划实施

可以从以下几个方面入手：(1) 优选广告媒体。在销售区域的有效媒体上进行广告宣传，优选购买人群能直接接触的媒体，尽可能减少投放电视媒体广告以减少费用。(2) 广告再创作，艺术化地向消费者传达信息。(3) 收缩战线，提高广告宣传的密度和强度。(4) 组织多样有效的公关、宣传活动。根据产品的季节性特征并考虑到与销售的配合，把媒介计划的实施分为几个阶段：在产品的导入期进行大规模铺货；轰炸期投入大量广告，各种媒体立体配合，以引起强烈反应；促销期进行较高频次、较高密度的广告投入，以取得与销售促销的一致；延续期，由产品的属性决定广告逐渐递减；低潮期是产品淡季，则停止广告宣传；之后是新一轮销售与广告的启动期。这样的周期安排针对性强且有张有弛，具有可调节性和可操作性。为了保证计划的实施，要设计媒介计划的调节机制，即根据目标市场在广告投入一定阶段后的反馈，进行效果评估，然后调整、完善方案，确保目标额的实现。

四、“满堂红工程”效果评估

1. 效果评估的目的

(1) 评估“满堂红工程”的效果，对东阿阿胶北方市场品牌营销战略提出改进意见。

(2) 作为东阿阿胶北方市场下一阶段推广的主要依据。

2. 实施效果的评估

“东阿阿胶”品牌在北方市场通过精心的品牌积累及市场培育，已经建立了良好的品牌基础，且带动了产品良好的销售业绩。通过东阿阿胶“满堂红工程”的运作，北方市场的格局相对较稳定。要突破现状，寻找新的市场机会，就必须以强有力的市场行为打破现有的市场格局。

五、总结

东阿阿胶品牌战略策划，能够深度挖掘“东阿阿胶”的品牌内涵，树立品牌的价值基础，倡导品牌的“阿胶行业的领导者”，清晰品牌个性。强化现代健康生活氛围，清晰目标消费群和东阿阿胶OTC药品，以覆盖更大层面的消费人群且不断扩大市场份额。提高产品的市场生动化，吸引最大的关注率和购买几率，加强通路信心和配合意愿。加强品牌化主题性互动式推广、分销计划和广告投放，让品牌与销量同步发展，最大化地维护忠实消费群和吸引品牌转换。

资料来源：富友网，作者：于长江

案例思考题：

1. 简述品牌战略管理在经营管理中的地位和作用。
2. 试分析东阿品牌的战略规划案例，并解释该品牌的战略规划是如何实施的。

4.4 产品包装

真实任务4.4：在当地找一香水/化妆品产品，分析其包装设计特点，进行评价并提出改进意见。

（1）了解包装含义；

（2）熟悉包装策略。

4.4.1 包装及分类

1. 包装的概念

包装是指产品的容器或外部包扎物，有识别、便利、美化、增值和促销的功能。

产品包装一般包括三个层次：

（1）内包装，即盛装产品的直接容器，如牙膏的软管。

（2）中层包装，用来保护内包装和促进销售，如牙膏的纸盒，上面印有产品的商标、使用说明、生产厂家、生产日期、图案和色彩等。

（3）外包装（运输包装），其作用是便于储存、搬运和辨认商品。运输包装必须标明各种标识，如识别标识、指示标识、警示标识。

2. 包装的作用

（1）保护商品。这是包装最基本的作用，即保护商品的“安全”和“清洁”，使之在存储、运输、销售等流通过程中免受损伤和污染，并适当延长产品的保质期。

（2）便于识别商品。专门设计的包装可作为产品的特定标志，以便于同竞争产品相区别。

（3）便利经营和消费。良好的包装可为产品的买卖、陈列、储运提供种种便利；同时，也可为消费者的选购和使用提供方便，更好地满足消费者的需要。

（4）促进销售。好的包装，就是一个“无声的推销员”，不但使产品看上去美观，有吸引力，而且能够树立品牌形象，激发顾客购买的欲望。美国杜邦公司研究发现，63%的消费者根据商品包装作出购买决定。

（5）增加附加利益。优良的包装能够使产品增值。

例如，人参是名贵的稀有药材，价格昂贵。但是在改革开放以前，我国在出口人参时，像捆萝卜干似的将人参捆扎起来，用麻袋或木箱包装。可想而知，这种“稻草包珍珠”的包装方式，不能不让人对其商品的真实性表示怀疑，同时也极大地降低了人参的身价。在这种情况下，尽管价格很低，但销路仍然不好。后来，有关单位终于明智地采用了小包装，配上了绸缎锦盒，或使用木盒。这样的包装雅致大方，使人参的稀有名贵充分体现出来了，结果是不但销路打开了，而且每吨的售价比过去增加了几万元。

4.4.2　包装策略

1. 类似包装策略

类似包装指企业生产经营的各种产品，均采用相同或相近的图案、色彩、造型等共同的特征以使消费者容易辨认。这样，可以加强企业形象，有利于推出新产品和节省促销等费用。它适用于质量水平接近的产品。如日本三洋公司的电器产品包装都是蓝色的。

2. 等级包装策略

等级包装对于同一种产品，按照其价值、品质，分成若干等级，不同的等级采用不同的包装，使包装与产品的价值相称。俗话说“一分钱，一分货”，通过等级包装策略，反映出商品质量越高，价值越大，包装越精美，把商品内在质量的差别体现在商品的包装上。例如，优质包装与普通包装，豪华包装与简易包装等，有利于消费者辨别产品的档次差别和品质优劣，

此类包装可以适应和满足不同层次消费者的购买力和购买心理。缺点是增加包装设计成本。

3. 配套包装策略

配套包装是把几种相关的产品放在同一包装内销售的做法。例如，过年时的大礼包，将各种糖果糕点装在一起出售。这种策略不仅有利于充分利用包装容器的空间，而且还有利于同时满足同一消费者的多种需要，扩大销售。但要防止引起顾客反感的硬性搭配。

4. 附赠品包装策略

附赠品包装即在包装里面附有赠品或奖券，以吸引消费者，扩大销售量。例如，买儿童用品送玩具；买牛奶送杯子等。这种包装策略对少年儿童和低收入者非常有吸引力。附赠品包装还可以作为在国际市场介绍新产品和进行市场调查的手段。

5. 再使用包装策略

再使用包装指在原包装的产品使用完后，其包装物还可以作其他用途。例如，装果汁的瓶子可以作茶杯。这样可以利用消费者一物多用的心理，使他们得到额外的使用价值。同时，包装物在使用过程中，也可以起到广告宣传的作用，诱发消费者购买或引起重复购买的欲望。

6. 性别包装策略

性别包装是根据性别的不同而设计不同的包装。女性用品包装体现温馨、秀丽、典雅等风格，男性用品包装追求刚正、潇洒等风格，目的在于满足不同性别消费者的需求。

7. 习惯使用量包装策略

习惯使用量包装是根据消费者的使用习惯来设计不同分量的包装。如茶叶，为了适应家庭消费习惯，采用大号包装；为了适应外出旅游、出差的需要，采用小包装等。

4.4.3　包装设计

产品包装的设计应以包装的基本功能和作用为转移，要突出特定产品包装的主要功能。不同产品包装的功能重点不同，对包装设计有不同的要求。有些包装以促销功能为主，有些以保护功能为主，各有不同要求。就促销功能来说，生活消费品包装的设计，应尽量适应目标市场的需要，符合以下要求：

1. 独具特色

包装应力求新颖别致，美观大方，有创意和特色，不搞模仿、雷同。尽量采用新材料、新

图案、新风格，使人耳目一新。

2. 便利消费

包装应方便消费者选购、携带、使用、保存，适应不同消费者的需要，而对应有不同的规格。注重便携式包装、喷雾式包装、易开式包装、定量式包装的科学设计，尽可能方便消费者。

3. 安全卫生，绿色环保

包装要注意安全和卫生，坚决避免用有害材料做包装，尽量减少包装材料的浪费，节约社会资源，严格控制废弃包装物对环境的污染。

4. 与质量或价值水平相适应

包装应按照高、中、低不同档次来进行。包装具有促销作用，并能增加产品的价值。但这不可能也不应该成为产品价值的主要部分。一般产品包装应与产品的价值和质量水平相匹配，包装费用不宜超过产品价值的13% ~15%。如果包装在产品价值中所占的比率过高，会使顾客产生名不副实之感，而难以接受；相反，高档优质的产品，如果包装的质量低劣，将会自贬身价。

5. 尊重风俗习惯和宗教禁忌

包装的造型、图案、色彩和文字要符合当地的风俗习惯和宗教信仰，因为图案、颜色的含义对不同国家和地区的顾客可能是截然不同，甚至完全相反的。

阅读材料：

香奈尔5号香水瓶成为艺术品

1921年5月，当香水创作师恩尼斯·鲍将他发明的多款香水呈现在香奈尔夫人面前让她选择时，香奈尔夫人毫不犹豫地选了第五款，即现在誉满全球的香奈尔5号香水。然而，除了那独特的香味以外，真正让香奈尔5号香水成为“香水贵族中的贵族”的却是那个看起来不像香水瓶，反而像药瓶的创意包装。

服装设计师出身的香奈尔夫人，在设计香奈尔5号香水瓶型上别出心裁。“我的美学观点跟别人不同，别人是唯恐不足地往上加，而我一项项地减除。”这一设计理念，让香奈尔5号香水瓶简单的包装设计在众多繁复华美的香水瓶中脱颖而出，成为最怪异、最另类，也是最为成功的一款造型。香奈尔5号以其宝石切割般形态的瓶盖、透明水晶的方形瓶身造型、简单明了的线条，成为新的美学观念，并迅速俘获了消费者。从此，香奈尔5号香水在全世界畅销80多年，至今仍然长盛不衰。

1959年，香奈尔5号香水瓶以其所表现出来的独有的现代美荣获“当代杰出艺术品”称号，跻身于纽约现代艺术博物馆的展品行列。香奈尔5号香水瓶成为名副其实的艺术品。对此，中国工业设计协会副秘书长宋慰祖表示，香水作为一种奢侈品，最能体现其价值和品位的就是包装。“香水的包装本身不但是艺术品，也是其最大的价值所在。包装的成本甚至可以占到整件商品价值的80%。香奈尔5号的成功，依靠的就是它独特的、颠覆性的创意包装。”

资料来源：中国营销传播网

审美习惯决定包装——高露洁牙膏

牙膏是我们生活中不可或缺的日用品，因此市场竞争十分激烈。国际牙膏巨头美国宝洁公司在进入我国牙膏市场以前，曾做过大量的市场调查。宝洁公司发现，我国牙膏市场竞争激烈，其中同质化竞争严重。无论是牙膏的包装还是广告诉求都非常平淡。针对这些特点，高露洁采用了创新的复合管塑料内包装，并用中国消费者都非常喜欢的红色作为外包装的主题色彩，结果大获成功。在短短的几年时间内，高露洁迅速占领了我国1/3的牙膏市场份额。

高露洁的成功，极大地触动了我国牙膏企业的神经。包括“中华”、“两面针”在内的多个牙膏品牌都放弃了使用多年的铝制包装，换上了更方便、卫生、耐用的复合管塑料包装。除了在包装材料上进行改革以外，国内牙膏品牌在外包装设计上也进行了创新，基本都换上总体感觉清新自然，更具有时代感和流行特色的新包装。

过去我们的企业对产品的包装不重视，然而在同国外企业的市场竞争中发现，一个有创意的好包装往往意味着更多的市场份额。于是我们的企业才开始意识到包装的重要性，并努力地制造出富有中国特色、迎合中国人审美习惯的包装。

宝洁公司在我国成功的背后，也曾支付过高昂的学费。高露洁在进入日本市场的时候，由于没有经过详细的市场调研，直接采用了美国本土大块的红色包装设计，而忽视日本消费者爱好白色的审美习惯，导致高露洁牙膏在进入日本市场时，出乎意料地滞销，市场占有率仅为1%。

资料来源：中国营销传播网

4.5 新产品开发

真实任务4.5：尝试开发一种学生用的手机。

（1）了解新产品开发含义；

（2）熟悉新产品开发流程。

4.5.1 新产品的类别

1. 新产品分类

新产品是指在结构、功能或形态上发生改变，并推向了市场的产品。新产品可分为以下五类。

①全新产品。指应用新的技术、新的材料研制出的具有全新功能的产品。如电话、汽车在刚投入市场时都属于全新产品。这类产品开发难度最大，费用高，成功率低。据调查，新产品中，全新产品只占10%。

②换代产品。指在原有产品的基础上采用或部分采用新技术、新材料、新工艺研制出来的新产品。如普通自行车→电动自行车，模拟电视→数字电视。

③改进产品。指对老产品的性能、结构、功能加以改进，使其与老产品有较显著区别的新产品。如普通牙膏→药物牙膏。

④仿制产品。指对国际或国内市场上已经出现的产品进行引进或模仿、研制生产出的产

品。如市场上出现的新牌号的电视机、手机等大都是模仿已有的产品生产的。

⑤重新定位产品。指对现有产品开发新用途，或者为现有产品重新寻找消费群，重新畅销起来。如20世纪40年代麦氏速溶咖啡的定位由上市时的“快捷方便”改变为后来的“美味、芳香、质地醇厚”，同时改变了包装，使其很快从滞销产品变为深受消费者喜爱的畅销产品。

2. 新产品开发的必要性

（1）产品生命周期理论要求企业不断开发新产品。如果企业不开发新产品，则当产品走向衰落时，企业也同样走到了生命周期的终点。相反，企业如能不断开发新产品，就可以在原有产品退出市场舞台时利用新产品占领市场。

（2）消费需求的变化要求不断开发新产品。消费结构的变化加快，消费选择更加多样，使产品生命周期日益缩短。

（3）科学技术的发展推动着企业不断开发新产品。科学技术的迅速发展导致许多高科技新型产品的出现，并加快了产品更新换代的速度。

（4）市场竞争的加剧迫使企业不断开发新产品。只有不断创新、开发新产品，才能在市场上占据领先地位，增强企业的活力。

4.5.2 新产品开发程序

对于不同的新产品的开发，其过程主要经历八个阶段，即寻求创意、甄别创意、产品概念的发展与试验、制定市场营销战略、进行营业分析、进行产品开发、进行市场试验、商品化。

1. 寻求创意

所谓创意，就是开发新产品的设想。产生一个好的新产品构思或创意是新产品成功的关键。

新产品创意的主要来源有：顾客、科学家、竞争对手、产品推销人员和经销商、企业高层管理人员、市场研究公司、广告代理商等。按照市场营销的概念，顾客需求和欲望是寻找新产品创意的起点。据美国专家调查，新产品有60% ~80%来自顾客的建议，不仅要收集顾客合理的要求作为构思的源泉，也要注意一些听起来不甚合理的要求。

1996年，一位四川农民投诉海尔洗衣机排水管老是被堵。服务人员上门维修时发现，这位农民居然用洗衣机洗地瓜，泥土多当然容易堵塞！但服务人员并没有推卸责任，依然帮顾客加粗了排水管。农民感激之余，说：如果能有洗地瓜的洗衣机就好了。

技术人员一开始是把此事当笑话讲出来的，但是，海尔集团董事局主席兼首席执行官张瑞敏听了之后却不这样认为，张瑞敏对科研人员说：满足用户需求，是产品开发的出发点和目的。技术人员对开发能洗地瓜的洗衣机想不通，因为按常理，客户这一要求太离谱乃至荒诞了！但张瑞敏说：开发创造出一个全新的市场。终于，“洗地瓜洗衣机”在海尔诞生了！它不仅具有一般洗衣机的全部功能，还可以洗地瓜、水果！

2. 甄别创意

甄别意是采用适当的评价系统及科学的评价方法对各种创意进行比较分析。依据市场需求量、产品质量、性能、成本、价格、分销渠道、产品发展趋向、顾客反应、资金、技术水平、设备能力、营销能力、管理水平等因素，开展可行性研究，选出最佳创意的过程。在甄别创意阶段，企业要避免两种过失：①“误弃”，即未认识到该创意的发展潜力而将其误弃；②“误用”，即将一个没有发展前途的创意付诸开发并投放市场。

3. 产品概念的发展与试验

应当明确产品创意、产品概念和产品形象之间的区别。所谓产品创意，是指企业从自己角度考虑的它能够向市场提供的可能产品的构想。所谓产品概念，是指企业从消费者的角度对这种创意所作的详尽的描述。而产品形象则是消费者对某种现有产品或潜在产品所形成的特定形象。

确定最佳产品概念，进行产品和品牌的市场定位后，就应当对产品概念进行试验。所谓产品概念试验，就是用文字、图画描述或者用实物将产品概念展示于一群目标顾客面前，观察他们的反应。

4. 制定市场营销战略

（1）描述目标市场的规模大小、结构形式、购买行为，以及新产品在目标市场上的定位、头几年的销售额、市场占有率、利润目标等。

（2）略述新产品的计划价格、分销战略及第一年的市场营销预算。

（3）阐述计划长期销售额、目标、利润及不同时间的市场营销组合。

5. 进行营业分析

在这一阶段，企业市场营销管理者要调查新产品将来的销售额、成本，估计利润，看看它们是否符合企业的目标。如果符合，就可以进行新产品开发。

6. 进行产品开发

完成以上程序，新产品仍然还是纸上谈兵，只有进入试制阶段，构思才开始成为实实在在的产品。经过产品开发、试制出来的产品如果符合以下要求，就可以认为是成功的：①在消费者看来，产品具备了产品概念中所列举的各项主要指标；②在一般用途和正常条件下，可以安全地发挥功能；③能在已定的生产成本预算范围内生产成品。

7. 进行市场试验

由于新产品在销售过程中，会有许多意想不到的事情发生，所以首先要进行试销。试销的目的就在于了解经销商和消费者对于经营、使用、再购买该产品的情况以及市场反应和市场的大小。通过试销，企业可以获得不少有价值的信息。市场试验的规模决定于两个方面：一是投资费用和风险大小。对于投资费用大和风险大的新产品，规模应大一些。二是市场试验费用和时间。市场试验费用大和时间长的新产品，规模应小一些。

8. 商品化

新产品进行市场试验成功且通过技术鉴定后，就可正式批量生产，全面推向市场。而企业在此阶段应做好以下决策：

（1）何时推出新产品。指企业高层管理者要决定在什么时候将新产品投放市场最适宜。推出新产品是替代老产品的，就应该尽快将老产品卖掉，然后再将新产品推出，以免影响老产品销售，造成损失。如果新产品的需求有一定的季节性，就应该在销售旺季刚开始时将新产品推出。

（2）何地推出新产品。指企业高层管理者要决定在什么地方（某一地区、某些地区、全国市场或国际市场）推出新产品最适宜。应该在市场购买力高、有潜力、企业在该地区的声誉好、投放成本较低、容易进入市场的地区投放，然后再逐渐扩展到其他地区。如康师傅方便面，就是把城市作为首选市场；在城市打响之后，再迅速深入各地农村，最后成为我国目前最具价值的方便面品牌。

（3）向谁推出新产品。指企业高层管理者要把它的分销和促销目标面向最优秀的顾客群。

应当以早期使用者、能够较多使用的消费者、在社会上影响力较大的消费者为投放的最佳对象，利用他们来带动其他消费者。

（4）如何推出新产品。企业管理部门要制定开始投放市场的市场营销战略。

4.5.3 新产品采用者的类型

1. 创新采用者

他们富有个性，受过高等教育，勇于革新冒险，性格活跃，消费行为很少听取他人意见，经济宽裕，社会地位较高。该类采用者占全部潜在采用者的2.5%。广告等促销手段对他们有很大的影响力。

2. 早期采用者

这类消费者一般也接受过较高的教育，年轻而富于探索，对新事物比较敏感，并且有较强的适应性，经济情况良好，他们对早期采用新产品具有自豪感。该类采用者占全部潜在采用者的13.5%。他们对广告及其他渠道传播的新产品信息很少有成见，促销媒体对他们有较大的影响力。

3. 早期大众

这类人群一般较少有保守思想，接受过一定的教育，有较好的工作环境和固定的收入，对社会中有影响的人物，特别是自己所崇拜的“舆论领袖”的消费行为具有较强的模仿心理，他们不甘落后于潮流，但由于他们特定的经济地位所限，在购买高档产品时，一般持非常谨慎的态度。他们常常是在咨询了早期采用者的意见后才采纳新产品。这类采用者的采用时间较平均采用时间要早，占有34%的市场份额。

4. 晚期大众

属于较晚跟上消费潮流的人，其工作岗位、受教育水平及收入状况往往比早期大众略差，他们对新事物、新环境多持怀疑态度，对周围的一切变化抱观望的态度，他们的购买行为往往发生在产品成熟阶段。这类采用者的采用时间较平均采用时间稍晚，占有34%的市场份额。

5. 落后采用者

这些人受传统思想束缚很深，思想非常保守，怀疑任何变化，对新事物、新变化多持反对态度，固守传统消费行为方式。这类采用者是采用创新产品的落伍者，占有16%的市场份额。

阅读材料：

雕牌的产品策略分析

1992年5月，纳爱斯在与香港丽康公司合作之后，前瞻性地将突破点锁定在洗衣皂上。这是消费者对之毫无感觉的一个领域：地方货各自为营，根本没有全国性品牌，但市场就在这里。要在洗衣皂上打开缺口，就得从内质上进行改造。雕牌“超能皂”以其特有的颜色（蓝色）与造型（中凹）出现在老百姓的面前，而它特殊的形象代表——“大雕”更是意喻去污的迅捷。

紧接着雕牌“透明皂”又快速上马。这一次，形状由大变小，一手可握，便于消费者使用；同时，改革香味，变为淡淡的清香，再配以中档的价位。一上市，迅速被成千上万的消费者接受，产品在很多商场、超市一上柜就被抢购一空。这让当初并不看好的同行大跌眼镜，等醒悟过来，纷纷上马之时，早已错过先机。雕牌“透明皂”成了洗衣皂销量第一的品牌。雕牌“透明皂”成功了！它找到了市场空白点，用差异化赢得了市场，并迅速成为领导品牌。

1999 年，雕牌对外宣告其建成了全世界四台之一的全自动喷粉设备，生产效率大大提高。为此做注脚的是：这一年刚开始，雕牌洗衣粉的价格就降到了一箱 29 元，跌破了 30 元的心理防线，一步到位的价格让同行们措手不及。优质而低价使纳爱斯有了后发制人的制胜法宝。与低价遥相呼应，雕牌的“亲情”广告“妈妈，我能帮你洗衣服了”开始狂轰滥炸，2000 年初，雕牌亲情广告在中央电视台高频次播出，雕牌洗衣粉带着亲情、带着关怀、带着深深的文化底蕴走进了千家万户。

2000 年，雕牌洗衣粉再接再厉，将奇强的销量定格在 38 万吨，自己则纵身一跳，取而代之，继洗衣皂之后又拿到一个第一。

2001 年，雕牌销量 89 万吨，奇强销量 29 万吨。纳爱斯以超出对手 60 万吨的销量雄踞霸主地位。雕牌洗衣粉的三级跳不仅让自己出尽风头，更引发了整个行业的价格跳水，以宝洁和联合利华为首的外资企业不得不低下自己高贵的头，开始悄悄地降价，国内品牌的价格也是一降再垮。

在洗衣皂和洗衣粉市场上胜局初定之后，纳爱斯又开启了其品牌延伸策略：雕牌牙膏、纳爱斯香皂……一个个出笼了。2001 年，纳爱斯还增加了水晶皂、沐浴露、洗发水等产品。

如果以为雕牌就广告和低价这两个板斧，那就大错特错了。能够在短短时间，超速度地上升，源于其背后强大的经销体系。纳爱斯的分销体系有如下特点。

一是在与经销商签订合同时，都会向经销商许诺年底给予一定的返利，保证其一年的努力能得到相应的回报。

二是保证金制度，釜底抽薪确保品牌忠诚度。据悉，对经销雕牌的绝对信心，让经销商签合同时，心甘情愿地把预付金打进雕牌的账户。按目前雕牌洗衣粉的操作，凡是客户将保证金打入纳爱斯账户，纳爱斯都按 30% 返还。换句话说，正式销售还没有开始，经销商已得到巨额返利，因此，大量的现金涌入纳爱斯的账户。

三是渠道战略从农村包围城市，转为在全国各地实行分公司建制，直做超市、商场，形成城市辐射农村的格局。推行网络扁平化管理，减少中转环节，降低经营成本。同时，继续推行经销商保证金制度，这是对品牌经营和品牌忠诚度的“试金石”。

四是委托加工，搞营销网络本土化。现在包括德国汉高在华的四个洗涤剂生产厂和宝洁的两个工厂在内的遍布全国 19 个省的 30 家企业，它们每天都在生产着纳爱斯的产品，而后者的香皂、洗衣粉、牙膏等又在与它们争夺市场份额。

纳爱斯是在市场经济的风风雨雨中洗礼长大的，它已成为国内洗涤行业影响力最大、最具实力，也最有进取心的企业，而且它拥有目前行业内品牌价值最高的品牌——“雕牌”。

资料来源：http：//vww. jpkc. hdu. edu. cn

案例思考题：

1. “雕牌”运用了哪些产品组合策略使其成为目前行业内品牌价值最高的品牌？其特点如何？

2. 分析纳爱斯“雕牌”未来所面临的竞争压力是什么？

3. 如果你是纳爱斯“雕牌”的营销策划人员，你会怎样确立未来的产品组合策略？为什么？

◆课堂游戏与讨论

“听与说”游戏

角色分配：

1. 孕妇：怀胎八月
2. 发明家：正在研究新能源（可再生、无污染）汽车
3. 医学家：经年研究艾滋病的治疗方案，已取得突破性进展
4. 宇航员：即将远征火星，寻找适合人类居住的新星球
5. 生态学家：负责热带雨林抢救工作组
6. 流浪汉
7. 船员

游戏背景：

私人飞机坠落在荒岛上，只有以上7人存活。这时逃生工具只有一个只能容纳一人的橡皮气球吊篮，没有水和食物。

游戏方法：

针对由谁乘坐气球先行离岛的问题，各自陈诉理由。先复述前一人的理由再申述自己的理由。最后，由大家根据复述别人逃生理由的完整与陈述自身理由充分的人，决定可先行离岛的人。

游戏说明的道理（可以请学员一起谈看法）：

1. 认真聆听别人的话，记住别人的想法，这样别人才会相信你，才会让你去求救。由此可见，聆听非常重要。

2. 根据学员的表现评价：好的表达、坏的表达。

体味活动讨论的组织与控制。

体会团队中个人利益对决策的影响。

课堂讨论：

1. 企业如何根据市场需求的变化，灵活地调整企业的产品组合？
2. 产品处于不同生命周期阶段的营销策略分别是什么？
3. 对企业而言，品牌有何意义？
4. 在推出新产品的过程中，企业营销人员应如何更好地发挥作用？

◆技能自测

选择题：

1. 顾客购买有形产品时所获得的全部附加服务和利益，称为（　　）。

A. 核心产品　　B. 有形产品　　C. 附加产品　　D. 便利品

2. 企业所拥有的不同产品线的数目是产品组合的（　　）。

A. 深度　　B. 长度　　C. 宽度　　D. 相关性

3. 用料与设计精美的酒瓶，在酒消费之后可用作花瓶，这种包装策略是（　　）。

A. 配套包装　　B. 附赠品包装　　C. 分档包装　　D. 再使用包装

4. 某厂原来生产运动服，目前又增加了运动鞋的生产，该厂增加了产品组合的（　　）。

A. 长度　　B. 一致性　　C. 深度　　D. 长度和深度

5. 用来识别一个（一群）卖主的商品或劳务的名称、术语、记号、象征、设计，或其组合，叫做（　　）。

A. 商标　　B. 品牌　　C. 品牌名称　　D. 品牌标志

6. 一个企业生产的产品类型、性质不同，需要加以区别，可采用（　　）

A. 个别品牌名称　　B. 统一品牌名称

C. 系列品牌名称　　D. 企业名称与个别品牌名称并用

7. 在产品生命周期中，丰厚的利润一般在（　　）阶段开始出现。

A. 导入期　　B. 成长期　　C. 成熟期　　D. 衰退期

8. 除了提供质量合格的产品，还必须提供相应的附加服务，如保养、售后服务等，这对制造商来说，（　　）。

A. 售后服务是由经销商来承担的，与制造商无关

B. 如果是优质产品则无必要

C. 这是产品整体概念的一部分，很有必要

D. 只要售出产品即可，服务完全没有必要

9. 某种产品在市场上销售迅速增长，利润显著上升，该产品这时正处在其市场生命周期的（　　）阶段。

A. 导入期　　B. 成长期　　C. 成熟期　　D. 衰退期

10. 新产品开发的第一个阶段是（　　）。

A. 提出目标，搜集构想　　B. 形成产品概念

B. 营业分析　　D. 评介与筛选

简答题：

1. 什么是产品整体概念？
2. 优化产品组合的方式有哪些？
3. 简述产品生命周期各阶段的特点。
4. 包装策略有哪些？
5. 简述新产品开发的程序。

◆实训操作

就近联系某企业，在了解相关产品情况的基础上，分析该企业现有产品的整体概念、产品组合情况、产品所处的生命周期阶段，为该企业设计一份产品市场推广方案。(2000 字左右)

任务5　定价策划

教学安排

●能力目标

1. 掌握影响营销定价的因素
2. 运用定价方法和技巧
3. 实施定价策略

●核心能力

1. 灵活运用定价方法
2. 正确实施定价策略

●教学重点

1. 企业定价策划的主要环节和步骤
2. 定价策划目标
3. 掌握价格竞争手段

阅读材料：

广州各商场打折忙

打折！送券！继上个月后，在2009年圣诞来临前夕，广州商家再次掀起了更疯狂的促销活动，力度之大甚至超过去年。

上周末，摩登百货大部分商品400元现金换1 000元或800元折扣券，广百百货北京路店5折起，新光百货大部分商品累计满150元即减80元现金，王府井百货会员在单一专柜买满300元减160元。这已经是今年最后一个销售旺季中，广州的商家第二次大幅度打折。此前东山百货、广州友谊商店都已推出大型促销活动，广百百货、天河城百货、新光百货、摩登百货四大百货也都已经进行过5折以下促销。

打折年年有，为何今年折扣力度之大和频次之繁却明显提高，往年集中在12月底的打折纷纷提前，原因何在？而疯狂打折的背后，又有哪些隐患？

提前打折加速资金回笼

"打折是年底的常规手段，金融风暴后，为了做大销售额，年底清货是必然的。"第一商业总裁黄华军表示。据悉，今年物价上涨迅速，粮、油、调味品等生活必需品价格快速上涨，消费者消费支出结构发生变化。商家为了刺激消费、避免经济不稳定带来的风险，纷纷使出打折招数，得以快速清理库存、回笼资金，以降低成本，缓解资金压力。

除此之外，每年圣诞节前后都是香港打折促销旺季，由于地缘优势，有部分广州消费者会分流到香港消费。今年，为将这部分消费者留在本地消费，许多商家都加大促销力度。记者发现，此前不参与商场促销活动的化妆品专柜，今年也罕见地加入打折阵营。

为拓展而提前备战

也有人把今年的打折认为是零售商的拓展行为，跟去年的打折是两回事。据悉，新世界百货就计划明年上半年在内地再开3家新店，其中两家在上海，一家在北京，销售总面积将超过40万平方米。广州在未来两年将建成41个大型购物中心。截至今年10月份，广百股份年内签约的新店总数达到6家，新增经营面积超过15万平方米，接近广百目前经营面积的一半，创下广州企业新的纪录。而随着本月广百茂名、深圳分店的即将开业，广百股份的分店总数将达到20家。

而广州友谊商店8月份先与广州越秀城建国际金融中心有限公司签署合作意向书，将在珠江新城“西塔”租赁39 440平方米物业来开设新店，打造广州地标商业。11月又与长隆集团投资20亿元合作开发长隆友谊购物公园项目。商家间的竞争，要有效拉动销售额，最便捷的方法就是打折。

品牌商利润大减

中华全国商业信息中心统计显示，2009年10月份全国重点大型零售企业实现销售总额337.6亿元，比上年同期上升31.33%，增速比上月大幅提升，其中零售额294.9亿元，同比上涨30.48%，创2009年1月份以来的新高。然而记者却了解到，与销售额增加相逆的是利润大幅下滑。

根据不完全统计，前几年百货业毛利率起码在20%～25%，而主要销售民生类商品的大卖场行业平均毛利率则在16%～17%，如今大卖场的情况基本变化不大，但不少百货业者的毛利率已降至15%左右甚至更低。

既然品牌间的同质化竞争、百货间的同质化竞争严重，同一个品牌在不同区域的营业额之争，不同品牌在市场的营销之争，都使现在的竞争有点单靠价格来博眼球。梁贺说，这是同质化竞争过于激烈、零售商赢利模式单一化、零售企业长期不重视培养品牌价值的结果。这也是太古汇宣传他们有大部分的品牌都是第一次进入广州的原因，这是个很大的核心竞争力。她认为零售业的胜者永远不是依靠价格取胜的，而是依靠品牌的价值以及传递给消费者的附加值。

消费者或将“打折疲劳”

就消费水平而言，现在大部分的消费者都在小康以下或者是小康水平，在金融危机影响下，有时候会担心无薪、冻薪情况的出现，甚至是被炒，这让他们对价格很敏感，也让他们成为那一部分对品牌商来讲不太忠实的消费者。广东商学院流通经济研究所所长王先庆表示，零售业打折更多是一种无奈，可见零售商已没多少新招可使了。

资料来源：南方都市报（广州）2009－12－25

5.1 了解影响企业产品定价的因素

真实任务5.1：在当地找一快速消费品/汽车/房地产行业企业，了解其价格制定过程并分析竞争效果。

（1）了解价格含义；

（2）了解影响价格的因素；

（3）了解价格制定方法；

（4）掌握价格策略。

阅读材料：

标致307价格策划为持续降价“解毒”

2004年11月22日，东风标致汽车公司宣布，东风标致307的1.6升手动挡降价1.9万元，并承诺向所有已经购买东风标致307的车主，进行差价部分的现金补偿。

东风标致此招一出，很多有车族便羡慕购买标致307的车主，对是否购买标致307犹豫不决的准购车族也开始掏腰包了，也许还有一些打算购买其他品牌汽车的消费者临时倒戈。

为什么这一招有这么大的动静？“今天买车，明天就降价”是2004年车市的一大特点，因此有人形容2004年的汽车企业在不断地给自己下慢性毒药。为了刺激消费，它们不断变着花样降价，但无论哪种降法，都让公众觉得自己被嘲弄了，开始报复性地持币观望。

不过，也有很多人说，这种价格策略只是东风标致的一个宣传噱头而已，否则为什么不一开始就把价格定合理。当然，我们不否认东风标致在这里面玩了一个小技巧，如果它一开始就定到现在的价位，更多的消费者依然会观望，等待其继续降价。但通过此次“降价补偿”的手段，消费者将不再犹豫。

更重要的是，这种做法会让公众觉得这是一家值得信任的企业，而这正是一个企业做强的最重要的前提。尽管现在几乎所有的企业都秉承尊重消费者、为消费者创造价值的理念，但在具体做法上往往会脱离轨道，而企业把不断降价作为一种“钓鱼”策略的时候，就已经是在伤害公众了。从这个意义上讲，东风标致赢得了我们的尊敬。

商品的销售价格历来是商品经销者和消费者都非常敏感和十分关注的问题。在复杂的市场环境中，企业的价格策略直接影响到产品或服务的市场接受程度。东风标致307的价格策划，在使消费者接受产品、树立企业形象等方面起到了积极的作用。

资料来源：中国营销传播网

5.1.1 价格的含义

1. 价格的概念和意义

价格是产品和服务价值的货币表现，价格策略就是面对市场明确表现产品和服务价值的活动。要使交换成立，就要使交换的双方当事人都认识到所获物的知觉价值与提供物的知觉价值相同或在其之上。

所谓价格策划，就是企业为了实现既定的营销目标，协调处理各种价格关系的活动。价格策划不仅指价格制定，更重要的是指在一定环境条件下为了配合特定的营销目标和营销组合而在实施过程中不断修正价格战略和策略的全过程。

在企业日常经营活动中，产品价格的确定往往比较偏重于产品的生产成本，而忽略了市场供求状况、需求强度、顾客认知与心理感受等市场接受因素。而且，在市场状况有所变化时，也未能及时调整价格。在一些企业里，价格制定往往都独立于其他市场营销组合之外（仅凭价格制定者的主观判断），而不是整体营销运作的一部分，未能综合其他营销变数进行整体考虑，使得价格与其他营销变数脱节，甚至发生矛盾。价格策划作为企业营销策划的一部分，是站在整体、全局立场上看问题，是对企业市场营销的整体谋划。价格策略的重要性可归纳为以下几点：

（1）价格直接决定需求。

（2）价格定得过高或过低都会给产品生命造成不良影响。

（3）价格会直接影响产品或品牌的市场定位。

（4）价格规定销量，左右收益。

（5）价格必须和其他市场营销组合因素整合，并达到作为成本支持这些因素的水准。

2. 价格的决定要素

价格的决定是一个很复杂的工作，要受到多种因素的影响。下面是内部和外部的一些主要影响因素。如下图所示。

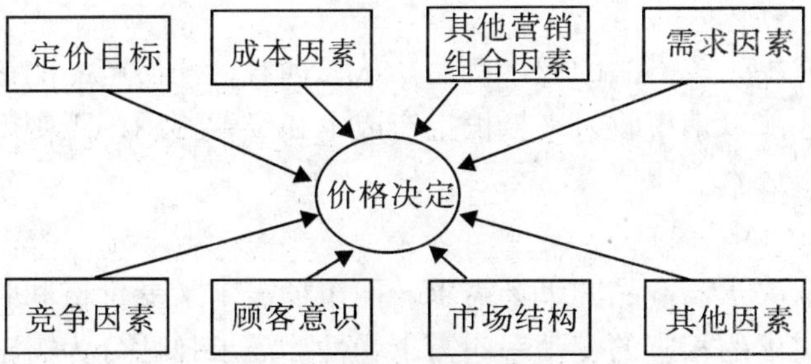

价格的决定因素图

（1）定价目标。

定价目标，是指企业试图通过适当定价来达到企业的总体目标。定价将会影响制造、财务等几乎企业所有领域的决策，所以定价必须与企业目的相一致。

美国八家著名大公司定价目标比较表

公司名称	定价主要目标	定价附属目标
通用汽车公司（General Motor）	20%投资收益率（缴税后）	保持市场占有率
固特异公司（Good Year）	对付竞争者	保持市场地位和价格稳定
美国罐头公司（American Can）	维持市场占有率	应付市场竞争
通用电器公司（General Electric）	20%投资收益率（缴税后） 增加7%销售额	推销新产品 保持价格稳定
西尔斯·罗巴克公司（Sears Rocbuck）	增加市场占有率 （8%～10%为满意市场占有率）	10%～15%投资收益率 一般地方促进销售
标准石油公司（Standard Oil）	保持市场占有率	保持价格稳定 一般投资收益率
国际收割机公司（International Harrester）	10%投资收益率	保持市场第二位的位置
国民钢铁公司（National Steel）	适应市场竞争	增加市场占有率

（2）成本因素。

产品的最低价格取决于该产品的成本费用。从长远看，任何产品的销售价格都必须高于成本费用，只有这样，才能以销售收入来抵偿生产成本和经营费用，否则就无法经营。因此，企业制定价格时必须估算成本。

（3）需求因素。

产品的最高价格取决于该产品的市场需求，而市场需求又受价格和收入变动的影响。价格和收入等因素引起了需求的相应的变动率叫需求弹性。需求弹性分为需求的收入弹性、价格弹性和交叉弹性。

（4）竞争因素。

产品的最高价格取决于该产品的市场需求，最低价格取决于产品的成本费用。在这种最高价格和最低价格的幅度内，企业能把产品价格定多高，则取决于竞争者同种产品的价格水平。企业必须采取适当方式，了解竞争者所提供的产品质量和价格。企业获得这方面的信息后，就可以与竞争产品比质比价，更准确地制定本企业产品价格。如果二者质量大体一致，其价格也应大体一样，否则本企业产品可能卖不出去；如果本企业产品质量较高，则产品价格也可以定得较高；如果本企业产品质量较低，那么，产品价格就应定得低一些。还应看到，竞争者也可能随机应变，针对本企业的产品价格而调整其价格；也可能不调整价格，而调整市场营销组合的其他变量，与其他企业争夺顾客。当然，对竞争者价格的变动，企业也要及时掌握有关信息，并作出明智的反应。

（5）顾客意识。

企业决定价格时，必须考虑目标顾客对价格的反应。价格的数字表示非常明了，然而，顾客对其会有各种各样的理解。另外，顾客对价格的反应也会因产品的种类而异。例如，对很难看到品质差别的汽油，消费者的价格反应较敏感；相反，消费者对于品质和款式差异较大的服装，首先重视的是其产品是否符合自己的兴趣爱好，而不是价格。

即使同样种类的产品，其评价往往也会因品牌而异，常以一流产品和三流产品，知名品牌和非知名品牌等来加以评价。评价的差异会表现为价格的差异。大致说来，一流产品和三流产品在价格上有30%以上的差异。要是企业的产品市场定位为一流产品的话，其定价就可以高于三流产品30%以上。

市场营销管理者有必要在制定价格时充分了解和掌握消费者对自己的产品所知觉的价格和能接受的价格。

（6）市场结构。

市场结构决定着定价的客观环境，影响企业定价的自由程度。市场结构按竞争程度可以分为四种类型：完全竞争、垄断竞争、寡头竞争、完全垄断。企业或产品处于不同市场结构中，定价策略也会相应不同。

阅读材料：

古井酒厂的价格策划

1989年的白酒大战使得消费过热的中国名酒的价格达到了历史顶峰。当时茅台酒的价格达到每斤270元，古井贡酒每斤85元左右。十大名酒价格几乎都翻了两番。这场价格大战已为市场销售潜伏了危机，高价名酒已使普通百姓无法承受，销售出现负增长。尽管在负增长情况下产品销售的绝对额仍比以前好，但是，明智的企业家已明白这对销售厂家来说意味着什么。

古井酒厂为了抢夺更大的市场，提高产品的市场占有率，率先发动了降价销售。当然，这种降价并不是一种普通的降价，而是经过精心策划的。为了避开国家对名酒规定的计税基准价的约束，首先要研制一种新古井贡酒产品，在形式上取代老古井贡酒。为了顺应市场竞争，还要研究降价后竞争对手会采取什么跟进措施，以及这些举措会给古井贡酒的行销带来多大风险。同时，古井酒厂选择在黄山全国白酒订货会上宣布降价。这一系列配套措施确保了降价目的的实现。在当年的黄山全国白酒订货会上，古井酒厂即实现了5 100吨的订货任务，名列全国白酒行业利税第三位。

资料来源：中国经理人网

5.1.2 价格策划考虑的因素

对于一个企业来说，进行价格竞争会涉及诸多方面，价格策划活动需要分析的因素很多。归纳起来，价格策划考虑的因素主要包括下述几个方面：

（1）企业的营销战略分析。

营销战略是一个企业用以达到营销目标的基本方法，具体包括目标市场的选择、市场的定位和市场营销组合的确定等主要决策。市场营销战略的制定实质是确定企业竞争优势的过程。价格策划需要和整体营销战略相一致，以保证企业竞争优势的实现，避免价格竞争的盲目性。

（2）市场环境分析。

市场环境分析主要包括微观环境中对竞争对手、潜在顾客、供应商、中间商等的分析，以及宏观环境中对经济环境、政治环境、社会文化、自然环境等的分析。但这些仅是基本面的分析，对进行价格竞争的企业来说，还要针对市场的情况研究市场集中率。一般以行业居前四位或前八位的厂商占行业总产量或销售额的百分比作为集中率，如果集中率超过50%，该行业则为高度集中的行业。在高度集中的行业之中，若有一家企业发动价格竞争，势必会遭到其他企业的猛烈进攻。在这种情况下，任何一个企业在进行价格调整之前，都必须审慎分析市场环境。

（3）时机分析。

价格竞争需要周密的策划工作，时机的选择往往是决定策划成功的关键。通常产品销售有淡季与旺季之分，在淡季企业为保持正常的资金流，需及时以低价抛售存货变现，所以比较容易发生价格竞争。当然有许多企业为了扩大市场份额，在市场中引起公众的注意，在产品销售旺季也会率先发动价格竞争，这同样需要对时机进行准确的分析。

（4）市场营销组合分析。

产品、价格、分销和促销构成了市场营销组合策略。由于在市场中竞争者相互模仿，各种营销组合策略同质化程度很高，因此，价格策略就成为许多企业常用的竞争手段。但市场营销组合是4P的动态组合，如果在进行价格策划时，通过对营销组合的综合分析，结合其他三项策略同时进行，将会促进价格策划的成功。

（5）市场供求分析。

当一个产品在市场中供求达到平衡时，促销手段就成为比较常用的竞争方式，如企业大量做广告的目的都是为了扩大企业产品的销售量。但是当出现供需不平衡，尤其是供过于求时，促销手段的激烈竞争将使销售量迅速下降，此时采用价格竞争就能够比较迅速地增大市场份额，提高市场占有率。

（6）成本分析。

企业的产品销售成本主要包括：原材料成本、生产成本、储运成本、营销成本、财务成本等。低成本的企业在竞争中可以获得竞争优势。美国学者迈克尔·波特认为，10种主要的成本驱动因素决定了价值活动的成本行为，它们是：规模经济、学习、生产能力利用模式、联系、相互关系、整合、时机选择、自主决策、地理位置和机构因素。当企业能够将这些因素置于控制之下，企业将会获得成本优势。成本是决定企业产品销售价格的重要因素，一个具备成本优势的企业在竞争中将会占有主动地位。

5.1.3 企业定价方法

成本、需求、竞争是影响企业定价的最基本因素。因此，与之相对应，就形成了以成本、需求、竞争为导向的三大类基本定价方法。

1. 成本导向定价法

成本导向定价法，又叫成本加成定价法，是以成本为基础的定价方法。主要包括以下几种：

（1）完全成本导向定价法。

完全成本导向定价法是将产品的完全成本（固定成本＋变动成本＋销售费用），加上一定的利润和税金，然后除以产品产量，从而得出单位产品的价格。

完全成本导向定价法计算简单，可以预先了解利润的数量，有利于核算、补偿劳动消耗，在正常的情况下，能够获得预期收益。但这种定价方法以企业个别成本为基础，忽视产品市场供求状况，缺乏灵活性，通常不大适应复杂多变的市场供求。当利润不变时如果企业个别成本高于社会平均成本，商品价格就会高于市场平均价格，势必影响其销售；如果企业个别成本低于社会平均成本，则商品价格低于市场平均价格，又无形中抛弃了部分可以实现的利润。

（2）边际成本导向定价法。

边际成本导向定价法，又叫边际贡献导向定价法，是抛开固定成本，仅计算变动成本，并以预期的边际贡献补偿固定成本以获得收益的定价方式。边际贡献是指企业增加一个产品的销售，所获得的收入减去边际成本后的数值。如果边际贡献不足以补偿固定成本，则出现亏损。基本公式是：

价格＝变动成本＋边际贡献

边际贡献＝价格－变动成本

利润＝边际贡献－固定成本

边际成本导向定价法适用于竞争十分激烈、市场形势严重恶化等情况，目的是减少企业损失。因在供过于求时，若坚持以完全成本价格出售，就难以为消费者所接受，会出现滞销、积压，甚至导致停产、减产，不仅固定成本无法补偿，就连变动成本也难以收回；若舍去固定成本，尽力维持生产，以高于变动成本的价格出售商品，则可用边际贡献来补偿固定成本。

当市场价格低于企业产品的总成本，企业又拿不出别的对策时，只好按边际贡献定价，只要市面上的价格大于单位产品变动成本，所得收入除足够弥补变动成本外，企业还能获得一定的边际贡献来弥补固定成本。如果市面上的价格低于单位产品的变动成本，生意就不能做了，因为在这种情况下，多做多亏，不如不做。

（3）目标成本导向定价法。

目标成本是指企业依据自身条件，在考察市场营销环境、分析并测算有关因素对成本的影响程度的基础上，为实现目标利润而规划的未来某一时间的成本。目标成本加上目标利润和税金，然后除以产品产量便是产品单价。

目标成本是企业在一定时期内需经过努力才能实现的成本。因此，以此为导向的定价方法有助于企业以积极的综合措施控制并降低成本，比较符合企业的长远利益。但目标成本是预测的，在具体实施过程中，若对影响成本的目标因素预测不准，极易导致定价工作失败。

2. 需求导向定价法

又称顾客导向定价法，是指企业根据市场需求状况和消费者的不同反应分别确定产品价格的一种定价方式。其特点是：平均成本相同的同一产品价格随需求变化而变化。

需求导向定价法一般是以该产品的历史价格为基础，根据市场需求变化情况，在一定的幅度内变动价格，以致同一商品可以按两种或两种以上价格销售。这种差价可以因顾客的购买能力、对产品的需求情况、产生的型号和式样以及时间、地点等因素而采用不同的形式。如以产品式样为基础的差别定价，同一产品因花色款式不同而售价不同，但与改变式样所花费的成本并不成比例；以场所为基础的差别定价，虽然成本相同，但具体地点不同，价格也有差别。

3. 竞争导向定价法

竞争导向定价法是企业根据市场竞争状况确定商品价格的一种定价方式。其特点是：价格与成本和需求不发生直接关系。

竞争导向定价法的具体做法是：企业在制定价格时，主要以竞争对手的价格为基础，与竞争品价格保持一定的比例。即竞争品价格未变，即使产品成本或市场需求变动了，也应维持原价；竞争品价格变动，即使产品成本和市场需求未变，也要相应调整价格。

4. 随行就市定价法

所谓随行就市定价法，是指企业按照行业的现行价格水平来定价。在以下几种情况下往往采取这种定价方法：

（1）难以估算成本。

（2）企业打算与同行和平共处。

（3）如果另行定价，很难了解购买者和竞争者对本企业的价格的反应。不论市场结构是完全竞争的市场，还是寡头竞争的市场，随行就市定价都是同质产品市场的惯用定价方法。

5. 密封投票定价法

该法通常采用公开招标的办法。即采购机构（买方）在报刊上登广告或发出函件，说明拟采购商品的品种、规格、数量等具体要求，邀请供应商（卖方）在规定的期限内投标。政府采购机构在规定的日期内开标，选择报价最低的、最有利的供应商成交，签订采购合同。某供货企业如果想做这笔生意，就要在规定的期限内填写标单，上面写明可供应商品的名称、品种、规格、价格、数量、交货日期等，密封送给招标人（政府采购机构），这叫做投标。这种价格是供货企业根据对竞争者的报价的估计制定的，而不是按照供货企业自己的成本费用或市场需求来制定的。供货企业的目的在于赢得合同，所以它的报价应低于竞争对手（其他投标人）的报价。这种定价方法叫做密封投标定价法。

然而，企业不能将其报价定得低于某种水平。确切地讲，它不会将报价定得低于边际成本，以免使其经营状况恶化。如果企业报价远远高出边际成本，虽然潜在利润增加了，却减少了取得合同的机会。

阅读材料：

几种特殊定价方法

同价销售术

英国有一家小店，起初生意萧条很不景气。一天，店主灵机一动，想出一招：只要顾客出1个英镑，便可在店内任选一件商品（店内商品都是同一价格的）。这可抓住了人们的好奇心理。尽管一些商品的价格略高于市价，但仍招徕了大批顾客，销售额比附近几家百货公司都高。在国外，比较流行的同价销售术还有分柜同价销售，比如，有的小商店开设1元钱商品专柜，而一些大商店则开设了10元、50元、100元商品专柜。讨价还价是一件挺烦人的事，一口价干脆简单，在一定程度上比较管用。

特高价法

独一无二的产品才能卖出独一无二的价格。特高价法即在新商品开始投放市场时，把价格定得大大高于成本，使企业在短期内能获得赢利，以后再根据市场形势的变化来调整价格。某地有一商店进了少量中高档女外套，进价580元一件。该商店的经营者见这种外套用料、做工都很好，色彩、款式也很新颖，在本地市场上还没有出现过，于是定出1 280元一件的高价，居然很快就销完了。如果你推出的产品很受欢迎，而且市场上只你一家，就可卖出较高的价。不过这种形势一般不会持续太久。畅销的东西，别人也可群起而仿之，因此，要保持较高售价，就必须不断推出独特的产品。

低价法

便宜无好货，好货不便宜，这是千百年的经验之谈，你要做的事就是消除这种成见。这种策略则先将产品的价格定得尽可能低一些，使新产品迅速被消费者所接受，优先在市场取得领先地位。由于利润过低，能有效地排斥竞争对手，使自己长期占领市场。这是一种长久的战略，适合于一些资金雄厚的大企业。对于一个生产企业来说，将产品的价格定得很低，先打开销路，把市场占下来，然后再扩大生产，降低生产成本。对于商业企业来说，尽可能压低商品的销售价格，虽然单个商品的销售利润比较少，但销售额增大了，总的商业利润会更多。在应用低价格方法时应注意：(1) 高档商品慎用；(2) 对追求高消费的消费者慎用。

整数法

疾风知劲草，好马配好鞍。美国的一位汽车制造商曾公开宣称，要为世界上最富有的人制造一种大型高级豪华轿车。这种车有6个轮子，长度相当于两辆凯迪拉克高级轿车，车内有酒吧间和洗澡间，价格定为100万美元。为什么一定要定个100万美元的整数价呢？这是因为，高档豪华的超级商品的购买者，一般都有显示其身份、地位、富有、大度的心理欲求，100万美元的豪华轿车，正迎合了购买者的这种心理。对于高档商品、耐用商品等宜采用整数定价策略，给顾客一种“一分钱一分货”的感觉，借以树立商品的形象。

弧形数字法

“8”与“发”虽毫不相干但宁可信其有，不可信其无。满足消费者的心理需求总是对的。据国外市场调查发现，在生意兴隆的商场、超级市场中商品定价时所用的数字，按其使用的频率排序，先后依次是5、8、0、3、6、9、2、4、7、1。这种现象不是偶然出现的，究其根源是顾客消费心理的作用。带有弧形线条的数字，如5、8、0、3、6等似乎不带有刺激感，易为顾客接受；而不带有弧形线条的数字，如1、7、4等比较而言就不大受欢迎。所以，在商场、超级市场商品销售价格中，8、5等数字最常出现，而1、4、7出现次数则少得多。在价格的数字应用上，应结合我国国情。很多人喜欢8这个数字，并认为它会给自己带来发财的好运；4字因为与“死”同音，被人忌讳；7字，人们一般感觉不舒心；6字，因中国老百姓有六六大顺的说法，比较受欢迎。

资料来源：www. 21manager. com

尾数定价策略

尾数定价策略是指在确定零售价格时，以零头数结尾，使用户在心理上有一种便宜的感觉，或是按照风俗习惯的要求，价格尾数取吉利数字，以扩大销售。这种策略会使顾客产生大为便宜的感觉，属于心理定价策略的一种。目前这种定价策略已被商家广泛应用，从国外的家乐福、沃尔玛到国内的华联、大型百货商场，从生活日用品到家电、汽车都采用尾数定价策略。

尾数定价产生的特殊效果

1. 便宜。标价99.96元的商品和100.06元的商品，虽然仅差0.1元，但前者给消费者的感觉是还不到"100元"，而后者却使人产生"100多元"的想法，因此前者可以使消费者认为商品价格低、便宜，更令人易于接受。

2. 精确。带有尾数的价格会使消费者认为企业定价是非常认真、精确的，连零头都算得清清楚楚，进而会对商家或企业的产品产生一种信任感。

3. 中意。由于民族习惯、社会风俗、文化传统和价值观念的影响，某些特殊数字常常会被赋予一些独特的含义，企业在定价时如果能加以巧用，其产品就会因之而得到消费者的偏爱。例如，"8"字作为价格尾数在我国南方和港澳地区比较流行，人们认为"8"即"发"，有吉祥如意的意味，因此企业经常采用。又如，"4""13"被西方国家的人们视为不吉利，因此企业在定价时应有意识地避开，以免引起消费者对企业产品的反感。

我国目前尾数定价策略的缺点

1. 心理价格形式单一。每种心理定价策略发挥不同的心理功效。心理价格并非是单一的低价策略，也不是指一种尾数价格。而我国商业企业心理价格策略多以尾数价格策略为主，其他心理价格策略没有得到更好的发挥。

众所周知，消费者的购买心理、购买动机各不相同，各有不同的特点、习惯，既有经济方面的动机，即注重经济实惠、物美价廉，又有感性方面的动机，即注重商品装潢美观，式样新颖，还有购买中的社会动机，包括注重品牌商标、高质高价、独特形象等，这就要求企业的商品价格相应地适应不同的需求偏好而采用不同形式的心理价格策略。

2. 尾数价格运用于多种业态、多种商品。该策略一般适用于非名牌或中低档商品。国外采用为尾数价格的商品，一般也都是需求弹性大、价格定位不高、消费者容易把握或了解的日用消费品。由于消费者对这些商品的消费量和购买频率较高，对其价格大致有一个习惯的或可以接受的价格幅度，所以对这些商品的价格变化较为敏感，对这类商品采用尾数价格策略尤其有效，心理价格尤其适用以日用品和食品为主的超市零售业态。

3. 频繁地、长时间地使用尾数定价策略。目前，尾数价格在商场中过多、过频使用的现象势必会刺激消费者产生逆反心理，如由原来的尾数定价给人定价准确、便宜很多的感觉，变成定价不准确、不便宜甚至是商家在有意识地利用人们的心理，进而产生对企业价格行为不信任的心理。

尾数定价法的适用条件

超市、便利店等以中低收入人群体为目标顾客、经营日常用品的商家适合采用尾数定价策略，而以中高收入群体为目标顾客、经营高档消费品的大商场和大百货不适合采用尾数定价法，而应该用声望定价策略。

1. 超市适合尾数定价的原因

超市、便利店的市场定位决定其适用尾数定价策略。超市经营的商品以日用品为主，其目标顾客多为工薪阶层。其动机的核心是"便宜"和"低档"。因为尾数定价不仅意味着给消费者找零，也意味着给消费者更多的优惠，在心理上满足了顾客的需要，即价格低廉，而超市中的商品价格没有特别高的，基本都是千元以下，而且以几十元的居多，因此在超市中的顾客很容易产生冲动性购买，这样就可以扩大销售额。

2. 大型百货商场不适合尾数定价的原因

(1) 大型百货商场的目标市场选择及总体市场定位决定其不适合尾数定价策略。

大型百货商场的高投入、高成本决定其搞廉价是没有出路的，它与超市、便利店相比，不具有任何价格优势，因此，大型百货商场应以城市中高收入阶层为目标市场。在购物环境、经营范围、特色服务等方面展现自己的个性，力争在目标消费者心中占据“高档名牌商店”的位置，以此来巩固自己的市场地位。

(2) 大商场应用声望定价策略传达的是一种满足。

大型百货商场应采用声望定价策略。声望定价策略是指利用消费者仰慕名牌商品或名店的声望所产生的某种心理来制定商品的价格。消费者具有崇尚名牌的心理，往往以价格判断产品的质量，认为价高质必优。这种定价策略既补偿了提供优质产品或劳务的企业的必要耗费，也有利于满足不同层次消费需求。

(3) 我国高收入人群的日益增多是应用声望定价策略的现实土壤。

据有关资料介绍，目前我国消费者中，有较强经济实力的占16%左右，而且这个比例有扩大的趋势。这些消费者虽然相对比例不大，但其所拥有的财富比例却占了绝大多数。这部分人群消费追求品位，不在乎价格，倘若买5 000元的西装他们会很有成就感，而商场偏要采用尾数定价策略，找给他们几枚硬币，则与消费者的心理需求不符。

最后，4 888元或4 999元的价格大大降低了他们的成就感和品位。因此，对这些高档名牌产品，尤其是适合高收入者的消费品，应用声望定价法，即整数定价法，让他们感觉大把挣钱大把花钱很爽，很有满足感。这样就可以扩大销售份额。

资料来源：www. 21manager. com

5.1.4 价格策划的程序

企业在进行价格策划时要经过一个反复调研、评价、取舍、优选的过程，这个过程包括了以下几个步骤。

5.1.4.1 价格策划的市场环境调研

企业的环境就是指作用于企业生产经营活动的一切内部、外部因素和力量的总和。企业就是在这些因素和力量的作用下进行价格策划的，这个问题在上文已提到，在此不予详述。

5.1.4.2 价格策划目标的确定

价格策划的目标主要包括：维持生存目标、当期利润最大化目标、市场占有率最大化目标、提高企业产品形象目标、适应竞争或规避竞争等目标。在某些特殊时期，企业也需要制定临时性定价目标。例如，当市场行情急转直下时，企业就要以保本销售或尽快脱手变现为定价目标。为了应对竞争者的挑战，企业也可能以牺牲局部利益来遏制竞争对手为定价目标。但是一旦出现转机，过渡性目标就应让位于其他长远定价目标。那么，价格策划目标应如何确定呢？企业在确定价格策划目标时，必须综合考虑以下几个方面的因素：

1. 价格目标受经营目标制约

企业经营目标有市场地位、企业规模、资产增值、公共责任等，企业价格策划必须与之配合，以期实现企业经营目标。企业价格策划目标是隶属于企业经营目标系统的。

2. 以必达目标为主，兼顾期望目标

价格目标通常可分为必达目标和期望目标。在进行价格决策时就需针对必达目标进行决策，以期能实现目标。在实现必达目标的同时，由于不同目标之间具有一定程度的关联性，因此，也能附带地在不同程度上实现期望目标。例如，以一定的利润为必达目标，又会涉及市场占有率等方面的期望目标。但策划时，大多以一个目标为主，兼顾其他几个目标，形成重点突出、层次分明的目标组合。

3. 定性目标和定量目标结合

价格策划目标不仅要有质的要求，而且还要量化，这样才便于检查。例如，“提高市场占有率”的目标要具体明确在一定时间段各区域达到什么样的百分比。

5.1.4.3 价格策划方案的提出

1. 考虑成本

提出价格策划方案是价格策划内容的具体体现，它包括产品成本估计和需求的测算以及竞争对手的价格、产品的分析。企业营销策划人员必须熟悉产品成本，掌握成本结构，进行盈亏平衡点的计算与分析，明确产品价格的最低限度在哪里，从而在定价的进退之间有所依据。多数企业在价格制定中首先考虑成本因素，或者采用成本加成定价法，以成本为基础，适当加上利润、税金，形成商品价格。当然，成本不是制定价格时所要考虑的唯一因素，但确实是必须考虑的重要因素之一。

2. 需求的测算

产品的价格不同会导致形成不同程度的需求量。测算顾客需求实际上是对产品需求曲线进行估计，大致确定企业产品价格的上限，也就是产品在消费者心目中的“认识价值”，它指出了消费者能接受的最高价格水平。

3. 竞争对手的价格、产品分析

价格是在市场竞争中形成的，市场竞争的程度和状况对生产经营者的产品定价有着极大的制约作用。这就要求价格策划人员必须熟知竞争对手产品的价格，并对其产品特性和质量等进行详细分析，以此作为定价及实施相应价格策略的参考依据。竞争实力对比分析可以使企业对其适宜的价格作出准确判断。

5.1.4.4 价格策划方案的选择

价格策划方案制订以后，就需要对几个备选方案进行选择，并付诸实施。一般根据以下几个原则来选择：

1. 企业效益与社会效益相结合

价格方案的选择涉及企业效益与社会效益的关系。企业效益与社会效益有时一致，有时矛盾。企业效益与社会效益一致时，便相得益彰。例如，商品供不应求时提价，商品供过于求时降价。商品供求平衡时的价格对企业效益有利，企业能获得较高的利润。企业及时推销产品，对社会效益也有利，消费者能够接受，社会能合理配置资源。当两者发生矛盾时，应以社会效益为主，兼顾企业效益。

2. 经营风险与科学预测相结合

价格方案的选择涉及企业经营风险。价格的高低直接影响商品的出售。正如马克思所说的，“出售商品是惊险的跳跃，这个跳跃如果不成功，摔坏的不是商品，但一定是商品所有者”。

风险管理是指各经济单位通过识别风险、衡量风险、分析风险，并在此基础上控制风险，用最经济合理的方法来综合处理风险，以实现最大安全保障的科学管理。一般来说，风险大，收益高；风险小，收益低。对于企业家来说，不能“前怕狼、后怕虎”，需要有冒险精神，但同时也要讲究科学。

3. 方案构想与方案实施相结合

价格策划方案最终要付诸实施，因此要有可行性，并且有可操作性。可行性研究就是根据实际情况对方案在经济上的合理性及在操作上的可行性进行分析论证。

5.1.4.5 价格策划方案的实施

价格策划方案确定以后，便要付诸实施。此时一方面要与实施方案的有关方面进行联系；另一方面要收集方案实施后的信息。

1. 方案实施的联系

价格策划方案集中在价格的制定和变动上。管理部门与方案实施的部门进行联系时，必须做好以下几项工作：

（1）及时通知销售部门与客服部门。

（2）第一时间与各类渠道做好沟通工作。

（3）及时通知有关客户或让顾客了解价格变动情况。

（4）督促各终端及时调整价格标签。

同时，企业应明确价格联系制度，按制度规范执行。

2. 价格信息反馈

价格方案实施以后的一定时间内，需要调查方案的效果。因此，要收集反馈的各种信息。需收集的信息主要有：

（1）新价格实施后购方的反应。

（2）与价格目标有关的各项实际数据，据此进行效果和目标的比较。

（3）新价格实施后的市场供求状态、竞争对手动态等，以便修正已定新价，或进一步策划新方案。

5.2 新产品入市价格策划

5.2.1 新产品投入市场时的特征及定价要求

在市场营销中的新产品的含义比科技领域中的新产品的含义更为广泛，它是从市场和企业两个角度来进行判断的。从市场营销的角度看，投入市场的新产品一般有四种：一是完全新产品，即采用新原理、新技术、新结构、新材料制成的新产品；二是换代新产品，即在原有产品基础上，采用新技术、新材料、新结构制成的具有新的性能和效用的产品；三是改革新产品，即利用现有技术对原有产品进行提高质量、增加规格、翻新款式等措施之后的新产品；四是仿制新产品，即企业模仿生产市场上已有的产品，使其成为本企业的新产品。

新产品在投放市场时一般具有如下特征：

（1）同市场上已有类似产品相比，新产品在品质和用途方面有所改进，具有一定程度的技术优势。

（2）产品未最后定型，技术和操作都不够成熟，性能和质量不够稳定，生产批量小，废品率高，资金占用量大，生产经营的成本高。

（3）消费者（用户）对新产品缺乏了解和信任，对新产品要有一个熟悉和接受的过程，需求量小，促销费用高。

（4）生产和经营该产品的企业少，即竞争者较少，甚至是独家生产经营。

以上是新产品刚投放市场时通常具有的主要特征，也是影响企业制定新产品价格的重要市场因素。如果新产品的技术和独家经营优势比较突出，就可以考虑较高的定价；如果新产品技术尚不够成熟，消费者尚未完全接受，就要在定价上作相应的让步。

一般情况下，企业为新产品制定价格，既要考虑影响定价的有利因素，也要考虑不利因素，使之既能推动新产品的市场开拓，又能补偿新产品在投入期的高成本和高费用，以利于企业今后扩大生产和经营。

5.2.2　新产品价格的策划方案

新产品价格策划，是指企业为使自己的新产品适应消费者需要而进行的价格活动谋划。新产品的价格策划是企业新产品开发中的重要组成部分，新产品的价格策划恰当与否直接关系到新产品能否顺利进入市场、被消费者所接受并取得较好的经济效益。

1. 全新产品的定价策划

全新产品是指采用全新原理、方法、原料、工艺生产的产品，它对于公司和市场而言都是前所未有的东西。对于这类新产品所面临的许多未知因素，公司需要进行大量的调研预测工作，然后作出判断：是采取高价策略，以便迅速收回开发研制的成本；还是采用低价策略，以期快速占领市场，抑制竞争者的加入。

2. 新引进产品的定价策划

新引进产品是指市场上已出现，但企业通过引进、模仿别人的技术第二次生产的产品。对于这种仿制品，企业应实行通行定价法，比照其他企业的定价，比较本企业产品在质量、信誉及服务水平上与其他企业的差异，并以之为依据制定适当的价格。

3. 重新定位产品的定价策划

重新定位产品是指投放到新目标市场上的现有产品。企业把在原目标市场上取得成功或销量已达饱和的产品，投入到新的目标市场上去，等于对现有产品进行一次重新定位。企业要在对新目标市场作认真细致的研究之后，考察市场上是否已存在同类型的可替代产品，依据市场对企业产品的潜在需求量制定出有竞争力的价格。

4. 连续性新产品的定价策划

连续性新产品对企业和市场而言都不是全新的，而是在原有产品的基础上进行改造而产生的。例如，现有产品线的增补产品，对老产品提高性能、增加用途而生产的改良产品等。这类产品的定价要比照产品线中原有产品的价格，根据质量性能的差异，制定不同的价格档次，以满足不同层次的需求。连续性新产品的定价还涉及新老产品的关系问题。革新产品的推出在时机、价格上都应以扩大企业整体利润为目标，而不应出现吞噬企业老产品市场的情况。

5. 撇脂定价策略的策划

撇脂定价策略是指企业的新产品一上市，把价格定得尽可能高，以期及时获得较高的收益，在商品市场生命周期的初期便收回研制开发新产品的成本及费用，并逐步获得较高的利润，随着商品的进一步成长再逐步降低价格。采用此策略的企业商品一上市便高价厚利，其做法很像从牛奶的表面撇取奶油，故称为“撇脂法”。采取撇脂定价策略的目的是在新产品上市之初立即赚取丰厚的市场利润，以追求短期利润最大化，获取高额利润，以迅速收回投资和弥补产品的研究与开发费用，增强企业产品高质、高价的形象定位，确立企业的优势竞争地位，掌握调价主动权。撇脂定价策略可尽早争取主动，达到短期获得最大利润的目标。当然采用这种价格策划是有先决条件的，撇脂定价策略的策划应在以下条件具备时才能采用：

（1）市场有足够的购买者，他们的需求缺乏弹性，即使把价格定得很高，市场需求也不会大量减少。

（2）产品价格缺乏弹性，高价造成的需求或销售量减少的幅度很小，或者早期购买者对价格反应不敏感。

（3）新产品质量与价格相符。

（4）产品或服务处在介绍期，企业希望通过高价策略获得更多的利润。

（5）新产品与市场上现有产品相比有显著的优点，能使消费者“一见倾心”，有足够多的消费者能接受这种高价并愿意购买。

（6）由于短时期内对产品进行仿制、复制有困难，仿制、复制产品出现的可能性小，竞争对手少。

（7）产品生命周期过短时，采用高价策略有助于短期内收回成本。

（8）企业重视利润胜过销售量，希望保持较高利润率。

（9）产品受专利保护。

策划时应注意的问题：

（1）由于定价过高，可能会导致缺乏渠道成员的支持。

（2）由于定价过高，可能得不到消费者认可。

（3）由于定价过高，高价厚利会吸引众多的生产者和经营者转向此产品的生产与经营，加速市场竞争的白热化。

6. 渗透定价策略的策划

渗透定价策略也称低额定价策略，它与撇脂定价策略截然相反，是指在向市场推出新商品时，尽量把价格定得低一些，采取保本微利、薄利多销的方法。在商品上市后以较低价格在市场上慢取利、广渗透，可以占有比较大的市场份额，通过提高销售量来获得企业利润，而且也较容易得到销售渠道成员的支持。低价位、低利润对阻止竞争对手的介入有很大的屏障作用。

采取渗透定价策略的企业的目标是迅速渗透新市场，立即提高市场营销量和市场占有率，并能快速而有效地占据市场空间。企业不追求短期利润最大化，而是通过低价位、低利润来阻止竞争对手的介入。

采取渗透定价策略，应具备以下几个条件：

（1）商品的市场规模较大，存在着强大的竞争潜力。

（2）商品的需求价格弹性较大，稍微降低价格，需求量即会大大增加。

（3）通过大批量生产能降低生产成本，即生产成本和经营费用会随着生产经营规模的扩大而明显下降。

（4）当大多数竞争者都降低价格，而且强大的竞争者还提供本企业无法与之匹敌的产品附加价值时，为了和竞争者保持均势，只好降低产品价格。

企业采用渗透定价策略，会刺激市场需求迅速增长，使现有消费者增加产品使用量，通过销售量的增加，以达到提高利润总额的目的。作为先发制人的竞争策略，渗透定价策略有助于夺取市场占有率，因而在成熟的市场价格策划中经常被采用。此外，低价可阻止实力不足的竞争者进入市场。这种扩大市场的定价政策，使公司可在竞争压力最小的情况下，获得大量最忠实的顾客。

策划时可能存在的问题：

（1）定价过低，一旦市场占有率扩展缓慢，收回成本的速度也会很慢。

（2）低价容易使消费者怀疑商品的质量保证。

7. 中间定价策略的策划

中间定价策略，是指产品价格按照本行业的平均定价水平或者按当时的市场行情来制定，即“随大流”。企业制定的产品价格被消费者认可，企业则可以在不承担较大风险的情况下，获得比较稳定的市场份额；同时，价格不高不低，销售渠道成员觉得稳妥，因而能保持经营的积极性；从企业自身看，可有计划地在适当的时间内收回企业的研制成本。采用这种定价策略，企业因有一定的利润而乐于经营，消费者、中间渠道及企业自身都满意，故中间定价策略又称“满意法”。

“中间定价”的最大优点是“稳”，通过对前两种策略的调和和折中来避免前两者的明显缺点，但同时也在很大程度上将前两种策略的优点抹杀。采用此策略最应注意的问题在于要避免商品因没有特色而打不开销路。

5.3 产品调价策划

5.3.1 主动提价策划

从一般意义上理解企业产品价格上涨，消费者是不愿意接受的，他们可能会感到心理不平衡。许多产品的价格上涨很长一段时间后，才慢慢地被人们接受，其损失的市场是可想而知的。与此同时还有另一种情况，人们都有一种买涨不买落的心理存在。当产品价格持续上涨时，消费者蜂拥购买；当产品价格下降时，人们反而持一种观望的态度。虽然理论界将这种现象理解为人们购买心理的不成熟，但是这种现象在发达国家也同样存在。所以企业在进行提价策划时应讲究策略。提价策略一般有以下几种：

1. 暗调策略

在一般情况下，消费者对企业提价是持反对态度的，所以，企业提价最好采取暗调的办法，不让消费者感觉到产品价格的上涨。市场研究表明，一般企业产品提价应以10%为界限，这样才符合消费者的心理承受能力，超过15%，则风险较大。在可能的情况下，企业最好以多种方式来暗调价格，常用的方式有：

（1）以更换产品型号、种类的方式变相提价。很多工业产品由于在工艺上有一定的区别，往往一系列产品有若干种型号，这对于提价来说，就比较容易操作，一般只要更换一种型号，或在外观设计上略加改变就可以做到。这种提价方式消费者几乎觉察不到，也就谈不上心理能否接受的问题了。另一种提价方式体现在营销策略上，即花大力气扶持新产品，同时压缩原产品的销量，直到新产品取而代之。应当说这是一种科学的、艺术的提价方法。

（2）减少产品数量而价格不变，达到实质上涨价的目的。对于已经有了习惯定价的产品，可以通过减少产品的数量来达到涨价的目的。这样，当竞争对手提价的时候，企业却可以反复声明价格不变。尽管从实质上来说，企业和竞争对手所获得的实际利润差不多，但消费者更能够接受该企业的产品而不是竞争对手的产品。这与消费者的消费习惯有关，也与消费者对涨价的反感有关。

2. 明调策略

有时候企业为了在市场上获得更好的销售量，或者为了维持在行业中的地位，获得同业赞誉而公开宣布提价，这就是明调策略。

阅读材料：

惠氏婴幼儿奶粉涨价

新一轮婴幼儿奶粉涨价之势渐行渐近。这次，惠氏打了一个“头炮”。

2008年7月13日，惠氏中国公关总监席庆向记者证实，从7月中旬开始，惠氏将在全国范围内陆续上调部分产品价格，其中包括婴儿配方奶粉的二段、三段、四段产品，出厂价上调幅度为7%。

涨价潮来袭？

惠氏方面表示，此次涨价的原因在于目前公司奶粉在国内市场供不应求，其新加坡工厂生产的产品供应不上中国大陆市场，因此，一部分生产转移到了欧洲、澳洲两地的工厂。此前，惠氏奶粉在新加坡生产，再进入中国大陆，入境时享受零关税待遇。转移之后，包括关税、运输等在内的成本均有所增加。

7月13日当天，美赞臣、多美滋、雅培等主要的进口奶粉企业有关人士均对本报记者明确表示，近期公司均无涨价计划。但一些公司也表示的确有来自成本方面的压力。

成本问题还是定价权？

对于进口奶粉企业口中的成本“压力”，业内人士并不太信服。

“成本只是一个小小的因素。”陈晨表示，目前进口奶粉原料价格是每吨2.2万元左右，而去年为每吨4万左右，价格下跌约50%。

乳业专家王丁棉也持相同看法。他表示，奶粉主要的是根据原材料成本来定价，除了进口原料奶粉价格下降一半以外，其他原材料乳清粉、营养素、包材等价格也都没有涨价，甚至还有稍微下滑。

但陈晨认为，涨价也是一种必然的结果。在今年4月，惠氏还进行过一轮产品促销，以抢占更多的市场份额。当时，国内乳品需求还没完全恢复。而下半年开始，市场已经基本恢复，需求量开始上升。这时，市场份额不断提升的进口奶粉企业也已经具备了定价话语权，能在需求增加的时候适时抬价。

惠氏在涨价理由中曾提及产品“供不应求”，而上述明治市场部人士告诉记者，明治奶粉曾在今年3月开始出现部分地区的断货，在4、5月这种现象进一步加剧。

不过美赞臣、雅培对于销量提升的说法均显得谨慎。他们表示，增长均是正常范围内的。

但美赞臣也证实，从2008年起，中国成为美赞臣全球第二大市场。而惠氏则表示，中国自2007年起就已经成为其第一大市场，且每年的增长在30%左右。

陈晨表示，去年中国婴幼儿奶粉市场大约有200亿人民币规模，其中外资品牌占据了一半左右的市场，在高端市场则拥有60%以上的份额。今年，这个份额还将继续上涨。此前三鹿拥有的18%的市场份额将被其他企业瓜分，尽管偏于中低端，但目前外资品牌也在向这个方向发展。

资料来源：21世纪经济报道，杨颢

3. 事前放风

事前放风是指企业在提价前向经销商有意无意透露信息，使经销商可以提前进货。如果突然通知提价，经销商则可能处于观望状态，会减少或停止进货量，而且在他们没有任何准备时提价，容易引发其抵触情绪。

4. 先试点，后推广

根据细分市场的不同情况，选取具有代表性的地区实行新价格，观察市场反应，对提价后出现的问题进行补救和完善，时机成熟后再大面积推广。

在进行价格策划时，消费者的购买行为是企业首先要考虑的因素。产品价格调整，单凭企业的一相情愿是不可能达到目的的，企业决不能将价格强加于消费者、强加于市场，这样做只会弱化价格作为“供求调节器”的作用。只有通过严谨的可行性论证和因势利导的营销策略，企业才能克服和减少因调价而带来的负面影响。

5.3.2 主动降价策划

对于更多的产品来说，在目前市场商品极其丰富、消费者选择多样化的情况下，降价更符合市场的要求。降价对企业是一个重大决策，如果不对此作出认真研究，那么企业将可能是得不偿失。以下几种情况可能会使企业考虑降价：

（1）企业拥有过多的生产能力。此时企业需要追加新的营业额，但通过加强推销、改进产品或其他可供选择的措施并不能提高销售额，必须依靠降价策略。

（2）企业面对强有力的价格竞争，而且市场份额正在下降中。例如，在20世纪90年代，国产彩电面对日本和美国产品的竞争时，市场份额要么持平、要么下降，于是他们发动了价格战，从而迅速提高了市场份额。

（3）为争取在市场上居于支配地位，企业或者使其成本低于竞争者而实现降价，或者直接降价以期望扩大市场份额，从而依靠较大的销量降低成本。

对于降价，消费者可能有以下几种反应：一是认为将会有新型的产品取代原有的产品；二是认为产品本身有问题，销路不畅；三是认为企业财务上有困难，难以继续经营下去；四是认为价格可能还会下降，等一等再买；五是认为这种产品质量已经相对下降。

5.3.2.1 暗降策略

一个企业实行降价可能引起消费者的误解，也有可能导致竞争对手的报复，所以企业采取降价策略应该谨慎。正如提价可以暗提，那么降价也可以暗降，即保持价格不变，而在产品包装、数量等方面给予消费者优惠。这样做是为了维持自身品牌的尊严，守住自身的销售阵地。暗降的方式有很多，常用的主要有以下四种：

1. 实行优惠券制度

实行优惠券制度指通过发放或在报纸广告栏中刊登优惠券，并告诉消费者拿此券可以到指定的零售店去购买指定的商品，可以享受几折优惠。这一做法对消费者产生的影响是：该商品并非滞销，并非过时，并非质量差，它不是降价，而是对部分人优惠，我就是其中一员。因此他们就会踊跃购买。应注意的是，优惠券的发放量不应过大，要给人以机会难得的感觉；报纸刊登的优惠券应有时间限制，这样人们才有赶紧购买的欲望。

2. 退还部分货款

这种方式是直接告知消费者，如果将证明购买特定商品的证件或标签寄给厂家，厂家就会通过邮局将一定的金额寄还给买主。

3. 实物赠送

许多日用品采用“加量不加价”的方式进行降价，效果很好；“舒蕾”洗发水曾采用的促销降价方式是每购买一瓶洗发水便赠送一瓶沐浴露。这都是企业通过赠送实物的方式达到降价的目的，但是又没有影响产品形象的例子。

4. 以新产品面貌出现

所谓以新产品面貌出现是指经由简化包装，更换品牌，使之以新面貌出现。这种新产品的定价较老产品要低，容易销售，而与原有的产品毫无关系。例如，长虹公司在农村市场推出的彩电，去掉了一些很少用的附加功能，售价更低，从而获得了农村市场的大部分份额。

5.3.2.2 明降策略

企业降价的目的是为了打败竞争对手，获取市场份额，提高市场占有率。运用暗降的策略只是小幅降价，难以达到迅速提高市场占有率的目的，所以许多企业选择了明降的策略。近几年来，彩电降价、微波炉降价等，都是公开宣布降价的。明降策略带来的一个最大的问题是容易引起价格大战。

在操作中公开降价需要把握的一个原则是，为了达到目的，最好是一次降到底。当企业有竞争对手时，可考虑把价格降到对方无法跟进的程度。如果企业不断采用降价策略，可能会使消费者持观望的态度，结果反而达不到预期的促销目的，这样企业既损失了利润，市场占有率又得不到提高。

在世界软片市场上，“富士”和“柯达”两家公司可以说是旗鼓相当，谁也不服谁。有一次，“富士”拟对一部分旧型软片降价促销，“柯达”闻讯也欲降价。“富士”索性把价格降到成本价之下，而从新型软片的赢利上找回差额。柯达公司碍于成本高，无法再跟下去，只好视而不见。富士公司从而达到了它预期的目的。

企业在推广新产品阶段，可协同部分同行共同降价，以扩大市场占有率。比如VCD产品最初上市时，为了向消费者宣传其优势，改变人们使用录像机的习惯，万燕、先科、金正等厂家协商，共同降低价格。这表面看来是牺牲了部分利益，其实通过降价换取了更大的市场占有率，非常值得。

5.3.3 面对竞争者调价的反应策划

如果竞争者降价，企业别无选择，也只能降价，否则顾客会转而去购买竞争者价格较低的产品。对于竞争者调价，企业应作出如下反应策划。

5.3.3.1 价格策划前的调查与分析研究

面对竞争者的调价，企业要作出正确的应对措施，变被动为主动，必须考虑如下问题：

（1）为什么竞争者要变动价格？它是想悄悄地夺取市场，利用过剩的生产能力适应成本变动状况，还是要领导一个行业范围内的价格变动？

（2）竞争者的价格变动是临时的还是长期的措施？

（3）如果本公司对此不作出反应，本公司的市场份额和利润将会发生什么样的变化？其他公司是否将作出反应？

（4）对于每一种可能出现的反应，竞争者与其他企业的回答可能是什么？

5.3.3.2 价格策划思路

企业总是经常受到其他企业以争夺市场占有率为目的而发动的挑衅性降价攻击。当竞争者的产品在质量、性能等方面与本企业的产品没有差别时，竞争者产品的低价就有利于其市场份额的扩大。在这种时候，企业实行价格策划的思路如下：

（1）维持原价。如果企业认为降价会导致企业利润的大量减少，或认为企业顾客的忠诚度会使竞争者市场份额的增加极为有限时，可采取这一策略。但如果由于竞争者市场份额的增加而出现其竞争意愿增强、企业顾客忠诚度减弱、企业员工的士气动摇等情况，那么这一策略可能会使企业陷入困境。

（2）维持原价，并采用非价格手段（如改进产品、增加服务等）进行反击。

（3）追随降价，并维持产品所提供的价值不变。如果降价能促使成本随销量增加而下降，或者产品的需求价格弹性较大，不降价会导致市场份额大幅度下降，而要恢复原有的市场份额将付出更大的代价，企业应该采取这一策略。

（4）提价并推出新品牌来围攻竞争对手的降价品牌。这将贬低竞争对手降价品牌的市场定位，提升企业原有品牌的定位，也是一种有效的价格竞争手段。

（5）推出更廉价的产品进行竞争。企业可以在市场占有率正在下降时，对价格很敏感的细分市场采用这种策略。

5.3.4 企业避让恶性价格竞争风险的策划

价格竞争是最有效的营销策略，同时也是最容易复制的营销策略。所以在使用价格竞争策略时，一定要周密策划与实施，以防止恶性价格竞争。

价格竞争是依靠低廉的价格争取销路、占领市场、战胜竞争对手的一种竞争形式。当某一企业与另一企业生产的产品在性能、效用、样式、提供的服务、广告宣传等方面都相同或无很大差异时，往往会以低于其竞争对手的价格销售产品，从而吸引顾客，占领市场。

5.3.4.1 防止恶性竞争

一个有效率的市场，一定是以竞争为基本特征的，而价格竞争则是市场竞争中最常用也比较有效的手段。市场欢迎合法的价格竞争，但坚决反对不正当的价格竞争——恶性价格竞争。所谓恶性价格竞争，是指企业不顾国内外市场状况，为争夺市场，不顾成本和利润而采取的以低价为核心的竞争行为。采取这种竞争方式时所依据的前提条件往往不是商品的质量、服务、品种、技术含量，而仅仅通过大幅度降价来实现目的，其本质是短视的、不计后果的自毁行为。目前，在我国国内市场上存在着大量这种不正常的竞争，如各种形式的降价大战、硝烟四起的打折风潮，以及名目繁多的回扣与佣金等。

恶性价格竞争在我国市场上形成的原因主要有以下三个方面：

（1）长期实行计划经济体制造成的必然后果。改革开放虽已进行很长一段时间，但长期形成的固有观念一时难以彻底根除，竞争者对竞争状况了解不够，急功近利，舍本逐末，有危机感存在，却又无法以正常心态对待，不能潜心打造企业的质量、技术、服务等品质以求长期占据市场，而是单纯以降低价格来赢得市场占有率，缺乏长远的眼光与创建大事业的气度。这也是长期封闭、高度集中的计划经济体制一经打破而无法避免的后果。

（2）法律法规对恶性价格竞争规制不力。在我国有关价格竞争的法律法规中，更重视的是对暴利、价格欺诈的规制，即我国立法的重点在于反高价竞争、反价格虚假，而对低价竞争约束极少，即使有相关规范也缺乏可操作性。因此，有些行业的某些竞争者甚至将低价竞争当作一种有效的竞争手段加以推广，这不能不说是立法者认识的偏差。

（3）外国产品在我国市场上倾销诱发恶性价格竞争。由于市场秩序不规范，法律规制不力，使得外国产品在我国市场上恣意倾销而未受到应有的法律制裁，从而引发和加剧了我国原本不成熟的市场经济体制中业已存在的低价竞争，而这种恶性竞争反过来又成为外国产品倾销的温床，如此恶性循环，造成了目前我国市场秩序混乱的局面。

价格战带来的双重危机：一是财务危机，巨大的库存、越来越多的应收账款正在侵蚀着企业；二是创新危机，没有力量投入研发，当然也没有机会分享高技术的利润。

恶意的价格竞争对行业和企业而言都是愚蠢的自杀行为，它几乎使企业无利润可言，使企业的持续发展后劲乏力。恶性价格竞争还会扰乱社会正常经济秩序，带来巨大的社会成本。恶性价格竞争最终将直接损害消费者的利益。

1. 阻止进入的战略

如果一个外国企业开创了一个新的行业或者开辟了一个新的市场，那么它首选的战略就应该是阻止进入的战略，因为行业或者市场进入者过多是产生恶性价格竞争的根本原因。首先，企业应保持合理的赢利水平，而把经营毛利中的相当一部分用于建立进入障碍；其次，应该在认真分析行业技术、市场和结构特点的基础上，选择正确的方式，提高包括规模经济、初始投入的资本要求、技术难度、销售渠道进入难度、顾客忠诚度等方面的“门槛”。但是，大多数具有相同处境的我国企业就没有采用阻止进入战略，结果导致高利润吸引了新的进入者，而自己却在大搞多样化或者非生产性投资的过程中丧失了反击的能力。

2. 反击战略

如果有新的进入者采用低价策略突破障碍，实现了行业进入，那么大企业并不会马上采取掠夺性定价的方式进行反击。因为全面降价的行为，首先会使自己的损失比新的进入者大得多；其次会导致整个行业或者一个区域市场的价格永远无法恢复到原来的水平。所以，此时企业通常会让新进入的中小企业在市场上、定位上互相竞争，而与其他大企业一起发挥自己先入为主的优势和对市场的领导作用，把竞争引向非价格因素，或者及时改变行业竞争的规则。

3. 多点竞争战略

如果竞争是在两个以上行业或者多市场经营的企业之间进行，那么，企业就可以采用多点竞争战略去避让恶性价格竞争。所谓多点竞争中的“点”就是“一个区域市场或产品”。

4. 信号管理策略

事实上有许多的恶性价格竞争是因为同行竞争对手之间的信息沟通不畅造成的。如果我国的大企业能够在处理下列问题的时候，有效地管理其发布的信号，那么无谓的恶性价格竞争就可以减少很多。事实上，有些恶性价格竞争就是媒介记者用语不当引发的。不应该给经销商过大的销售压力，也不应该误信经销商关于价格的说法，因为有一些价格战就是在他们的重压之下发起的。

5.3.4.2 将价格竞争转向非价格竞争的策划

非价格竞争是指在产品的价格以外或销售价格不变的情况下，借助产品有形和无形的差异、销售服务、广告宣传及其他推销手段等非价格形式销售产品，参与市场竞争的一种竞争形式。由于社会经济的迅速发展，产品生命周期不断缩短，单靠价格竞争很难获得超额利润，同时，生产力的提高使消费结构发生显著变化，因而非价格竞争就成为扩大商品销路的重要手段。非价格竞争主要通过培育生产资源优势以及提升顾客资源来实现。

一个好的品牌要想获得长期的优势，必须在顾客方面做很多细致的工作，为双方的利益找一个战略的落脚点。企业要想赢得长期的竞争优势，价格优势必须与生产资源和顾客资源上的优势相配合，这才是企业真正的核心竞争力。

价格竞争是最有效的营销策略，同时也是最容易复制的营销策略。所以在使用价格竞争策略时，一定要周密策划与实施，以防止恶性价格竞争。应将价格竞争转向非价格竞争，通过产品有形和无形的差异、销售服务、广告宣传及其他推销手段等非价格形式销售产品，以避免单纯价格竞争造成两败俱伤。

阅读材料：

常用价格折扣

价格折扣策略指企业根据产品的销售对象、成交数量、交货时间、付款条件等因素的不同，给予不同价格折扣的一种定价决策，其实质是减价策略。这是一种舍少得多，鼓励消费者购买，提高市场占有率的有效手段。

1. 现金折扣

这是对按约定日期或者说提前以现金付款的购买者，根据其所购买商品原价给予一定优惠的策略。采用现金折扣一般要考虑三个因素：折扣率、给予折扣的时间期限、付清全部货款的期限。折扣率的高低，一般由买方付款期间利率的多少、付款期限和经营风险的大小来决定，这一折扣率必须提供给所有符合规定条件的消费者。

2. 数量折扣

指根据购买数量的多少，分别给予不同的折扣，购买数量越多，折扣就越大。这种折扣必须提供给所有的消费者，但不能超过销售商大批量销售所节省的费用。数量折扣的实质是将大量购买时所节约的费用的一部分返还给购买者，其目的是鼓励消费者大量购买或集中购买，期望顾客与本企业建立长期商业关系。数量折扣的关键在于合理确定给予折扣的起点、档次及每个档次的折扣率。数量折扣可分为累计数量折扣和非累计数量折扣。

3. 交易折扣

指企业根据各类中间商在市场中的不同地位和功能，给予不同的折扣，故又称功能折扣。折扣的大小随行业与产品的不同有所区别，一般给予批发商的折扣较大，给予零售商的折扣较小，对工业使用者可能另定一种折扣。通常的做法：先定好零售价，然后再按相应的折扣制定各环节的价格。

4. 季节折扣

季节折扣是生产季节性产品的企业对在消费淡季购买产品的顾客提供一定的价格折扣，目的在于鼓励顾客淡季采购，以减少企业的仓储费用和资金占用。这一策略主要用于常年生产、季节销售的产品。季节折扣率的确定，应考虑成本、储存费用、基价和资金利息等因素。

5. 折让

常采用的折让有三种形式。

①推广让价。中间商为产品提供各种推广活动，如刊登地方性广告、布置专门橱窗等，对此，生产企业乐意给予津贴或减价作为报酬。

②运费让价。对较远的顾客，销售企业因为为顾客送货困难大，便减价或补运费给顾客以弥补部分运费或全部运费，这样有利于扩大市场的范围。

③回扣和津贴。回扣是间接折扣的一种形式，是指购买者在按价格目录将货款全部付给销售者以后，销售者再按一定比例将货款的一部分返还给购买者。津贴是企业为特殊目的，对特殊顾客以特定形式所给予的价格补贴。

资料来源：中国营销传播网

消费品定价的4条捷径

1. 顶天定价法

顶天定价法的意思就是产品定价时，把价格定在某一价格区间的最高价位。例如我们经常见到的以98、99等为最后两个数字的价格。这些定价已经达到某个价格区间的最高值，如果再加1元或2元就变成另一个价格区间的价格定位。这种定价基本上是在告诉消费者：我在这个价格区间的产品中是最好的，除非你要买更高档的同类产品。

2. 立地定价法

立地定价法就是在产品定价时把价格定位在某一价格区间的最低位置。例如我们经常见到的10、106、212等以0或特别小的个位数为末位数的价格。这种价格定位的好处是能够满足消费者提升档次但又不愿意承担更高费用的心理。这种心理可以简单概括为宁做凤尾不做牛头的心理。

3. 折中定价法

折中定价法就是产品定价时直接以5、50、4、6等中间数字作为产品的末尾数字来定价。中庸之道是中国人传统的为人处世之道，比上不足比下有余也是很多消费者购物时的折中之道。此类消费者对价格敏感度较弱，一般更关注产品本身带给自己的感受，不愿意受到他人意愿的指使。例如很多饮料的终端零售价都定位为1.5元，2.5元，3.5元，还有4.5元和5元。

4. 务实定价法

务实定价法就是产品定价时要充分考虑产品价格同产品重量、含量、原料、品级的关系。制定符合产品真实属性的价格。奶制品同质化程度相当高，消费者购买时会考虑到品牌、容量、品级甚至营养成分含量。因此这种产品的定价一定要能够充分符合消费者价格分解对比后的心理价位。

资料来源：世界经理人网

网络营销价格策略

(1) 顾客主导定价。所谓顾客主导定价，是指为满足顾客的需求，顾客通过充分市场信息来选择购买或者定制生产自己满意的产品或服务，同时以最小代价（产品价格、购买费用等）获得这些产品或服务。顾客主导定价的策略主要有：顾客定制生产定价和拍卖市场定价。这两种主要定价策略将在下面详细分析。根据调查分析：由顾客主导定价的产品并不比企业主导定价获取利润低。根据国外拍卖网站eBay的分析统计，在网上拍卖定价产品，只有20%的产品拍卖价格低于卖者的预期价格，50%的产品拍卖价格略高于卖者的预期价格，剩下30%的产品拍卖价格与卖者预期价格相吻合，在所有拍卖成交产品中有95%的产品成交价格卖主比较满意。因此，顾客主导定价是一种双赢的发展策略，既能更好地满足顾客的需求，同时企业的收益又不受到影响，还可以对目标市场了解得更充分，企业的生产经营和产品研制开发可以更加符合市场竞争的需要。

企业在以顾客为主导定价时还可以考虑以下一些方面：

——实行网上会员制，依据会员过去的交易记录与偏好，给予顾客折扣，鼓励消费者上网消费，以节省销售渠道的运行成本。

——开发智慧型网上议价系统，与消费者直接在网上协商价格。运用自动调价系统，可以依季节变动、市场供需情况、竞争产品价格变动、促销活动等，自动调整价格。

(2) 低价位定价。互联网是从科学研究应用发展而来，因此互联网使用者的主导观念是网上的信息产品是免费的、开放的、自由的。在早期互联网开展商业应用时，许多网站采用收费方式想直接从中赢利，结果被证明是失败的。成功的Yahoo！公司是通过为网上用户提供免费的检索站点起步，逐步拓展为门户站点，到现在拓展到电子商务领域，一步一步获得成功的，其成功的主要原因是它遵循了互联网的免费原则和间接收益原则。

网上产品定价较传统定价要低还有着成本费用降低的基础，互联网发展可以从诸多方面来帮助企业降低成本费用，从而使企业有更大的降价空间来满足顾客的需求。因此，如果在网上产品的定价过高或者降价空间有限，在现阶段最好不要在个体消费者市场上销售。如果面对的顾客是企业，或者产品是高新技术的新产品，网上顾客对产品的价格不太敏感，主要是考虑方便、新潮，这类产品就不一定要考虑低定价的策略了。

(3) 免费价格策略。免费价格策略是市场营销中常用的营销策略，它主要用于促销和推广产品，这种策略一般是短期性和临时性的。但在网络营销中，免费价格不仅仅是一种促销策略，它还是一种非常有效的产品和服务定价策略。免费价格策略就是将企业的产品和服务以零价格形式提供给顾客使用，满足顾客的需求。免费价格形式有这样几类：一类是产品和服务完全免费，即产品（服务）从购买、使用和售后服务所有环节都实行免费服务；另一类对产品和服务实行限次免费，即产品（服务）可以被有限次使用，超过一定期限或者次数后，取消这种免费服务；第三类是对产品和服务实行部分免费，如一些著名研究公司的网站公布部分研究成果，如果要获取全部成果必须付款购买；第四类是对产品和服务实行交换式免费，即购买某产品或服务时赠送其他产品和服务。

面对如此之多的网络营销价格策略形式，要根据自己的实际的产品和服务来选择相应的策略形式，制定最适合自己的网络营销价格策略。

资料来源：世界经理人网

[案例分析]

"格兰仕"奇兵抢市场

1992年10月，格兰仕公司投资300万美元引进日本松下公司在20世纪90年代具有国际先进水平的微波炉生产线及生产技术。1993年，"格兰仕"试产一万台微波炉并投放市场。几年后的今天，"格兰仕"已获得国内微波炉市场的半壁江山。能够取得这样的成绩，很大程度上取决于"格兰仕"人的现代营销观念。

"格兰仕"是怎样取得顾客的认同，打开市场局面的呢？

首先，"格兰仕"推出了全新的文化营销策略。由于微波炉是一种新型家电产品，许多消费者对它并不了解，即使出于某种原因购买了微波炉的家庭，对微波炉的功能也缺乏全面的认识。因此，"格兰仕"人意识到，要扩大微波炉这一消费市场，首先应让大家认识它、了解它，知道它是非常有用的家电才行。因此，必须向广大消费者进行广泛而深入的微波炉知识的普及。从1995年起，格兰仕公司就开始在全国各地大规模地开展微波炉知识普及活动，宣传微波炉。"格兰仕"在全国各地150多家报刊上以特约专栏的形式，开设了"微波炉知识使用指南"、"专家谈微波炉"等栏目，全面介绍微波炉的功能和选择、使用、维护、保养的方法。"格兰仕"人不遗余力地介绍微波炉的基本知识，极大地推动了微波炉的市场消费，使得微波炉这一产品观念深深地留在了消费者的头脑中，并让他们产生了购买欲望。虽然这种文化营销策略也耗资不少，但与大量做广告的耗费比起来是小巫见大巫，并且采用这种文化营销策略使得大家更加信赖，不至于产生抵触情绪，赢得了"人和"因素，这是非常关键的。文化营销策略产生的效益远远地超过了大量做广告的宣传功效。

营销手段方面，"格兰仕"在提高产品质量的基础上，运用价格策略，收到了良好的效果。微波炉并不含有太多的高科技成果，要赢得消费者关键在于产品的质量与服务。1997年国家对家电产品的专项抽样调查结果显示，"格兰仕"的产品质量是绝对过硬的。在质量和服务上，"格兰仕"实实在在地贯彻了当初的誓言——努力感动顾客。因为"格兰仕"人懂得，大家的钱都是辛辛苦苦赚来的，在买东西时，都希望物有所值。如果花了很多钱，买的东西却是劣质产品，心里一定会不舒服，这样必将把“格兰仕”这一品牌砸掉。

“格兰仕”在分销渠道上也有自己的特色，在全国各地广泛地建立起自己的营销网络。另外，“格兰仕”的强项也表现在价格与促销上。1996年8月，“格兰仕”为提高自己的市场占有率，率先在全国宣布大幅度降价，降价幅度达45%。当时一些国外品牌的经销商错误地认为，“格兰仕”降价销售是清理积压产品，而没有认识到这是“格兰仕”人抢先一步的狠招，等他们醒悟过来时，“格兰仕”已远远冲在前面，与他们大大地拉开了距离。这使得“格兰仕”创造了当月超过50%的市场占有率，全年的市场占有率也达到了35%。

1997年春节，“格兰仕”的促销手段更是层出不穷。在北京和上海，“格兰仕”采取了“买一送一”的促销方式，即买一台微波炉送一台价值380元的电饭煲。此活动取得的成效大大超过“格兰仕”人的期望。以北京为例，在活动的有效期5天内，“格兰仕”售出了1.5万台微波炉。由于销售量大大地超过了期望，导致赠品不够，只得在报上刊登启事承诺日后一定补偿。

当进入销售淡季6月份时，“格兰仕”强大的促销浪潮又汹涌而来，先是宣布将上次活动的“买一赠一”升级为“买一赠三”，赠品包括电饭煲、电风扇、微波炉专用饭煲等。这一巨大让利活动并不只在北京、上海实施，而是扩展到全国20多个大中城市，在全国掀起了一股“格兰仕台风”。这种巨大的让利促使消费者纷纷购买。以往被认为是销售淡季的夏天，也出现了狂热的消费浪潮。由于“格兰仕”利润过低，使有些顾客产生观望心理，期望“格兰仕”再增加赠品，但“格兰仕”在8月底突然宣布将于9月8日起恢复促销前的销售价格。这样又一次掀起了“格兰仕”销售高潮。“格兰仕”在当年的市场占有率达到53%。

在这连续几个月的促销活动中，对于那些实力较弱的厂家而言，因利润太低，甚至无利润可言，在价格战中败下阵来。最终“格兰仕”达到了初衷，占领了市场份额，实现了自己的营销目标。

资料来源：徐哲一，武一川．策划管理10课堂．广州：广东经济出版社，2004.

案例思考题：

1. “格兰仕”的成功，仅仅得益于价格竞争吗？为什么？
2. “格兰仕”采取了哪些价格策略？这对你有什么启示？

◆课堂游戏

游戏：红黑商战

学员分成A、B两大组，每组人员五到十名。未参加的同学观看。A、B分别是有竞争关系的两个集团公司，各下辖两个实业公司，分别有着不同行业的竞争关系。两个公司之间是两两竞争的关系，可以看做大家生产同一种产品，都有同一个市场。两组各有红牌与黑牌若干张，红黑可以理解成一种战略。出红可以看做低价倾销，在强占市场，出黑可以看做做品牌，战略联盟，共同在做市场，争取把市场做大，争取双赢的态度。

两组人之间不许交流，在经过内部讨论确定投牌颜色之后向对方出牌，出牌只能是红色或黑色。另备一名通信员，用于在两组之间公布对方的出牌，通信员必须在确认A或B组的出牌结果有效之后，才能公布对方小组的出牌。

游戏规则：

1. 双方各自选择出自己的CEO，由组长组织讨论、投票及组织人员与对方公司谈判。

2. 得分规则如下：

如果双方都出黑牌，各得正3分；如果有一方为红牌，另一方为黑牌，则出黑牌方得负5分，出红牌方得正5分；如果双方都出红牌，各得负3分。

3. 游戏进行6轮投票，第一轮、第二轮分数按实际得分计算，第三、四、五轮得分×2，第六轮得分×3。最后的胜负规则是：累计正分最高者获胜。在第三轮和第六轮开始前，设有两小组谈判环节，让两小组的人沟通达成合作协议。

游戏过程：

教师宣布游戏开始之后，小组之间不得交流，但小组内部可以充分沟通，同时，教师不会回答任何游戏参与者提出的任何问题。两小组被分开在教室的两个角落，众人乱作一团，有少数人立即自告奋勇要求当组长，然后各自发表竞选宣言，最后，往往是自信心极强、口才良好的人当选。

在游戏过程中，更多的人是双面派，好像选红也行，选黑也行。人群中开始有了争论，持不同观点的都想说服对方，而有些人打起了盹，懒得理会这一切。好一副芸芸众生相！

经过两轮的比赛之后，迎来了第三轮比赛，两组获得了沟通的机会，两组开始计算得分，都打起了自己的算盘，两组的沟通往往约定都出黑，达到双赢的目的，接下来的三轮出现黑对黑的概率很大，也有的会临时改变投红色，这时，面对博弈，理性与利益、诚信与合作，在内心考量后，会作出各自小组认为的最佳的策略选择。但从最后结局来看，是否真是最佳的策略呢？

思考题：

1. 谈判之后往往并不能遵守承诺的原因是什么？
2. 违反合作协议后，结果会造成更加疯狂的报复吗？
3. 从本游戏中总结人类的弱点。
4. 在价格竞争中如何才能达到双赢？

◆课堂讨论

产品定价策划的重点在哪？

◆实训操作

1. 选择你比较熟悉的某个汽车或房地产企业的产品或产品组合，进行价格策划评价。
2. 对当前价格波动显著的某一种产品进行产品调价策划。

◆技能自测

选择题：

1. 在（　　）条件下，买方只能是价格的接受者，而不是价格的决定者。

A. 垄断竞争　B. 寡头垄断　C. 完全竞争　D. 纯粹垄断

2. 在企业定价方法中，目标投资收益率定价法属于（　　）。

A. 成本导向定价法　　B. 需求导向定价法

C. 竞争导向定价法　　D. 市场导向定价法

3. 企业将市场划分为若干个区域，不同的区域，产品价格可以不一样，同一区域产品价格相同，这种定价策略属（　　）。

A. 产地定价　　B. 运费补贴定价　　C. 统一运货定价　　D. 分区运送货定价

4. 如果甲产品价格下降引起乙产品需求的增加，那么（　　）。

A. 甲和乙产品是互替商品　　B. 甲和乙产品是互补商品

c. 甲为低档商品，乙为高档商品　　D. 甲为高档商品，乙为低档商品

5. 随行就市定价法最适用于（　　）。

A. 同质产品　　B. 异质产品　　C. 无形产品　　D. 工业品

6. 产品的最高价格取决于（　　）。

A. 市场需求　　B. 供给水平　　C. 质量标准　　D. 规格型号

判断题：

1. 产品成本是产品定价的基础因素。（　　）
2. 在任何情况下，降低产品价格都能扩大产品的销售量。（　　）
3. 给产品制定最高价格，就能提高企业信誉和产品形象。（　　）
4. 随行就市定价法是根据平均定价水平作为本企业定价标准的一种定价方法。（　　）
5. “酬宾大减价”是一种招徕定价的策略。（　　）

简答题：

1. 企业为什么要实施价格折扣策略？折扣程度的依据是什么？
2. 影响企业产品定价的主要因素有哪些？
3. 企业在什么情况下可能需要采取降价策略？
4. 如果企业的主要目标是获取最大利润，为什么不把产品价格定在期望利润上？
5. 消费者对价格变动可能有哪些反应？

思考题：

1. 以你所熟悉的一种产品为例，谈谈在价格策划时应考虑的因素有哪些？
2. 分析市场上新上市的某种产品的价格策划思路。
3. 试对某行业竞争对手的价格作出评估。
4. 试为某企业产品价格调整提出一个策划方案。
5. 为什么说价格竞争是市场竞争的最重要手段之一？
6. 低价策略就一定能扩大市场份额吗？
7. 什么是恶性价格竞争，它对企业发展有何危害？

任务6　选择分销渠道

教学安排

●能力目标

1. 识记分销渠道的类型
2. 设计与管理分销渠道
3. 熟悉中间商的类型和功能

●核心能力

1. 选择分销渠道
2. 掌握渠道管理策略

●教学重点

1. 分销渠道设计
2. 渠道成是选择与管理
3. 渠道物流

阅读材料：

娃哈哈渠道魔方

在娃哈哈的发展史上，每一次渠道变阵，它的生意都成倍甚至翻番增长。1991 年娃哈哈果奶一举成名，让娃哈哈跻身亿元俱乐部。之后进行全国划片，实行大区分片管理，1994 年娃哈哈的销售额突破 7 亿元。为了让网点更密集，娃哈哈推行闻名一时的联销体，对空白市场进行深度分销，1995 年时销售额达到 8 亿元，而且通过其纯净水单品上升到 10 亿元，随后又借助非常可乐，加之县级渠道下沉，一路过关斩将，到 2003 年娃哈哈销售额突破 100 亿元。

2004 年，由于销售低迷，宗庆后砍掉中间环节，将渠道资源向终端倾斜，使终端网点更密集，市场从县级下沉到乡镇级，仅仅用了 5 年时间，销售额就达到了 500 亿元。2010 年，在娃哈哈向千亿元销售额挺进时，宗庆后同样选择从渠道入手，对渠道再次进行分割。这一次，他将渠道二批商环节砍掉，迫使渠道进一步下沉，使尚未覆盖的城郊及城乡结合地带的网络更为密集。

渠道变革，宗庆后与他的销售管理团队早已驾轻就熟。渠道变革仅仅是迈出了小小的一步，而更为深刻的变革早已在娃哈哈的各个体系中开始。留心娃哈哈的一举一动，可以发现，从 2010 年甚至更早开始，娃哈哈就在为今天的渠道变革做准备，扩大产能、加大人员招聘和培训力度、升级内部信息管理系统、调整渠道层级的利润与价格体系、加快新产品研发与上市的速度，而这些工作恰恰是渠道变革的关键所在。

资料来源：中国营销传播网

6.1 简述分销渠道

真实任务6.1：调查了解可口可乐公司在中国的渠道类型。
（1）了解渠道含义；
（2）了解渠道分类。

6.1.1 分销渠道的概念和作用

1. 分销渠道的概念

分销渠道主要包括商业中间商（因为他们取得所有权）和代理中间商（因为他们帮助转移所有权）。此外，它还包括处于分销渠道的起点和终点的生产者和消费者。

通常分销渠道具有以下三个特征：

（1）分销渠道的起点是生产者，终点是个人消费者或用户。分销渠道作为产品流通的途径，就必然是一端连接生产，另一端连接消费，通过分销渠道把生产者提供的产品或劳务，源源不断流向消费者。

（2）分销渠道是一组路线，其参与者是由商品流通过程中各种类型的中间商，在肯定了生产者是分销渠道的起点这个前提下组成的。商品流通过程中各种类型的中间商，是分销渠道中积极活跃的因素。

（3）在分销渠道中生产者向消费者或用户转移产品或劳务，应以商品所有权的转移为前提。商品流通过程首先是商品价值形态变换的经济过程，只有通过商品货币关系而导致商品所有权随之更迭的买卖过程，才能构成分销渠道，企业的营销目标才得以实现。

2. 分销渠道的作用

制造商通过分销渠道将商品转移到消费者手里，在这个过程中，它弥合了产品或服务与其使用者之间的缺口，这个缺口主要包括时间、地点和持有段等。分销渠道发挥了一系列重要的功能和作用，如表6－1所示。

表6－1 分销渠道的功能和作用

渠道的作用	渠道的作业
信息收集和传播	收集和传播有关潜在顾客、现行顾客竞争对手和其他参与者的调研信息
实体占用与转移	从制造商到最终顾客的储运工作和转运工作
所有权转移	产品物权通过渠道成员从制造商最终转移到消费者
分担风险	渠道成员分担各种经营风险
付款（回款）	通过银行或者其他金融机构向生产者承付销售账款

（续上表）

渠道的作用	渠道的作业
订货	渠道成员向制造商进行有购买意图的反向沟通行为
促销	通过渠道成员传播有关产品的富有说服力的沟通材料，吸引更多的顾客购买
谈判	相互协商以达成有关产品的价格和其他条件的最终协议
融资	渠道成员通过汇集和分散资金，以负担渠道工作所需费用
服务	售前、售中、售后服务及管理咨询服务

6.1.2　分销渠道的基本模式和类型及其发展

6.1.2.1　分销渠道的基本模式

由于个人消费者与生产性用户消费的主要商品不同，消费目的与购买特点等具有差异性，我国企业的分销渠道构成两种基本模式：消费品分销渠道模式和对生产性用户的分销渠道模式（生产资料分销渠道模式）。

1. 消费品分销渠道模式

消费品市场产品分销渠道，概括起来有以下五种模式。如图6－1所示。

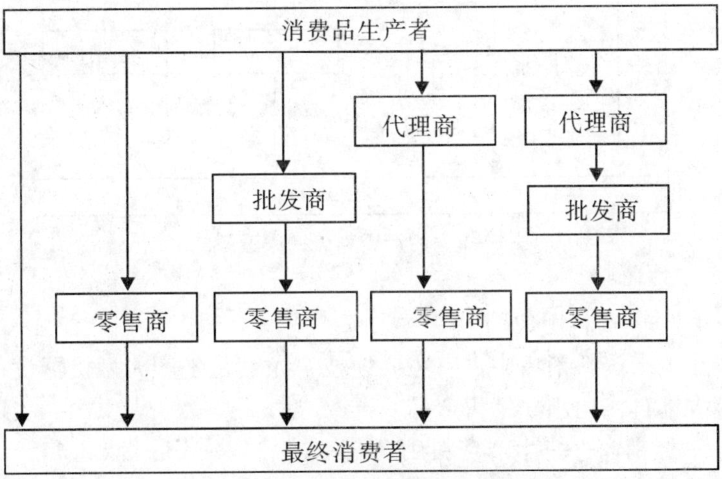

图6－1　消费品分销渠道模式

（1）生产者——消费者。

这种模式是生产企业自己派员推销，或者开展邮购、电话购货等以销售本企业生产的产品。这种类型的渠道，由生产者把产品直接销售给最终消费者，没有任何中间商的介入，是最直接、最简单和最短的销售渠道。

（2）生产者——零售商——消费者。

这种模式被许多耐用消费品和选购品的生产企业所采用。即由生产企业直接向大型零售商店供货，零售商再把商品转卖给消费者。

（3）生产者——批发商——零售商——消费者。

这种模式是消费品销售渠道中的传统模式，为大多数中、小型企业和零售商所采用。过去我国大部分消费品，一般是由一级批发商（称为一级采购供应站）再分配至二级批发商（称为二级采购供应站），然后至三级批发商（称为批发商店或批发部），最后至零售给消费者。

（4）生产者——代理商——零售商——消费者。

许多生产企业为了大批量销售产品，通常通过代理商、经纪人，由他们把产品转卖给零售商，再由零售商出售给消费者。

（5）生产者——代理商——批发商——零售商——消费者。

这种模式是一些大企业为了大量推销产品，常经代理商，然后通过批发商卖给零售商，最后销售至消费者手中。

我国的外贸出口，通常采用第四种和第五种渠道模式。

2. 生产资料分销渠道模式

归纳起来，生产资料商品分销渠道模式可以有以下四种，如图 6－2 所示。

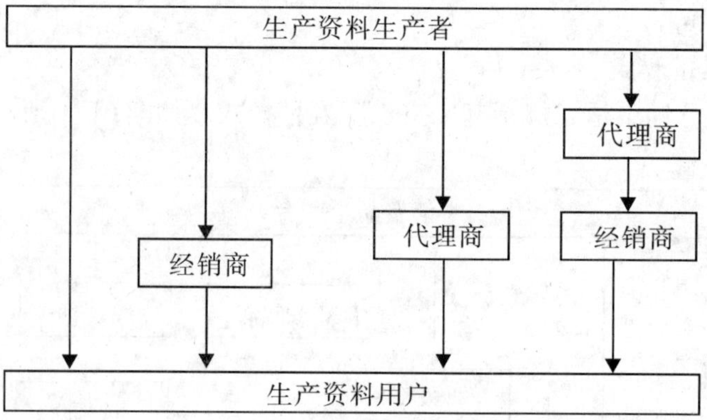

图 6－2　生产资料分销渠道模式

（1）生产者——生产资料用户。

这种渠道模式在生产资料销售中占有主要地位，尤其是生产大型机器设备的企业。如发电设备厂、电梯厂等大都直接向用户销售产品。

（2）生产者——经销商——生产资料用户。

这种渠道模式常为生产普通机器设备及附属设备的企业所采用。如我国机电、石油、化工等部门，常常利用工业品经销商把产品卖给用户。

（3）生产者——代理商——生产资料用户。

这种渠道模式通常被没有设置专门的销售部门的企业所采用。如我国的一些机电产品厂家通过国外的代理商将产品卖给国外的用户。

（4）生产者——代理商——经销商——生产资料用户。

这种渠道模式与第三种模式基本相同，只是由于某种原因，不宜由代理商直接卖给用户而需经过经销商这一环节。尤其是产品的单位销量太小，或需要分散存货，经销商的功用就十分必要。

6.1.2.2 分销渠道的类型

分销渠道按不同的分类标准可分为多种类型，一般来说，按有无中间商参与交换活动进行分类，可分为直接渠道和间接渠道；按渠道的长度，即渠道级数来分，有短渠道与长渠道；按渠道的宽度进行分类，有宽渠道和窄渠道；按选用渠道是否唯一类型进行分类，有单渠道和多渠道。

（1）直接渠道和间接渠道。

直接渠道是指生产者将产品直接供应给消费者或用户，没有中间商介入。直接渠道的方式是：生产者——用户。直接渠道是工业品分销的主要类型，如大型设备、专用工具技术复杂等需要提供专门服务的产品；消费品中有部分也采用直接渠道，诸如鲜活商品等。

企业直接分销的方式比较多，概括起来有如下几种：

①订购分销。它是指生产企业与用户先签订购销合同或协议，在规定时间内按合同条款供应商品，交付款项。一般是由销售方（生产厂家）派员推销，一些走俏产品或紧俏原材料、备件等，用户可以上门求货。

②自设商店销售。它是指生产企业通常将商店设立在生产区外、用户较集中的地方或商业区。邻近于用户或商业区的生产企业也可设立于厂门前。

③联营分销。如工商企业之间、生产企业之间联合起来进行销售。

④访问推销。它是指推销人员直接上门推销企业产品。这种渠道形式使推销员能与消费者直接接触，不仅有利于鼓励和说服顾客购买企业的产品，还有利于推销企业的形象。

另外直销的方式还有：邮购、电子通信营销、电视直销等。

阅读材料：

传销

传销是指有实际产品，人员发展上线、下线、金字塔式的销售模式。最早产生于美国。所谓非法传销，是指没有实际产品，人员发展上线、下线、金字塔式，限制人权、自由的非法模式。

我国2005年11月11日起实施的《禁止传销条例》中所称，传销是指组织者或者经营者发展人员，通过对被发展人员以其直接或间接发展的人员数量或者销售业绩为依据计算和给付报酬，或者要求被发展人员以交纳一定费用为条件取得加入资格等方式牟取非法利益，扰乱经济秩序，影响社会稳定的行为。

传销行为有以下几方面：

(1) 组织者或者经营者通过发展人员，要求被发展人员发展其他人员加入，对发展的人员以其直接或者间接滚动发展的人员数量为依据计算给付报酬（包括物质奖励和其他经济利益），牟取非法利益的。

(2) 组织者或者经营者通过发展人员，要求被发展人员交纳费用或者以认购商品等方式变相交纳费用，取得加入或者发展其他人员加入的资格，牟取非法利益的。

(3) 组织者或者经营者通过发展人员，要求被发展人员发展其他人员加入，形成上下线关系，并以下线的销售业绩为依据计算和给付上线报酬，牟取非法利益的。

传销与直销的区别有六个方面：①有无入门费；②有无依托优质产品；③产品是否流通；

④有无退货保障制度；⑤销售人员结构有无超越性；⑥有无店铺经营。

资料来源：中国营销传播网

间接渠道是指生产者利用中间商将商品供应给消费者或用户，中间商介入交换活动。现阶段，我国消费品需求总量和市场潜力很大，且多数商品的市场正逐渐由卖方市场向买方市场转化。如何利用间接渠道使自己的产品广泛分销，已成为现代企业进行市场营销时所研究的重要课题之一。

（2）长渠道和短渠道。

分销渠道的长短一般是按通过流通环节的多少来划分，具体包括以下四层：

①零级渠道，即产品由制造商直接到消费者的过程中不经过任何中间商转手的分销渠道。直接渠道多用于分销产业用品，因为许多产业用品要按照用户的特殊需要制造，有高难的技术性。制造商要派遣专家去指导用户安装、操作、维护设备，而且产业用品的用户数目少，某些行业的工厂往往集中在某一地区，这些产业用品的单价高，用户购买批量大。

②一级渠道，即由制造商通过零售商到消费者。一个渠道系统中只包括一级销售中间机构。在消费品市场，这个中间机构通常是零售商；而在生产资料市场，它通常是个销售代理商或佣金商。

③二级渠道，即由制造商——批发商——零售商——消费者，多见于消费品分销；或者是制造商——代理商——经销商——消费者，多见于生产资料分销。

一个渠道系统中包括两级中间机构。在消费品市场上，通常是批发商和零售商；在工业品市场上，它们可能是工业品批发商和销售代理。

④三级渠道，即制造商——代理商——批发商——零售商——消费者。一个渠道系统中包括三级中间机构。例如，在批发商和零售商之间通常还有中间商或专业批发商，服务于一些小型零售商，而这些小型零售商一般不是大型批发商的服务对象，如肉类食品及包装类产品的分销。

从生产者的观点看，渠道级数越高，渠道控制和管理也越成问题，制造商一般总是只和最近的一级打交道。可见，零级渠道最短，三级渠道最长。

（3）宽渠道与窄渠道。

渠道宽窄取决于渠道的每个环节中使用同类型中间商数目的多少。企业使用的同类中间商多，产品在市场上的分销面广，称为宽渠道。如一般的日用消费品（毛巾、牙刷、开水瓶等），由多家批发商经销，又转卖给更多的零售商，能大量接触消费者，大批量地销售产品。企业使用的同类中间商少，分销渠道窄，称为窄渠道，它一般适用于专业性强的产品，或贵重耐用的消费品，由一家中间商统包，几家经销。它使生产企业容易控制分销，但市场分销面受到限制。

（4）单渠道和多渠道。

当企业全部产品都由自己直接所设的门市部销售，或全部交给批发商经销，称之为单渠道。多渠道则可能是在本地区采用直接渠道，在外地则采用间接渠道；在有些地区独家经销，在另一些地区多家分销；对消费品市场用长渠道，对生产资料市场则采用短渠道等。

阅读材料：

耐克采用什么分销渠道

耐克（Nike）在六种不同类型的商店中销售其生产的运动鞋和运动衣：①体育用品专卖店，如高尔夫职业选手专卖商店；②大众体育用品商店，供应许多不同样式的耐克产品；③百货商店，集中销售最新样式的耐克产品；④大型综合商场，仅销售折扣款式；⑤耐克产品零售商店，在大城市中的耐克城，供应耐克的全部产品，重点是销售最新款式；⑥工厂的门市零售店，销售的是二手货和存货。

资料来源：中国营销传播网

6.1.2.3 分销渠道系统的发展

传统的分销系统由生产商、批发商和零售商组成，每个成员都是作为一个独立的企业实体追求自己的利润最大化，即使它是以损害整体利益为代价也在所不惜，没有一个渠道成员对于其他成员能拥有全部的或者足够的控制权。20 世纪 80 年代以来，分销渠道系统突破了传统模式的弊端，有了新的发展，如垂直渠道系统、水平渠道系统、多渠道营销系统等。

（1）垂直渠道系统。

垂直渠道系统又称为纵向营销系统，它是由生产商、批发商和零售商通过不同的形式，根据纵向一体化原理组成的一种统一复合体，实质就是形成整合分销渠道。垂直营销系统有利于控制渠道行动，消除渠道成员为追求各自利益而造成的冲突。它们能够通过其规模、谈判实力和重复服务的减少而获得效益。

格力公司是实行厂商股份合作制的主要渠道模式。格力联合湖北几家经销商于 1997 年年底率先在湖北成立股份销售公司，创立了区域性销售公司这一独特的营销模式，统一了湖北全省的销售和服务网络。随后这一模式扩展到全国，使其连续九年夺取空调销量第一的宝座。

在美国消费品销售中，垂直营销系统已经成为一种占主导地位的分销形式，占全部市场的70% ~80%。对于垂直营销系统，根据其成员间所有权关系及控制程度的不同，又可分为以下三种形式：

①公司式垂直系统：指一家公司拥有和统一管理若干工厂、批发机构和零售机构，控制分销渠道的若干层次甚至整个分销渠道，综合经营生产、批发、零售业务。这种渠道系统又分为两类：工商一体化经营和商工一体化经营。

阅读材料：

分渠道运营变革大战

当年让可口可乐引以为傲的“101 渠道系统”，使其将竞争死对头百事可乐远远地甩在了后面。“101 渠道系统”即“1 家装瓶厂 +1 家批发配送商 + 取消中间市场运作环节，由可口可乐派驻业务员直接开发与维护终端”，这种渠道模式在国内饮料竞争的初级阶段曾发挥了极大的效力，让可口可乐优先于其他对手将自己的产品铺进了更深、更广的渠道。但是，好景不长，百事可乐在可口可乐渠道模式的基础上推陈出新，将可口可乐打了个措手不及。

可口可乐“101 渠道系统”采用的是分片区运营，而百事可乐采用的是分渠道运营。两种渠道运营模式最大的不同在于，如果双方的业务员同时抢一家新的终端，百事可乐总是能在可口可乐之前谈判进场，在最短的时间内，把生动化的物料贴到终端的每个角落，将百事可乐摆满陈列架，放在最显眼的位置，并且总能结合终端客群结构与销售需求，切合实际地开展终端促销活动，并有业务员配合导购员直接贴近终端执行。

百事可乐采用了“蚂蚁雄兵”的人海战术，其业务员直属于渠道部，而不是片区，这使得他们更专业，对市场的反应更迅速。尽管百事可乐付出了更大的人力、管理成本，但它获得了优于可口可乐的终端质量与规模，并且在单个终端的销量发掘上，远比可口可乐做得精细。

分片区运营，让可口可乐的片区经理每天都在力不从心的烦恼中度过，他们一直在寻找合适的办法，让片区业务员更勤奋、进场谈判更快、终端维护更及时、促销更有效。为此，可口可乐针对业务员制定了严格的报表汇报管理制度，将每天的销售工作表格化，业务员成了填表员，本来他们应该在各个终端进行巡查与辅导，结果却每天躲在角落里填表格、编数字。

可口可乐的一切努力都是在舍本逐末，问题的根源出在渠道运营模式上。在可口可乐的模式下，每个业务员要独立负责片区内所有商超、餐饮、社区店、网吧、学校等各类渠道的开拓，需对各渠道的合作模式非常熟悉，中间涉及谈判进场、终端生动化、陈列维护、理货、补货、促销、结款等各项工作，而且还要应付销售管理部一大堆行政、业务及绩效考核表格，这远远超过了一个业务员所能承受的极限。业务员埋怨上级主管不理解一线，上级主管责怪业务员未完成网点拓展和业绩目标，上下矛盾非常尖锐。

但百事可乐却通过专业化分工，将片区运营改造成分渠道运营，轻松化解矛盾。百事可乐打破片区制，将业务员分渠道配制，商超、餐饮、社区店等各司其职，专业化分工极大地提高了网点开拓与终端维护的效率，业务员与渠道部单线对接，也让业务员从繁重的填表格工作中解脱出来，能够专心做好网点拓展与终端巡查工作。

不过，作为深度分销的变种，分渠道运营并不是任何企业说做就能做，拿到自己的企业就能套用，并且立竿见影的模式。就像任何渠道模式一样，它同样需要企业在资源和能力上与之相匹配，需要企业在运营系统、管理系统、赢利模式和渠道利润分配上做好规划，如果操之过急，企业只会自食苦果。

资料来源：www.21manager.com

②管理式垂直渠道系统：是由某一家规模大、实力强的企业出面组织、协调、管理整个渠道运作的垂直渠道系统。渠道成员承认相互间存在依赖关系，并且愿意接受渠道领头人的统一领导以分享利润。如柯达、吉列、宝洁等公司都能取得其经销商的积极合作；中国的大型百货和电器商店也很难拒绝与海尔、长虹、小天鹅、小鸭等著名家电公司合作。

③契约式垂直系统：指不同层次的独立制造商和经销商为了获得单独经营达不到的经济利益，而以契约为基础实行的垂直渠道系统。它主要分为以下三种形式：

第一种形式是特许经营组织，它包括三种：一是制造商倡办的零售特许经营或代理商特许经营；二是制造商倡办的批发商特许经营系统；三是服务企业倡办的零售商特许经营系统。

第二种形式是批发商倡办的连锁店。

第三种形式是零售商合作社。它既从事零售，也从事批发甚至生产业务。

（2）水平式渠道系统。

水平营销系统是指由两个或者两个以上的公司联合开发利用某一个营销机会。这些公司由于缺乏资本、技能、生产或者营销资源，不敢独立进行冒险，或者承担风险，或者他们发现与其他公司联合可以产生巨大的协同作用。公司间的联合行动可暂时性的，也可以是永久性的，也可以创立一个专门公司。这种系统可发挥群体作用，共担风险，获取最佳效益。

（3）多渠道营销系统。

多渠道营销系统指一个公司建立两条或者更多的分销渠道以达到一个或更多的顾客市场的做法。通过增加更多的渠道，公司可以增加产品的市场覆盖面，降低渠道成本，为顾客提供定制化销售以适合顾客要求。这种系统有两种形式：一种是生产企业通过多种渠道销售同一商标的产品，这种形式易引起不同渠道间激烈的竞争；另一种是生产企业通过多渠道销售不同商标的产品。

小叮当儿童系列产品形成了三个对应的渠道策略：水果香型系列，继续走批发流通渠道；功能系列，批发流通和终端渠道并重；儿童早晚牙膏，以终端为中心，在重点区域的主要终端铺货，并做重点推广。

6.2　分销渠道的设计与管理

真实任务6.2：就某一产品（如五粮液、洽洽瓜子、蓝猫）对其渠道进行调研并重新规划设计，提出新的渠道策划与管理方案。

（1）熟悉渠道设计要求；

（2）制定合理的渠道激励与管理政策。

6.2.1　分销渠道设计

1. 影响分销渠道设计的因素

在渠道设计过程中要考虑分销渠道设计的原则、分销渠道目标、最大化地发挥网络成员的作用、分销渠道的风险及分销渠道的制约因素等问题。所以分销渠道设计不是简单的决策，而是一个系统、科学的战略规划和战术设计。

设计分销渠道模式，即决定企业采取短渠道，还是长渠道；选择不经过中间商的直接分销，还是经过中间商的间接分销，还要决定经过几道中间环节最合适，是选择宽渠道还是窄渠道有效；究竟是只选择一种模式的分销渠道，还是同时选择若干种分销渠道。影响分销渠道模式选择的因素很多，如表6-2所示。企业需要仔细分析，认真考虑，综合评价，然后设计出适合本企业营销的渠道模式。

表 6－2　分销渠道设计应该考虑的因素

因素	渠道长度	渠道宽度	因素	渠道长度	渠道宽度						
产品	价值	低	高	低	高	企业	企业实力	弱	强	强	弱
	属性	稳定	不稳	不稳	稳定		管理能力	弱	强	强	弱
	体积重量	小	大	小	大		控制愿望	小	强	小	强
	技术性	弱	强	弱	强	中间商	积极性	高	低	高	低
	通用化	高	低	高	低		经销条件	低	高	低	高
	寿命周期	后期	前期	后期	前期		开拓能力	强	弱	弱	强
市场	市场规模	大	小	大	小	环境	经济形势	好	差	好	差
	市场分布	分散	集中	分散	集中		国家政策法规	依法设计分销渠道			
	购买习惯	便利	选购	便利	选购						

（1）产品因素。

①产品的价值。一般来讲，产品的单价越低，分销渠道可以越长；反之，产品单价越高，分销渠道则短一些更经济。因此，普通的日用消费品和工业品中的标准件的销售，一般都要经过一个或一个以上的批发商，再经零售商转至消费者手中。而一些价格较高的耐用消费品和工业品中的专用设备则不宜经过较多的中间商转卖。

②产品的自然属性。一般来讲，对于自然属性比较稳定的产品可以考虑使用中间商或相对较长的渠道；而对易腐烂、易毁损或易过时的产品，应尽可能采用直接渠道或相对较短的渠道，如新奇玩具、时装、新鲜食品、各种陶器、玻璃、精制的工业品等尽可能采用短渠道。

③产品的体积与重量。体积庞大和笨重的产品应尽可能采取较短的分销渠道，以节省运输和保管方面的人力和物力，如大型设备、机械设备等；体积小或重量轻的产品，则可采取较长的渠道。

④产品的技术性。出售技术性不十分强的耐用消费品，一般可以通过中间商出售，为加强销售服务，企业应对中间商进行必要的培训和指导；对于技术性很强的工业品，企业应采取直接渠道销售，以加强销售服务工作。

⑤产品的通用化。定制品有特殊的规格要求，一般需生产者与消费者或用户直接面议规格、质量和式样等，不宜经过中间商；标准品具有一定品质、规格和式样，分销渠道可长可

短；对于那些标准化、系列化、通用化程度很高的产品可以选用宽渠道和长渠道。

⑥产品所处市场寿命周期阶段。企业为了尽快打开新产品销路，往往不惜花费大量资金，组成直接分销队伍直接向消费者销售。当产品在市场上已经形成高的知名度与美誉度时，出于拓展市场的需要，可以逐步考虑利用间接渠道分销产品。我国许多企业在创立品牌初期走的是直接销售的路子，等创立品牌后，就采取多种方式尝试间接销售的做法了。

（2）市场因素。

①潜在市场的规模。如果潜在市场的规模较小，企业可以考虑使用推销员或邮寄直接向消费者或顾客推销；反之，如果潜在市场规模较大，则应采取间接分销。

②潜在市场的分布。如果顾客集中分布在一个或少数几个地区，则可以考虑采用直接销售的方式，或者生产企业直接卖给零售商；顾客分布很分散，则应选择间接销售和宽渠道销售。

③消费者的购买习惯。有如下三种情况：第一种，顾客购买数量越大，单位分销成本越低的产品，尽可能将批量性产品直接出售给顾客。第二种，顾客购买频率高，每次购买数量很小，而且产品价值低的产品，则需要利用中间商进行分销，即采用长渠道与宽渠道；反之，则采用短渠道。第三种，消费者购买之前需要充分比较研究、购买过程中需要投入较多精力与时间的产品，选用短渠道与窄渠道效果会更好；反之，则可采用长渠道。产品衰退期，通常采用缩减分销渠道的策略以减少损失。

阅读材料：

在北京见到非常可乐的机会要比见到可口可乐的机会少很多，但在幅员辽阔的西部和农村，则恰恰相反。可口可乐在渠道上的优势，就是厂家直接控制的系统销售配送体系，但在十几里地也不见零售点的西部及农村，这就成了可口可乐的短板；而通过掌控，经销商实现终端布局的大流通控制，却是非常可乐的长项。一贯打本土品牌的娃哈哈非常善于激励和控制经销商。尽管可口可乐也曾造势要“下乡”，但巨额的渠道成本让其慢下了步伐。因此，一城一乡，“二霸”找到了各自所长。

资料来源：中国营销传播网

（3）企业因素。

①企业实力。对于资金雄厚、信誉好的企业，可以自己组织分销队伍进行销售，采取直接分销渠道，也可采取间接渠道销售。而资金缺乏、财力较弱的企业，只能依靠中间商，分销渠道势必要长些。

②管理水平。企业渠道管理水平也会影响企业渠道的长度与宽度。一般来说，假如制造商在销售管理、储存安排、零售运作等方面缺乏经验，人员素质不适合从事广告、推销、运输和储存等方面的工作，最好选择较长渠道与窄渠道。反之，可以选择短渠道与宽渠道。

③控制愿望。如果企业希望对分销渠道进行控制，同时自身又有控制能力，一般采取较短较窄渠道的做法。如果采用中间商分销，一方面会使制造商的渠道控制力削弱，极可能导致制造商受制于中间商；另一方面会使制造商分销受限制。

阅读材料：

2004年2月21日国美在成都发起一场“空调大战”，将格力零售价为1 680元的IP空调降价为1 000元，零售价为3 650元的2P柜机降价为2 650元，使得格力“无法忍受”，四川新兴格力电器销售有限公司要求其“立即终止低价销售行为”，但国美依旧我行我素，格力电器当即宣布正式对成都国美停止供货。最后以成都国美道歉并恢复原价告一段落。但在3月10日，双方矛盾进一步激化，并扩展到全国。国美北京总部向全国分公司发了一份“关于清理格力空调库存的紧急通知”，在全国范围内停止对格力空调的销售。格力也毫不退让，宣布取消对国美的供货。

（4）中间商因素。

①中间商的经销积极性。如果中间商愿意经销制造商的产品，同时不对制造商提出过多过分要求时，会使企业更愿意利用中间商，因此，企业可选择长渠道与宽渠道的做法。

②中间商的经销条件。如果中间商的成本太高，或是中间商压低采购价格，或是中间商要求上架费太多，就应考虑采取较短较窄的渠道。

③中间商的开拓能力。如果中间商能够帮助制造商把产品及时、准确、高效地送达消费者手中，则可以选择较长与较宽的分销渠道，否则将选择较短较窄的渠道。

（5）环境因素。

①总体经济形势。整个社会经济形势好，分销渠道模式选择余地就大。当经济不景气时，市场需求下降，企业必须尽量减少不必要的流通环节，利用较短的渠道。

阅读资料：

健力宝成长初期，依赖的是传统渠道，即遍及全国的国有糖酒公司和供销社系统。然而，20世纪90年代以来，中国商业的渠道格局有了大变化，面对这种变化，健力宝疲态毕现，应变乏力。事实上，健力宝也有建立现代营销体系的念头，然而这需要庞大的资金支持及多元化的产品体系配合，否则即使有钱建终端，也难以摊销销售成本，难以最终将终端维护下去。健力宝的销售业绩每况愈下，2002年1月，浙江国际信托投资公司出资3.6亿元购得健力宝80%的股份。

②国家的政策法规。国家的有关政策和法律因素对分销渠道也有重要影响，如反不正当竞争法、反垄断法规、税法等，都会影响分销渠道选择。我国对烟酒、鞭炮、汽油、食盐等产品的销售有专门的一些法规，这些产品的分销渠道要依法设计。

2. 分销渠道的设计

分销渠道的设计必须立足于长远。设计分销渠道时，一个分销渠道方案由三个方面的要素来确定：中间机构的类型，中间机构的数目，每个渠道成员的权利和责任。

（1）识别中间机构的类型。

识别中间机构的类型即确定分销渠道模式，是要公司识别有哪些类型的中间商组织可供选择。生产企业在进行分销渠道的设计时，首先要决定采取什么类型的渠道，是采用直接分销渠道还是采用间接分销渠道。这需要从销售业绩和经济效果两个方面来考虑。两者并非总是一致的，究竟以何为重，应视企业的营销战略而定，并以此为标准考察和比较渠道。

如果企业决定通过中间商分销其产品，就要决策所用中间商的类型：是批发商还是零售商？什么样的批发商和零售商？用不用代理商？具体选择哪些中间商？

企业可以采用本行业传统类型的中间商和分销渠道，也可以开辟新渠道，选择新型中间商。

第二次世界大战前，钟表作为精密的工艺制品，在西方国家大多通过珠宝店销售；战后，随着钟表工业大批量生产的发展，价格大幅度下降，机械制作的中低档钟表已不被珠宝店接受，天美时公司转而开辟了超市和杂货店销售，这种大批量生产体制与大批量流通和大众化消费相适应，终于取得了成功。

企业在具体选择中间商时还要考虑以下因素：

①市场覆盖面。中间商的市场覆盖面是否与生产企业的目标市场一致。

②中间商是否具有经销某种产品必要的专门经验、市场知识、营销技术和专业设施。

③预期合作程度。有些中间商与生产企业合作得比其他中间商好，能积极主动地为企业推销产品，并相信这也符合他们自己的利益。

④中间商的目标与要求。有些中间商希望制造商能为产品做大量的广告或开展其他促销活动，扩大市场的潜在需求，使中间商更易于销售；还有些中间商希望供购双方建立长期稳定的业务关系，制造商能为自己提供随时补充货源的服务，并在产品紧俏时也保证供货；也有些中间商不希望与某一家制造商维持过于密切的关系。

（2）中间商数目的选择。

营销渠道结构有三种形式，即密集型分销渠道、独家分销渠道及选择性分销渠道。

①密集型分销渠道。也称为广泛型分销渠道，或普通型分销渠道，就是指制造商在同一渠道层级上选用尽可能多的渠道中间商来分销自己的产品的一种渠道类型。这种渠道可以使产品在目标市场上形成铺天盖地之势，以达到使自己产品品牌充分显露，实现路人皆知且随处可买，最广泛地占领目标市场的目的。

密集型分销这种销售渠道的优点是：市场覆盖率高，顾客购买比较方便。其缺点是：市场、价格竞争激烈，导致市场混乱；企业需向中间商提供一定的支持，导致企业的渠道费用增加；由于中间商的数目多，企业无法控制渠道行为，给渠道管理增加一定难度。

②独家分销渠道。这种渠道是指在特定市场上的一段时间内只选择一家中间商，给予其对本企业产品的独家经销或独家代理权。通常产销双方签订经销合同，规定经销商不得再经营其他竞争性产品。这是一种最窄的销售渠道，一般适用于技术性强、价格较高、售前售后服务水平要求比较高的产品。

独家分销渠道的优点：有利于控制市场营销，提高中间商的积极性；密切与中间商的合作关系，在推销方面得到大量的协助；提高生产企业的经营效率，节约费用，降低销售成本；提高中间商对顾客的服务质量；排斥竞争产品进入同一市场，提高企业的国际竞争力。其缺点：对中间商的依赖性太强，市场覆盖面窄；意味着放弃一部分潜在顾客，极有限的渠道宽度，使企业适应性较差，销量难以扩大。

③选择性分销渠道。是指在某一层级上选择少量的中间商进行商品分销的渠道，是介于密集型分销渠道与独家分销两种渠道之间的一种宽度渠道。

选择性分销渠道的优点：可以节省费用开支，提高营销的效率；生产企业通过优选中间商，还可维护企业和产品的声誉，对市场加以控制；当生产企业缺乏国际市场经营的经验时，在进入市场的初期选用几个中间商进行试探性的销售，待企业积累了一定的经验，或其他条件具备以后，再调整市场销售策略，以减少销售风险。其缺点：企业难以在营销环境宽松的条件下实现多种经营目标；渠道对非选购品缺乏足够的适应性；企业要为被选用的中间商提供较多的服务，并承担一定的市场风险。

(3) 每个渠道成员的权利和责任。

在确定了渠道的长度和宽度之后，企业还要规定出与中间商彼此之间的权利和责任，如对不同地区、不同类型的中间商和不同的购买量给予不同的价格折扣，提供质量保证和跌价保证，以促使中间商积极进货。还要规定交货和结算条件，以及规定彼此为对方提供哪些服务，如产方提供零配件、代培技术人员、协助促销；销方提供市场信息和各种业务统计资料等。

6.2.2 分销渠道管理

分销渠道的管理，实质上是在制造商决定采用间接渠道销售其产品时，对渠道成员即中间商的选择、激励和评估。

6.2.2.1 选择中间商

中间商包括批发中间商和零售中间商。中间商选择是否得当，直接关系制造商市场营销效果。选择中间商首先要广泛搜集有关中间商的业务经营、资信、市场范围、服务水平等方面的信息，确定审核和比较的标准。选定了中间商还要努力说服对方接受你的产品，因为并不是所有的中间商都对你的产品感兴趣。投资规模大，对于已有名牌产品的制造商来说完成决策并付诸实际是不太困难的，而对那些刚刚兴起的中小企业来说就不是一件容易的事情了。一般情况下选择中间商必须考虑以下条件：

(1) 中间商的市场范围。市场是选择中间商最关键的因素，首先要考虑预先确定的中间商的经营范围所包括的地区与产品的预计销售地区是否一致。其次，中间商的销售对象是否是制造商所希望的潜在顾客，这是个最根本的条件。因为制造商都希望中间商能打入自己已确定的目标市场，并最终说服消费者购买自己的产品。

(2) 中间商的产品政策。中间商承销的产品种类及其组合情况是中间商产品政策的具体体现。选择时一要看中间商有多少“产品线”；二要看各种经销产品的组合关系，是竞争产品还是促销产品。一般认为应该避免选用经销竞争者产品的中间商。但如果产品的竞争优势明显也可以选择经销竞争者产品的中间商。因为顾客会在对不同的产品作客观比较后，决定购买有竞争力的产品。

(3) 中间商的地理区位优势。区位优势即位置优势。选择零售中间商最理想的区位应该是顾客流量较大的地点。批发中间商的选择则要考虑它所处的位置是否利于产品的批量储存与运输。通常以交通枢纽为宜。

(4) 中间商的产品知识。许多中间商被规模巨大，而且有名牌产品的制造商选中，往往是因为它们对销售某种产品有专门的经验。选择对产品销售有专门经验的中间商就会很快地打开销路。因此生产企业应根据产品的特征选择有经验的中间商。

(5) 预期合作程度。如果中间商乐意与制造商合作，中间商就会积极主动地推销其产品，对双方都有益处。有些中间商希望制造商也参与促销，扩大市场需求，并相信这样会获得更高的利润。生产企业应根据产品销售的需要确定与中间商合作的具体方式，然后再选择最理想的合作中间商。

(6) 中间商的财务状况及管理水平。中间商能否按时结算包括在必要时预付货款，取决于财力的大小。整个企业销售管理是否规范、高效，关系着中间商市场营销的成败，而这些都与制造商的发展休戚相关。

(7) 中间商的促销政策和技术。采用何种方式推销产品及运用选定的促销手段的能力直接影响销售规模。有些产品采用广告促销比较合适，而有些产品则适合通过销售人员来推销。有的产品需要有效的储存，有的则应快速运输。要考虑到中间商是否愿意承担一定的促销费用以及有没有必要的物质、技术基础和相应的人才。选择中间商前必须对其所能完成某种产品销售的市场营销政策和技术的现实可能程度作全面评价。

(8) 中间商的综合服务能力。现代商业经营服务项目甚多，选择中间商要看其综合服务能力如何，有些产品需要中间商向顾客提供售后服务，有些在销售中要提供技术指导或财务帮助（如赊购或分期付款），有些产品还需要专门的运输与存储设备。合适的中间商所能提供的综合服务项目与服务能力应与企业产品销售所需要的服务要求相一致。

6.2.2.2 使用中间商商标与使用制造商商标

是使用制造商自己的产品商标（NB）呢，还是使用中间商的商标（PB）？大型零售商销售产品时，往往使用自己的商标。如全美著名的大型零售商大西洋和太平洋茶叶公司、西尔斯公司等。企业如向这些大型中间商供应产品时，就必须作出决策：是保持自己企业的商标，还是使用他们的商标？

中间商商标策略既有优点也有缺点。优点之一是在一定时期内，制造商的大部分产品的销售可以得到保证，这样可以减少风险；另一个优点是可以相应减少市场营销费用。这是由于将其产品的大部分销售给一家零售商，可以加大发货批量，降低运输成本，相应地也可以减少销售人员和广告费用的支出。其主要缺点是，假如这家大型零售商店停止购买其产品，则必须重新寻觅新主。这样往往会造成一定时期的销量下降，从而带来损失。

如果制造商决定采用中间商的商标，它就失去了对该产品的市场营销控制权。如制造商认为自己有能力做好市场营销工作，那么就应拒绝使用零售商的商标。

6.2.2.3 使用代理中间商

作为中间商一种特殊类型的代理商只代销产品而不拥有该产品的所有权。目前在发达国家其作为销售渠道的特殊形式已被广泛采用，尤其在食品等生产部门通过代理商销售的比例相当大。当然，并不是所有的产品均适合选择代理中间商。应根据生产经营的具体实际慎重决策。因为使用不拥有产品所有权的中间商有利也有弊。其有利方面主要包括：

(1) 中间商代销产品的利益来自佣金，通常佣金在生产企业收到货款后才支付。所以，对那些只有有限财务资源的新企业和小型企业是特别有利的。这些企业把销售业务委托给经纪人或代理店，不仅可以节省投资，还可以较为容易地找到中间商，并能通过中间商的销售网络把产品推向市场。

(2) 制造商对产品的销售成本很清楚，在合作过程中可以准确决定支付佣金的合适比例。一般新企业使用代理商比较合算。

(3) 代理中间商的使用有很大灵活性，适应性很强。比如经纪人对某地区市场的控制力强就委托其销售，否则就不委托给他们。还可以只在一定时期内委托代销，一旦生产企业自己具备了市场营销能力，或有更合适的其他中间商就不再委托代销。

其缺点主要包括：

（1）中间商如果同时代销其他竞争企业的产品，由于是销后付款，所以促销压力小，可能不会积极拓展市场，精心促销。而拥有产品所有权的中间商则不同，如果产品推销不出去，会大量占压流动资金，影响公司的正常运营，并可能造成亏损。

（2）当销量达到一定水平后，可能要支付大量的代销佣金。因此，要克服缺点，应在必要的时候及时改变中间商策略。

以上中间商选择策略从不同侧面分析了决策依据，但在实际中并不是只存在一个决策依据，而是多因素共存。正确决策只能在对各类影响决策的因素进行综合比较后产生。

6.2.2.4 激励渠道成员

中间商需要激励以尽其职，使他们加入渠道的因素和条件已构成部分的激励因素，但尚需制造商不断地督导与鼓励。制造商不只是利用中间商销售产品，也是把产品销售给中间商。激励本来就是很复杂的问题，因为造成制造商与其经销商合作及冲突的因素有很多。

激励渠道成员使其有良好表现，必须从了解个别中间商的需要及其心理入手。一些中间商常被制造商批评缺点，主要有：不能只强调某一特定品牌，其推销员对于产品的知识过于浅薄，未能充分利用供应商的广告资料，疏忽某些顾客（他们可能是个别产品的好顾客，而不是中间商产品组合的好顾客），甚至其粗略的记录保存系统有时居然把品牌名称遗漏。

然而这些从制造商观点出发看到的缺点，如果换成中间商的观点则很容易理解。

1. 正确理解中间商

（1）中间商并非受雇于制造商以形成其分销连锁中的一环，而是一个独立的市场。并且，经过一些实践后，他安于某种经营方式，执行实现自己目标所必需的职能，在自己可以自由决定的范围内制定自己的政策。

（2）中间商经常以担任其顾客的采购代理人为主要工作，其次才是供应商的销售代理人，任何向他购买产品的顾客，他都有兴趣出售。

（3）中间商试图把所有产品组成一组相关的产品组合，并将该组合销售给各个顾客。其销售努力在于取得该产品组合的订单，而非单项物品的订单。

（4）除非给予很大好处，否则中间商不会为所销售的品牌保存其个别的销售记录。那些可供产品开发、定价、包装及促销规划使用的信息，常被中间商未标准化的记录所抹杀，有时甚至有意对供应商加以隐瞒。

（5）要激励中间商，就必须从被激励者观点来看待整个情况。

大多数制造商都以为激励只是想方设法得到独立中间商或不忠诚中间商的合作。他们幻想出来一些正面激励因子，如高利润、私下交易、奖赏、合作广告津贴、展示津贴、销售比赛，如果这些未能发生作用，他们就换成负面惩罚。例如，威胁要减少中间商利润，减少给他们的服务，甚至终止双方的关系。这些方法的根本问题是制造商从未好好地研究经销商的需要、困难以及经销商的优劣势。相反地，他们只是靠草率的“刺激—反应”式的思考把很多繁杂的工具凑合起来。

一些老道的制造商则常会与经销商建立长期合伙关系。这就需要制造商详细了解他能从经销商那里得到什么，以及经销商可以从制造商那里获得些什么。所有这些，都可用市场涵盖程度、产品可获性、市场开发、寻找顾客、技术方法与服务以及市场信息来测量。制造商希望得到渠道成员对这些政策的同意，甚至依其遵守情形建立报酬机制。例如，一家企业不直接给25%的销售佣金，而按下列标准支付：能保持适度的存货，给5%；能满足销售配额的要求，再给5%；能有效地服务顾客，再给5%；能及时地通报最终顾客的购买水平，再给5%；能正确管理应收账款，最后再给5%。

2. 制造商对中间商的主要激励措施

(1) 开展促销活动。制造商利用广告宣传推广产品，一般很受中间商欢迎，广告宣传费用可由制造商负担，亦可要求中间商合理分担。制造商还应经常派人前往一些主要的中间商，协助安排商品陈列，举办产品展览和操作表演，训练推销人员，或根据中间商的推销业绩给予相应奖励。

(2) 资金支助。中间商（特别是经销商）一般期望制造商给予他们资金支助，这可促使他们放手进货，积极推销产品，一般可采取售后付款或先付部分货款待产品出售后再全部付清的方式，以解决中间商资金不足的困难。

(3) 协助中间商搞好经营管理，提高市场营销效果。

(4) 提供信息。市场信息是开展市场营销活动的重要依据。企业应将所获得的市场信息及时传递给中间商，使他们心中有数。为此，企业有必要定期或不定期地邀请中间商座谈，共同研究市场动向，制定扩大销售的措施；企业还可将自己的生产状况及生产计划告诉中间商，为中间商合理安排销售提供依据。

(5) 与中间商结成长期的伙伴关系。一方面，企业要研究目标市场上产品供应、市场开发、账务要求、技术服务和市场信息等方面的情况，以及企业与中间商各自能从对方得到什么，然后，根据实际可能，与中间商共同商定这些情况，制定必要的措施，签订相应协约，如中间商能认真执行，企业要考虑再给一定的补助。另一方面，可在组织方面与中间商进一步加强合作，把制造商和中间商双方的要求结合起来，建立一个有计划的、内行管理的纵向联合销售系统，制造商可在此系统内设立一个中间商关系计划部，由这个部与中间商共同规划销售目标、存货水平、商品陈列及制订培训员工计划和广告宣传计划，其目的是使中间商认识到，作为一个精明的纵向联合销售系统的一员，可以从中获利。

6.2.2.5 激励渠道成员的方法实例

(1) 天琼（Timken）公司（滚珠轴承）要求其销售代表对经销商包括其总经理、采购经理和销售人员进行多层次的访问。

(2) 施奎亚·D（Square D）公司（断路器、配电盘）要求其销售代表用一天时间与每一个经销商一起“站柜台”，以便了解经销商的经营情况。

(3) 杜邦公司建立了一个经销商营销指导委员会，定期集会讨论有关问题和趋向。

(4) 戴伊可（Dayco）公司（工程用塑料和橡胶制品）实行每年一次为期一周的休养周制度，由20个经销商的年轻高级管理人员和20个戴伊可公司的年轻高级管理人员参加，以便通过研究讨论会和旅游活动来加强相互间的联系。

(5) 派克·汉尼芬（Parker Hannlfin）公司（液压动力产品）每年一次发出调查表，要求其经销商对公司的主要方面的绩效进行评估，该公司还通过业务通讯和录像带向其经销商通报有关新产品的情况。该公司收集和分析经销商发货单的影印本，并建议经销商如何改进他们的销售。

（6）柴雅利（Cherry）电器公司（电气开关和电子键盘乐器）指派一位与经销商联系工作的经销经理负责制订正式的经销商市场营销计划。公司还专门指定两名内部推销人员负责与每一个经销商进行电话联系，以便建立迅速反应系统。

以上是不断进取的制造商曾成功地使经销商转变为工作伙伴的几种方法。

6.2.2.6 评估渠道成员

制造商除了选择和激励渠道成员外，还必须定期评估他们的绩效。如果某一渠道成员的绩效过分低于既定标准，则须找出主要原因，同时还应考虑可能的补救办法。当放弃或更换中间商将会导致更坏的结果时，制造商则只好容忍这种令人不满的局面。当不致出现太坏的结果时，制造商应要求工作成绩欠佳的中间商在一定时期内有所改进，否则，就要取消与他的合作。

如果一开始制造商与中间商就签订了有关绩效标准与奖惩条件的契约，就可避免种种不愉快。在契约中应明确经销商的责任，如销售强度、绩效与覆盖率；平均存货水平；送货时间；次品与遗失品的处理方法；对企业促销与训练方案的合作程度；中间商对顾客须提供的服务等。

除了针对中间商绩效签订契约外，制造商还须定期发布销售配额，以确定目前的预期绩效。制造商可以在一定时期列出各中间商的销售额，并依销售额大小排出名次。这样可促使后进的中间商为了自己的荣誉而奋力上进；也可促进先进的中间商努力保持已有的荣誉，百尺竿头，更进一步。

需要注意的是，在排列名次时，不仅要看中间商销售水平的绝对值，而且还须考虑到他们各自面临的各种不同可控制程度的变化环境，考虑到制造商的产品大类在各中间商的全部货物搭配中的相对重要程度。

测量中间商的绩效，主要有以下两种办法可供使用：

第一种测量方法是将每一中间商的销售额绩效与上期的绩效进行比较，并以整个群体的升降百分比作为评估标准。对低于该群体平均水平以下的中间商，必须加强评估与激励措施。如果对后进中间商的环境因素加以调查，可能会发现一些可原谅的因素，如当地经济衰退；某些顾客不可避免地失去；主力推销员的失去或退休等。其中某些因素可在下一期补救过来。这样，制造商就不应对经销商采取任何惩罚措施。

第二种测量方法是将各中间商的绩效与该地区的销售潜量分析所设立的配额相比较。即在销售期过后，根据中间商实际销售额与其潜在销售额的比率，将各中间商按先后名次进行排列。这样，企业的调查与激励措施可以集中于那些未达既定比率的中间商。

阅读材料：

有效掌控终端　实施渠道精耕

在营销工作中，我们经常碰到如何配备促销资源、如何决定促销人员数量、如何快速获取市场信息、如何有效地对促销人员进行管理及如何确切了解产品在销售渠道中的流动状况等问题，其实这些都是营销工作深入时经常遇到的问题。如何解决呢？笔者认为：加强终端掌控力，进行渠道精耕细作是根本解决之道。

渠道精耕是指对零售终端及批发商渠道各个环节的销售管理的作业方式，通过对目标市场的区域划分，对区域中所有的销售终端做到定人、定点、定线、定期的精细化管理，达到对市场和产品销售状况、竞品状况的全面掌控，建立针对性的有效策略，获得竞争优势。

有效掌控终端的意义：

(1) 有效掌控终端是销售业务的及市场的过程化管理。我们通过定人、定点、定线、定期的销售过程进行精细化管理，达到对销售过程中的人、财、物及信息的管理，从而达到销售目标。这是由对产品的关注上升到对市场的关注，从追求销售结果转到注重销售过程，在做好销售过程中的工作时，保证销售目标的顺利完成。

(2) 掌控终端其实是信息化管理的过程。市场信息是营销工作过程中的宝贵资源，是我们进行营销决策的重要依据。掌控终端就等于掌握了信息的快速收集。

有效掌控终端，实施渠道精耕的内容和实施：

(1) 渠道精耕主要内容是对终端的量化管理。做到人员定量，根据终端的数量及销售计划按比例配备促销人员，实施终端有效销售；工作内容定量，业务员每天拜访终端的数量和拜访频率必须达到公司要求，完成公司规定的任务。

(2) 渠道精耕的具体表现为：一张图、一条线、三张表、四个“定”。一张图就是终端分布图。一条线就是根据终端分布图，根据线路最短化原则，设定业务工作区域和工作路线。三张表就是客户登记表，记录客户详细资料、经营状况等，这是所有工作的基础。四个“定”即促销人员相对稳定、终端相对稳定、拜访线路相对稳定和拜访频率相对稳定。

(3) 有效掌控终端，实施渠道精耕是一个动态的过程。在实施过程中分为两个阶段：

①收集基础资料，包括终端的所有资料，建立客户档案，在图中标出具体位置。整理资料，根据客户档案及地图，绘制终端分布图（总图），并且按照路线整理客户资料，同时编号。对客户进行简单分级，并确定首批开发目标，以大型商场、超市为主要展示地点，开发繁华地区的商铺为目标。针对以上的分级，确定拜访路线、拜访频率。同时投入人力和物力资源，保证产品供应，制作宣传单，准备促销品，在铺货上产品数量尽量多，陈列明显，做好和客户的情感交流，努力使其主推公司产品。

②在第一阶段结束后，第二阶段主要是对前阶段进行总结和数据分析，在此基础上合理修改客户级别、拜访频率。数据分析主要是以销售额和销量为基础。根据销售资料，可以准确地统计出各个终端的产品销售情况，进行终端的平均销量与总销量的比较分析，得出下个周期的销售预测。同时还可以进行库存管理，保证安全库存数量，确定进货时间和数量，减少运输成本。运用百分比分析，确定客户的分级。累计销量达到80%的为A类终端，达到95%的为B类终端，剩下的为C类终端。

在确定客户分级后，针对A类客户，以稳固占有，资源支持为主，严格产品的铺货率，陈列位置，使展示生动化，同时在促销上大力支持，政策上也要保证。对B类客户，要积极占有，抢占货柜位置，提升销量。C类客户，减少拜访频率，维持有产品上柜和持续销售。

在做好上面的工作后，由公司组织安排人员进行检查，对方案实施进行评估，确定方案实施的效果，定期分析、调整，直到对终端能够完全掌控，使其成为我们销售的堡垒。

资料来源：中国营销传播网

目前的汽车销售渠道有哪些？销售渠道的问题有哪些？

目前的汽车销售渠道主要有以下六种：

1. 品牌专卖制。主要就是目前大行其道的“4S”店。渠道模式可表述为厂商→专卖店→最终用户。品牌专卖制是1998年以来由欧洲传入我国并发展起来的渠道模式，最先由别克、广本、奥迪等品牌建立：主要以“三位一体”（“3S”，包括整车销售、零配件供应、售后服务）专卖店和“四位一体”（“4S”，整车销售、零配件供应、售后服务、信息反馈）专卖店为表现形式。

2. 总代理式。渠道模式可表述为厂商→总代理→区域代理→下级代理商→最终用户，进口汽车主要采用这种模式，如奔驰、宝马、劳斯莱斯等。

3. 特许经销式。渠道模式可表述为厂商→特许经销商→最终用户。这是由于汽车厂商逐渐发现很难对经销商的经销行为进行规范而产生的，如富康。

4. 汽车大卖场、汽车超市。如北京亚运村汽车交易市场，成都红牌楼汽车交易市场等，严格说来这种营销方式并不能算单独的汽车销售渠道，但是大卖场和汽车超市相对来说同样能够整合市场资源，促进销售。

5. 区域代理式。渠道模式可表述为厂商→区域总代理→下级代理商→最终用户。这种模式与IT渠道的区域代理制基本一致，这是汽车渠道最早采用的模式，由于存在对经销商的控制力差的问题，目前使用这种模式的厂商已较少。

6. 其他方式。互联网时代，通过网络销售已经越来越受到消费者重视，最新J. D. Power调查报告称，公司网站已经成为影响汽车销售的一个重要渠道。

总之，销售渠道业已成为沟通买卖双方最为关键的中心，也将会有越来越多的企业发现，在产品、价格甚至广告的同质化趋势日益加剧的今天，单凭产品的独立优势赢得竞争已非常困难，销售渠道已成为当今企业所关注的重心，如何运作好销售渠道，发挥其作用正日渐成为厂家们克敌制胜的法宝。

如何才能做到“渠道为王”？

为什么投资庞大的广告费用犹如石沉大海？为什么品牌营造犹如空中楼阁、无源之水？为什么在技术、管理、品牌竞争之后仍要回归渠道竞争？

分析消费者的汽车消费需求心理是必要的。在物质产品极大丰富、信息来源非常广泛的情况下，最终用户越来越倾向于方便地获取自己需要的各种产品资料，根据自身的情况定制和定做产品，但传统渠道由于历史原因和自身条件的限制，还无法提供能完全满足客户需求的产品。

要实现“渠道为王”，实现汽车生产厂家与经销渠道企业间的双赢，就要“以客户为中心”，收集客户需求，市场细分到满足客户需求的原则、方法和技术手段；通过多种渠道满足客户需求，并且每个渠道都能提供客户高质量的、一致的、个性化的服务，强调合作、强调整个渠道系统效率的提升、强调“一荣俱荣、一损俱损”的道理；厂家和经销商要共同努力，有效化解渠道冲突，特别是避免大量的因各级分销商信息不对称产生的垂直冲突，在不损害客户利益的情况下实现对渠道的切实控制并保证整个系统运作通畅，以保证利益达到最优化。

资料来源：中国经理人网

[案例分析]

联想的第三次渠道变革

联想集团中国COO刘军表示，集成分销就是将渠道伙伴看作一个整体，面向客户做一体化的设计，以适应更加丰富的市场需求。在集成分销阶段，联想将和合作伙伴结成更为紧密的战略伙伴关系，与合作伙伴形成高度的实时信息共享和一体化运营。

这已经是联想进行的第三次渠道改革。

1994—1997年是传统分销阶段，联想通过分销商、经销商将自己的触角伸向全国各地。刘军说这只是大联想的初级阶段，联想和渠道之间是比较简单的交易关系，基本上没有太多的共享信息，对二级渠道基本没有管理，特别是由于利益驱使，不同的经销商在不同的代理商之间串货，扰乱了渠道的秩序。

1998年，联想开始对传统的分销渠道进行整肃，提出“大联想”理念，在大联想理念下，联想渠道伙伴被定义为长期的商业伙伴，联想和合作伙伴之间开始建立更多的信息共享，以提高运作效力，并开始按照产品线、地域，对渠道伙伴进行更为精准的定位。

2004年之后，市场更加成熟，竞争更加剧烈，如何进一步提高大联想的运营效率，如何提供给客户最佳的体验，如何吸引渠道合作伙伴联盟，特别是如何应对戴尔的直销模式，成为联想决策层头疼的问题。

戴尔直销模式的优势是零库存供应链管理，这加快了资金运转速度。

“经销商的力量是联想扬帆出海的船。”刘军和Ravi Marsaha透露，在全球66个国家，联想的业务主要都是通过合作伙伴来实现。在联想国际方面，超过70%的业务是通过合作伙伴实现，联想中国的业务超过90%通过合作伙伴完成。刘军表示：“联想全球拥有8 000家以上的合作伙伴，这些合作伙伴是联想制胜戴尔的杀手锏。”

而在集成分销的执行上，联想在国内将实行“一国两制”，联想中国与联想国际（中国区）分别完善各自的渠道，分开运行。

资料来源：中国经理人网

案例思考题：

联想为什么要进行渠道变革？三次渠道变革中每次变革的背景如何？

6.3　批发与零售

> 真实任务6.3：通过现场考察，对比批发与零售两者的区别及共同点。
> （1）了解中间商类型；
> （2）熟悉批发与零售特点。

6.3.1 中间商

1. 中间商的概念

中间商是指在生产者与消费者（或用户）之间，参与商品交易业务，促使买卖行为发生和实现的有具体法人资格的组织或个人；或者说，中间商是生产者向消费者（或用户）出售产品时的中介机构，主要包括批发商和零售商。

中间商是商品生产和流通社会化的必然产物。在销售渠道中，中间商占有特别重要的地位，从某种意义上讲，分销渠道策略所研究的内容，就是如何选择中间商，将产品有效地从生产企业转移到消费者和用户的手中。

2. 中间商的作用

中间商在商品由生产领域到消费领域的转移过程中，起着桥梁和纽带的作用。由于中间商的存在，不仅简化了销售手续，节约了销售费用，而且还扩大了销售范围，提高了销售效率。

3. 中间商的类型

（1）按照在商品流通转让过程中是否取得商品的所有权划分为经销商、代理商和经纪人。

①经销商是指从事商品交易业务，在商品买卖过程中取得商品所有权的中间商，其利润主要来自于商品的购销差价，一旦买进商品，则商品的销售风险与利益均由自己独立承担。

②代理商是指从事商品交易业务，接受生产企业委托，但不具有商品所有权的中间商，其利润主要来自被代理企业的佣金，但商品的销售风险与利益一般由被代理企业承担。

③经纪人俗称掮客，既无商品所有权，也不持有和取得现货，其主要职能在于为买卖双方牵线搭桥、协助谈判、促成交易，由委托方付给佣金，不承担产品销售的风险。

这三种类型中间商的比较分析，如表6－3所示。

表6－3 三种类型中间商的比较

类型	商品所有权	利润来源	销售风险	业务特点
经销商	取得	购销差价	自己承担	购进售出商品
代理商	不取得	佣金	不承担	代理销售商品
经纪人	不取得	佣金	不承担	不取得商品，撮合交易

（2）按照在流通转让过程中的地位和作用划分。

按照中间商在流通转让过程中所处的地位和所起的作用不同，可以划分为批发商和零售商：①批发商是指那些主要从事批发业务的企业；②零售商是指向最终消费者直接销售商品的从事零售业务的企业或个人。

6.3.2 批发

1. 批发和批发商的概念

批发是指将购进的商品批量转售给各类组织购买者的业务，是指将商品转售给为了转卖或者商业用途而进行购买的人的活动。

批发商的主要业务活动是批发商品流转活动，即批发商品的购、销、存、运活动。也就是指供转售、进一步加工或变化商业用途而销售商品的各种交易活动。批发商处于商品流通起点和中间阶段，交易对象是生产企业和零售商，一方面它向生产企业收购商品，另一方面它又向零售商业批销商品，并且是按批发价格经营大宗商品。其业务活动结束后，商品仍处于流通领域中，并不直接服务于最终消费者。批发商是商品流通的大动脉，是关键性的环节。它是连接生产企业和商业零售企业的枢纽，是调节商品供求的蓄水池，是沟通产需的重要桥梁，对企业改善经营管理及提高经济效益、满足市场需求、稳定市场具有重要作用。

2. 批发商的类型

（1）商人批发商（或商业批发商）。

商人批发商是指自己进货，取得产品所有权后再批发出售的商业企业。也就是人们通常所说的独立批发商（企业），对其所经营的商品拥有所有权，也被称作中盘商（批发商）、分销商，或者配售商，他们还可以进一步细分为执行全部批发职能的完全服务批发商和执行部分批发职能的有限服务批发商。

①完全服务批发商能提供几乎所有的批发服务功能。按其服务范围及系统产品线宽窄不同，可分为：综合批发商、专业批发商、专用品批发商。

②有限服务批发商对其供应者和顾客只提供极少的服务。这包括：一是现款交易运货自理批发商；二是分销批发商；三是直送批发商；四是专柜寄售批发商；五是生产合作社；六是邮购批发商。

（2）经纪人和代理商。

经纪人的主要作用是为买卖双方牵线搭桥，由委托方付给他们佣金。他们不存货，不卷入财务，不承担风险。代理商有以下四种类型：

①制造代理商。制造代理商也称制造商代表，他们代表两个或若干个互补的产品线的制造商，分别和每个制造商签订有关定价政策、销售区域、订单处理程序、送货服务和各种保证以及佣金比例等方面的正式书面合同。

②销售代理商。销售代理商是在签订合同的基础上，为委托人销售某些特定商品或全部商品的代理商，对价格、条款及其他交易条件可全权处理。

③采购代理商。采购代理商一般与顾客有长期关系，代他们进行采购，往往负责为其收货、验货、储运，并将货物运送给买主。

④佣金商。佣金商又称佣金行，佣金商是取得商品实体所有权，并处理商品销售的代理商，一般与委托人没有长期关系。此外，佣金商还有替委托人发现潜在买主、获得最好价格、分等、再打包、送货、给委托人和购买者以商业信用（即预付货款和赊销）、提供市场信息等职能。

（3）制造商和零售商的分部和营业所。

它的两种形式分别为：一是销售分部和营业所，制造商开设自己的销售分部和营业所。销售分部备有存货，常见于木材、汽车设备和配件等行业，营业所不存货。另一个是采购办事处，又叫进货营业所。许多零售商在大的市场中心，如纽约和芝加哥等地设立采购办事处。

（4）代销品批发商。

其特点是将批发商品放在零售商的货架上出售，同时保留对未出售商品的所有权，并定期与零售商结清已售出产品的账目。代销品批发商在商业活动中大大减少了零售商的风险，他们的业务被零售商广泛接受。只有畅销的商品才会被零售商接受。现在比较大的商店以代销形式分销商品极为普遍，特别是食品方面的商品。

（5）机动式批发商。

这种批发商一般都有一个不太大的仓库和一些运输的车辆，先将商品购进，放在仓库储存，根据订货合同或用户电话临时购货，迅速将商品运达零售商或用户处。

（6）仓储式批发商。

这种批发商不负责货物的运输，不提供商品信用，也不向客户传递市场与商品信息，只把商品销售给来仓库购货的客户，并在当时结清账目。

（7）其他批发商。

如农产品集货商、散装石油厂、油站、拍卖公司等。

6.3.3 零售

1. 零售和零售商的概念

零售的基本任务是直接为最终消费者服务，它的职能包括购、销、调、存、加工、拆零、分包、传递信息、提供销售服务等。在地点、时间与服务方面，方便消费者购买，它又是联系生产企业、批发商与消费者的桥梁，在分销途径中具有重要作用。

零售商是指将商品直接销售给最终消费者的中间商，处于商品流通的最终阶段。作为个人消费者，我们在市场上接触的主要是零售商。零售商是以零售经营为主业的企业和个人。零售业务与批发业务的本质区别就在于零售面对个人消费者市场，是整个营销网络系统的出口，也是商品流通的最后环节。随着社会经济的发展、科学技术的进步，零售的组织形式和经营方式千变万化，层出不穷，成为变化最大、最快的行业之一。

2. 零售商的类型

从经营形式上看，目前零售商的类型主要分为商店零售、无店铺零售和零售组织三种。

（1）商店零售。

商店零售又称为有店铺零售，特点是在店内零售商品与提供服务。最主要的类型有以下七种：

①专用品商店。是专业化程度较高的零售商店，特色是专门经营某一大类产品，如服装店、运动用品店、家具店、花店和书店等。

②百货商店。其经营产品的范围广泛，种类繁多，规格齐全，分类组织与管理，且一般设立在城镇交通中心和商业中心。

③超级市场。其规模很大、成本低、薄利多销，采用自助的服务方式，因而商品价格也较低廉。主要经营各种食品、洗涤用品、家居日常用品等。

④便利店。便利店是设在居民区附近的小型商店，主要销售家庭日常用品、食品等周转速度快的便利品。一周营业七天，每天营业时间很长，方便顾客随时购买。购买目的是临时补缺，即使价格相对比较高，人们也愿意支付。

⑤超级商店、联合商店和特级商场。超级商店比传统的超级市场更大，主要销售各种食品和日用品，提供各项服务。联合商店的面积比超级市场和超级商店更大，呈现出一种经营多元

化的趋势，主要向医药领域发展。特级商场比联合商店还要大，综合了超级市场、折扣店和仓储零售的经营方针，其花色品种超出了日常用品，包括家具、各种家用器具、服装和其他品种，其基本方法是原装产品陈列，尽量由商店人员搬运，同时向愿意自行搬运大型家用器具的顾客提供折扣。

⑥折扣店。以薄利多销的方式通过比较低的价格销售标准商品。

⑦仓储商店。是一种集仓储、批发、零售于一体的自选商场。这种商场形似仓库，内部不做豪华装饰，是一种不重形式，以大批量、低成本、低售价、微利促销、服务有限为特征的零售形式。

（2）无店铺零售。

无店铺零售是指不经过店铺销售商品的零售形式。由于科技发展及竞争关系，越来越多的生产商采用无店铺零售的方式出售商品，其中最普遍的有三种形式：

①直销。是指生产者自己或通过推销人员（直销员）向消费者销售产品的零售方式，也叫人员推销，包括集市摆卖、上门推销、举办家庭销售会等。

②直复营销。直复市场营销是一种为了在任何地方产生可度量的反应和达成交易而使用一种或多种广告媒体的互相作用的市场营销系统。

③自动售货。使用硬币控制的机器自动售货是“二战”后出现的一个主要的发展领域。自动售货已经被用在相当多的产品上，包括习惯性购买的产品和其他产品。自动售货机被广泛安置在工厂、办公室、大型零售商店、加油站、街道等地方，具有向顾客提供24小时售货、自我服务和无须搬运产品等便利条件。自动售货机提供的服务越来越多，如投币式自动点唱机、新型电脑游戏机和银行的ATM自动提款机等。

（3）零售组织。

零售组织是以多店铺联盟的组织形式来开展零售活动的。参与组织的商店可以是同一个所有者开办的若干店铺，也可以是不同所有者的若干商店。通过商店之间的联合，可以避免过度竞争，提高零售的规模经济效益，节约成本。具体形式主要有连锁商店和特许经营。

①连锁商店。指在同一个总公司的控制下，统一店名、统一管理、统一经营、实行集中采购和销售，还可能有相似的建筑风格和标志，由两个或两个以上分店组成的商业集团。连锁店由于规模大，具有大量采购和大量销售的能力，因此可获得规模经济效益。但缺点是如果权力过于集中，灵活性和应变能力较差。连锁是一种组织形式，而非经营方式。根据所有权和集中管理程度的不同，连锁店可分为直营连锁店、自愿连锁店和零售合作组织几种。其中，直营连锁店为同一所有者，统一店名，统一管理；后两种组织的所有权是各自独立的。

②特许经营。特许经营是指特许权授予人与特许权被授予人之间通过协议授权受许人使用特许人已经开发出来的品牌、商号、经营技术、经营规模的权利。为此，受许人必须先支付一笔首期特许费，此后每年按销售收入的一定比例支付特许权使用费，换得在一定区域内使用该商号出售该商品或服务的权利，且必须遵守合同中的其他规定。特许经营被誉为当今零售和服务行业最有潜力和效率的经营组织形式，特别适合那些规模小而且分散的零售和服务业。

阅读材料：

30万美元开家麦当劳

2000年是麦当劳落户中国的第10个年头，麦当劳公司可能在2003年正式在中国推出特许经营业务，其初步加盟条件是加盟者投资金额不少于30万美元。麦当劳公司高层进一步透露，麦当劳的加盟形式也将类似于肯德基，先自己开直营店，再允许加盟者进入，也就是将属下的麦当劳餐厅直营店以特许形式改造为加盟店。据介绍，麦当劳公司希望找到具备下述几个条件的加盟者：高尚的操守；曾在该市场工作；熟悉该市场的文化及习俗；愿意接受为期约12个月的培训；拥有管理经验；可以在特许经营组织胜任工作；投资金额不少于30万美元。30万美元包括餐厅的装修、设备和招牌等费用，但不包括经营场所的租金和员工费用。麦当劳公司的加盟年限目前尚未确定，但已经开展加盟业务的肯德基公司要求加盟者签约年限不少于10年。

据了解，大多数欧美快餐品牌系统中至少有80%的分店属于特许加盟，而麦当劳公司目前在全球126个国家拥有3万多家餐厅。

资料来源：李新丽.30万美元开家麦当劳.北京青年报，2002－06－24.

6.4　物　流

真实任务6.4：就近调查某一超市供应商物流体系。

（1）了解物流含义；

（2）进行简单物流成本计算；

（3）选择物流方式。

6.4.1　物流的概念和职能

所谓物流，是指按照顾客需要有效地计划、实行和控制产品从生产地转移到消费地的实体转移过程的业务。从物流的概念来讲，其任务应该包括原料及最终产品从起点到最终使用点或消费点的实体转移，但这里主要研究最终产品的实体转移。

物流活动与分销渠道的决策紧密相关，在整个市场营销中发挥着不可估量的重要作用，它对产品的成本影响很大，物流的总成本约占销量额的8%～10%，削减物流成本已成为企业的重要经营课题。因为物流是降低产品成本并使其合理化的“最后的可开发领域”。另一方面，物流还会很大程度地影响企业的市场营销服务水平和竞争力，因为产品的地点效用和时间效用的体现取决于有效、快速的实体转移。

传统的物流观念认为，物流从工厂出发来考虑如何有效地以低成本将产品送达使用地或消费地，而现代物流观念即市场后勤学观念则认为，物流系统及其规划都应从市场出发，首先是充分研究和了解市场，根据市场需要来研究如何以适当的成本在适当的时间以适当的方式将适当的产品送到适当的地点，从而及时有效地满足顾客的需要，并使其获得满意，同时也能使企业满意，并获得较好的经济效益。

关键的问题是“适当”二字，要使这“适当”得以实现就必须做好如下三点：第一，运用现代科学技术来建立和运作物流系统；第二，通盘管理物流的各种职能和物流系统中的各环节；第三，根据市场需求和产品的特点，既要考虑其统一性，又要实行差异化策略。关于物流概念如图 6－3 所示。

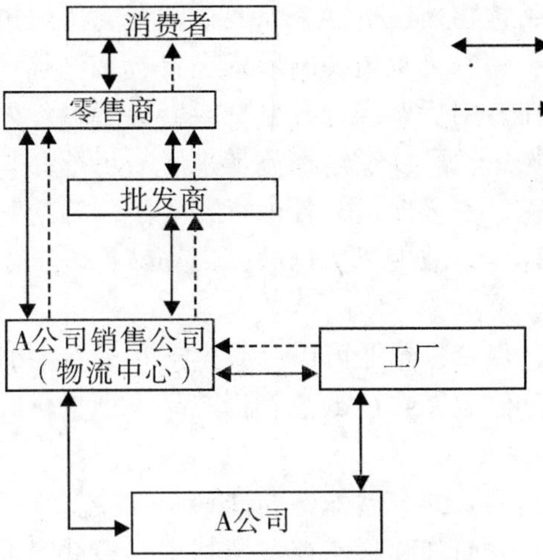

图 6－3 物流概念图

物流的职能，是将产品由其生产地转移到最终使用地或消费地，从而创造时间效用和地点效用，提高其产品的价值。物流作为渠道构成成员，承担着订单处理、产品处理、保管、库存管理、运输等重要职能。

1. 订单处理

物流系统最初阶段的订单处理就是接受和发送销售及订货信息。订单处理一系列活动看似简单、容易被忽视，然而高效率的订单处理却能使产品顺利流通，并增加再订货订单和利益。

一般来说，订单处理包括订货的受理、订购品的出货和订购品的配送三项业务。这些业务的开展涉及企业的许多相关部门，所以需要各部门予以高度重视，积极协作，迅速作出反应。当企业订单受理部门接到顾客订单后，一旦受理其订单，就要将其订货信息传达给仓库，由仓库确认是否有其产品。接下来就由订单受理部门检验和确认价格及其交易条件、顾客的信用度。如果订购品没有库存，就必须将制造指令书传送工厂或征求顾客意见，是否可用代替品取而代之。

订单处理可以反映一个企业对市场信息的反应能力和企业的管理效率。现在计算机广泛运用于订单受理、订单处理和配送等业务，大大缩短了处理时间，降低了成本，提高了效率。如美国通用电器公司（GE）在接到顾客订单后，可以立即确认顾客的资信，查到企业是否有存货和存货地点，发出发货指令，给顾客开出账单，更新存货记录，发出生产指令，向推销人员反馈有关订货的处理信息等。这一系列工作可以在 15 秒内完成。

2. 产品的处理

产品处理对有效的仓库运营极为重要。产品自身的特征往往决定其产品如何处理，如量多的液体和气体，其独特的性质将决定如何移动和储藏它们。

产品的科学有序处理，可以提高仓库的容纳能力，减少产品的处理次数，改善对顾客的服务，提高顾客对产品的满意度。因此必须调整有关包装、装货、移动的系统，以期最大限度地降低成本和提高顾客的满意程度。适当的包装既可以保护产品，又可以方便搬运、装卸和储存。

产品的处理过程中一般要使用货物处理机器。如通过铲车、传送机等来移动或装卸产品就可大大提高效率。不过这需要将产品以统一包装的形式进行包装调整或集中处理，如按产品类别或出货的需要把产品集中堆装在专用货架或货台上，或者进行打包处理。另外，集装箱也是货物处理的好装备。集装箱的货物运送可以说给物流带来了一场革命，使运输能力得到飞跃性的提高。它能以稳定的价格，迅速、安全地运输各种货物。集装箱的利用不仅大大地提高了运输效率，还提高了对产品的保护程度，减少了货物的丢失和破损。

3. 保管

保管是重要的物流职能，通过保管，企业可以克服生产和消费在时间上的差异，即能产生时间效用。保管并不是单纯的产品储藏，它还承担着将产品小批量化或收集货物的职能。

4. 库存管理

库存管理包含着足以满足顾客需求的产品配备的计划和维持。库存管理的目的在于，一方面要保持足够数量的产品；而另一方面却要将库存费控制用到最低限度。由此可见，库存管理至关重要，是物流的中心课题。

库存管理方法，有以下三种：

①建立起使用计算机、电子机器的现代化库存管理系统，将现场库存、出货电子计数器直接与中央计算机系统相联结，及时掌握库存和销售额等情况，并作出补充货物或下达生产指令等相应的反应。

②将 Just in time（丰田的看报方式）用于库存管理，做到只保持必要的、最低限度的库存，这样可以避免浪费，大幅度减少库存费用。

③运用 80/20 法则。该法则认为，一般由所经营品种的 20% 占了销售额的 80%。因此，在库存管理上必须差别对待，即周转率高的 20% 的品种要保持充足的库存，以免发生缺货现象，但对周转缓慢的品种，其库存量应控制在最小限度。

5. 运输

主要运输手段有铁路、汽车、水运、航空、管道，各种手段都有其优点，许多企业将两种或两种以上运输手段组合起来使用。

运输手段的选择不但会影响顾客需求的满足，而且对物流成本的影响也较大。因此，在运输手段选择中，必须充分考虑对顾客需求的满足程度、对产品和市场的适应性、速度、成本、可靠性、运输能力、便利性、配货能力、安全性等因素。如表 6－4 所示。

表6-4 各运输手段比较 （1=最高顺位）

比较项目/运输手段	速度（从门到门的配送时间）	成本（平均吨/公里）	便利性	可靠性（在预定时间内抵达）	运载能力（运载各种货物的能力）	可利用性
铁路	3	3	2	4	2	4
水运	4	1	4	5	1	4
汽车	2	4	1	2	3	1
管道	5	2	5	1	5	5
航空	1	5	3	3	4	3

6.4.2 物流的发展

1. JIT（Just in Time）在物流中的运用

（1）JIT的基本原理。

JIT为“及时”或“正好赶上”系统，即在需要时按所需数量提供所需部件、原材料或产品。这里有三层含义：一是在需要时生产所需数量的零部件供应给组装线；二是在必要时从外部购进必要数量的零部件和原材料；三是在必要时向顾客提供其需要数量的所需产品。

（2）在物流中运用，即按顾客要求，在其需要时将所需数量的所需产品运送到所需要的地点。

2. 物流系统的新构想——DRP

DRP（Distribution Requirements Planning，按需配送计划），是指根据市场需求将生产管理和销售管理有机地结合起来，实行连动复合式管理的管理系统。通过这种连动复合式管理，一方面消除流通过程中不必要的产品库存，降低成本，提高效率；另一方面，又可以更好地满足顾客需求，即做到在顾客需要时将其所需数量的所需产品及时有效地送达指定地点。

3. 第三方物流的兴起

第三方物流，是指由第三方全面负责物流体系的设计和维护及调货、库有管理、装卸、配送等全部物流业务。第三方物流在日本、美国、欧洲等发达国家都比较普遍。据有关资料显示，日本的商业企业和工业企业以及第三方物流企业之间的社会化配送是世界上发展得最好的，第三方物流在全物流中所占比例是最高的，达到80%左右。美国有57%的物流量通过第三方物流业完成。欧洲一些主要国家虽比日本和美国所占比例要小一些，但也占到20%以上，如英国占34.48%，法国占26.9%，荷兰占25%，比利时占24.99%，德国占23.33%。

阅读材料：

物流对生产流程的优化和再造

1913年，福特汽车公司采用了传送带装置将生产过程组成了流水作业线，把原来孤立的“岛状”生产方式改变成连续不断地在传送带不同部位同时进行全部作业活动的生产方式。所有工人，都要按照传送带的节奏在指定的位置，按指定的要求，按同样的速率去进行指定的工作。这种方法使福特公司的T型汽车生产能力大大提高，生产成本大幅度下降，汽车的装配时间减少到原来时间的十分之一。一条传送带的作用，把独立的操作变成了一个系统：减少甚至根除反复不断出现的搬运、装卸，通过顺畅连贯的物流，把生产变成了顺畅连贯的系统。这应该说是物流系统价值的大规模发现，这个发现应该比“二战”时期美国军队托盘叉车系统应用发现物流系统价值要早得多，这就是物流改变生产的一个历史见证。

资料来源：中国营销评论网

万向集团制动器产品在美国的渠道策略

万向集团创立于1969年，主要业务是制动器等汽车零部件，2003年公司的销售额近100亿元人民币。万向集团在美国的主要扩张是通过设立在美国的投资公司。万向第一次接触UAI公司（美国制造和销售制动零部件企业）是在1996年，当时的UAI公司正处于扩张期，UAI公司在1996年收购、兼并了好几家企业，其中之一是万向美国公司的客户。

UAI公司是一家主要在美国市场销售汽车零部件的经销商。早在1984年，UAI公司给了万向一笔3万套的万向节订单，万向由此开始了汽车零部件生产之路。万向的产品在美国市场销售都冠以“舍勒”商标。当2001年NASDAQ（纳斯达克）市场大幅度缩水的时候，UAI的许多问题被暴露出来，尽管UAI公司销售尚可，但是其内部的财务状况已经极其恶化，特别是资产负债率高达90%以上，公司面临退市的风险。在这种情况下，UAI公司不得不以出售其公司股份来引进新的战略投资者。此时万向集团有了并购机会。结果，万向花了42万美元收购了舍勒公司的品牌、技术专利、专用设备及市场网络，而厂房、设备等由另一家公司买走。万向集团收购美国UAI公司就是一种买店行为。由于买下了此“店”，万向在美国市场每年增加了500万美元的销售额。

万向集团为了达到其战略收购目的，收购条款中规定UAI必须每年向万向购买2 000万美元的产品，并且万向可拒绝UAI向其他中国厂商购买同类产品。

资料来源：中国营销传播网

阅读以上材料，回答问题：

1. 万向制动器产品进入美国市场的方式是什么？成功的主要原因是什么？
2. 收购UAI以后，万向面临的问题对其渠道构成什么样的威胁？
3. 能否分析一下未来万向在渠道方面的策略？
4. 影响分销渠道选择的因素有哪些？

阅读材料：

物流联盟？

什么是物流联盟

联盟是介于独立的企业与市场交易关系之间的一种组织形态，是企业间由于自身某些方面发展的需要而形成的相对稳定的、长期的契约关系。物流联盟是以物流为合作基础的企业战略联盟，它是指两个或多个企业之间，为了实现自己物流战略目标，通过各种协议、契约而结成的优势互补、风险共担、利益共享的松散型网络组织。在现代物流中，组建物流联盟作为企业物流战略的决策之一，其重要性是不言而喻的。在我国，物流水平还处于初级阶段，组建联盟便显得尤为重要。

物流联盟产生的原因：

1. 利益是物流联盟产生的最根本原因。企业之间有共享的利益是物流联盟形成的基础。物流市场及其利润空间是巨大的。在西方发达国家，物流成本占 GDP 的 10% 左右，而我国占 15% ~20%，如此大的市场与我国物流产业的效率低下形成鲜明的对比，生产运输企业通过物流或供应链的方式形成联盟有利于提高企业的物流效率，实现物流效益的最大化。

2. 大型企业为了保持其核心竞争力，通过物流联盟方式把物流外包给一个或几个第三方物流公司。如英国的 Laura Ashley 是一家时装和家具零售商及批发商，从 1953 年的一个以家庭为基础的商业企业发展到在全球 28 个国家有 540 个专卖店的企业。从 20 世纪 80 年代，Laura Ashley 公司开始使用联邦快递（Fedex）的服务来经营北美地区业务，在 90 年代初，Laura Ashley 面临着一个物流问题：即陈旧和集中的存货系统使公司在正常的基础上很难提供充足数量的产品，Laura Ashley 公司的仓储和供应网络会延迟送货时间，尤其在英国以外的国家。为了提升竞争地位，增加核心竞争力，Laura Ashley 公司决定与联邦快递结盟，外包其关键性的物流功能，如存货控制和全球物流配送。于是在 1992 年 3 月，公司外包其未来 10 年内的总计 2.25 亿美元的全球物流服务项目给联邦快递公司。Laura Ashley 公司减少了其一半的库存货物，减少了 10% ~12% 的物流费用。补货控制在 48 小时内，提高了产品的供货效率。尤其重要的是那些“易损”的产品现在能够更可靠、频繁和准时地配送。

3. 中小企业为了提高物流服务水平，通过联盟方式解决自身能力的不足。近年来随着人们消费水平的提高，零售业得到了迅猛的发展，这给物流业带来了发展机遇的同时，也带来了新的挑战。因物流发展水平的长期落后，如物流设备、技术落后、资金不足、按行政条块划分物流区域等，很多企业尤其是中小企业不能一下子适应新的需求，于是通过联盟的方式来解决这个矛盾。

4. 以第四方物流为中心对物流服务的各个机构尤其是第三方物流公司进行整合，在数量上和质量上服务能力都大大提高，解决单独靠一家企业或第三方物流机构不能完成的问题，从而产生新的联盟方式。

5. 国际互联网技术的广泛应用使跨地区的物流企业联盟成为可能。由于信息高速公路的建成，使得世界距离大大缩短，异地物流企业利用网络也可以实现信息资源共享，为联盟提供了有利的条件。

6. 我国物流企业面临跨国物流公司的竞争压力，通过物流联盟形式来应对。中国将很快加入 WTO，这给国外的投资商带来了无限的商机，而具有巨大潜力的物流业当然也成了令其眼红的一块“肥肉”，世界最大的物流公司丹麦的马士基公司正全面进军中国的物流业并在上海建立全国配送中心便是明证。面对如此强劲的竞争对手，我国的物流企业只有结成联盟，通过各个行业和从事各环节业务的企业之间的联合，实现物流供应链全过程的有机融合，通过多家企业的共同努力来抵御国外大型物流企业的入侵，形成强大的力量，共进退、同荣辱，才有可能立于不败之地。

物流联盟的优势：

1. 大企业通过物流联盟迅速开拓全球市场，如 Laura Ashley，正是与联邦快递联盟，完成其全球物流配送，从而使业务在全球范围内展开。

2. 长期供应链关系发展成联盟形式，有助于降低企业的风险。单个企业的力量是有限的，它对一个领域的探索失败了，损失会很大，如果几个企业联合起来，在不同的领域分头行动，就会减少风险。而且联盟企业在行动上也有一定协同性，因此对于突如其来的风险，能够共同分担，这样便减少了各个企业的风险，提高了抵抗风险的能力。

3. 企业（尤其是中小企业）通过物流服务提供商，结成联盟，能有效地降低物流成本（通过联盟整合，可节约成本 10% ~25%），提高企业竞争能力。由于我国物流业存在着诸多不利因素，让这些企业进行联盟能够在物流设备、技术、信息、管理、资金等各方面互通有无，优势互补，减少重复劳动，降低成本，达到共同提高、逐步完善的目的，从而使物流业朝着专业化、集约化方向发展，提高整个行业的竞争能力。此外，物流联盟有助于物流合作伙伴之间在交易过程中减少相关交易成本。物流合作伙伴之间经常沟通与合作，互通信息，建立起来的相互信任和承诺能减少履约风险；即使在服务过程中产生冲突，也可通过协商加以解决，从而避免无休止讨价还价，甚至提出法律诉讼而产生费用。

4. 第三方物流公司通过联盟有利于弥补其在业务范围内服务能力的不足。如联邦快递（Fedex）公司发现自己在航空运输方面存在明显的不足，于是决定把一些不是自己核心竞争力的业务外包给 Fritz 公司，与 Fritz 公司联盟，作为它的第三方物流提供商。

资料来源：中国营销传播网

◆课堂游戏

加强记忆力与观察力

游戏规则：

1. 请组员从身上随即拿出 16 样物品。

2. 将 16 样物品放在一个 4×4 的方格板上，给大家一分钟的时间记住物品摆放的位置。

3. 选择 6 样物品拿走，然后请一个组员自告奋勇地上来用最短的时间恢复物品摆放的次序。

4. 重复几次，变化摆放的次序，看谁的正确率最高。

游戏目的：

毫无疑问，记忆力和观察力是属于人类最宝贵的能力。此游戏就是通过一种轻松有趣的方式让人们认识到记忆和观察的重要性，让他们进一步培养这些能力。

1. 沟通能力

2. 团队合作

3. 记忆和观察能力

相关讨论：

1. 组员记住这些物品摆放的位置使用了哪些技巧？

2. 重复地进行训练，正确率有提高吗？

3. 如何在沟通与考察中识别经销商的弄虚作假？

游戏主要障碍和解决：

1. 记住物品位置的方法主要有：可以在观察时将方格里的物品上号，这样就可以对号入座了；也可以记个人分工，每人负责记住几样东西；也可在观察时简单分类，用分类加强记忆。

2. 完成这个游戏需要组员们互相交流和配合，因为每个人的观察都有片面性，又由于时间限制，所以分工是必须的。

形式：集体参与

时间：10 分钟

场地：开阔地或课堂

材料：4×4 方格板

◆课堂思考

1. 什么是分销渠道？与市场营销渠道有什么区别？
2. 分销渠道有哪些主要职能？
3. 选择分销渠道应考虑哪些因素？
4. 如何对分销渠道分类？可以分为哪些类型？
5. 密集分销和选择分销各适应哪些产品？
6. 简述分销渠道的发展趋势。
7. 如何评价渠道方案？
8. 如何选择中间商？
9. 什么是物流？物流具有哪些职能？
10. 如何库存管理？
11. 什么是第三方物流？为什么我国迫切需要发展第三方物流？
12. 我国如何发展第三方物流？

◆实训操作

【实训目标】运用选择分销渠道原理分析、解决实际问题，掌握选择分销渠道技能。

【实训组织】以 5～8 人为一小组，选择学校所在城市的一家中小企业进行实地调查，了解其渠道选择、渠道运行、渠道管理的状况。

【实训要求】

1. 各组在掌握调查材料基础上，课堂总结走访企业的渠道状况及渠道选择的一般模式。
2. 指出该企业渠道设计、运行、管理中存在的问题。
3. 针对渠道运行中存在的问题，提出具体的解决措施。

◆课堂讨论

1. 分销渠道有哪些模式？在选择分销渠道时应考虑哪些因素？
2. 中间商有哪些类型？各种类型又包括哪些具体形式？
3. 分析一下可口可乐在你所在城市的渠道，并与百事可乐进行对比。

4. 假如你是一家某快速消费品企业的负责人，你将怎样选择你的中间商？

5. 企业重视物流管理的原因何在？

◆技能自测

填空题：

1. 分销渠道的长度是指产品流通过程中所经过的（　　　　　）的多少；而分销渠道的宽度是指产品流通过程中所经过的（　　　　　）的多少。

2. 按照商品流转过程中是否取得商品的所有权划分，中间商可以划分为（　　　　　）、（　　　　　）和（　　　　　）三类。

3. 按照在流通转让过程中所处的地位和所起的作用，中间商可以划分为（　　　　　）和（　　　　　）两类。

4. 同一层次的两个或两个以上的企业联合起来，利用各自的资金、技术、资源等方面优势，共同开发和利用市场机会的分销渠道组织管理方式称作（　　　　　）。

5. 最窄的渠道模式是（　　　　　），最短的渠道模式是（　　　　　）。

选择题：

1. 不拥有商品所有权的中间商是（　　）。

A. 经销商　B. 代理商　C. 批发商　D. 零售商

2. 下列产品中不能采用较长分销渠道的是（　　）。

A. 花生　B. 自行车　C. 鲜鱼　D. 电视机

3. 直接向最终消费者提供商品的中间商是（　　）。

A. 经销商　B. 代理商　C. 批发商　D. 零售商

4. 生产者通过两个或两个以上的同类中间商来销售自己的产品的渠道是（　　）。

A. 长渠道　B. 短渠道　C. 宽渠道　D. 窄渠道

5. 没有中间商介入的分销渠道，称作（　　）。

A. 直接分销渠道　B. 间接分销渠道　C. 一级分销渠道　D. 二级分销渠道

6. 下列情况中，（　　）适宜采用最短的分销渠道。

A. 单价低、体积小的产品　B. 技术性强、价格昂贵的产品

C. 生产集中的产品　D. 处在成熟期的产品

7. 分销渠道不包括（　　）。

A. 中间商　B. 消费者　C. 供应商　D. 制造商

8. 在目前市场游戏规则不甚完善的情况下，选择分销商考虑（　　）因素就显得尤其重要。

A. 成本　B. 特点　C. 资金　D. 信用

9. 体积大的重型产品，一般应采取（　　）。

A. 短渠道　B. 长渠道　C. 宽渠道　D. 窄渠道

10. 下列产品中最适合采用密集性分销策略的是（　　）。

A. 电视机　B. 洗衣机　C. 高档家具　D. 啤酒

11. 能有效控制销售渠道，与中间商关系密切的渠道宽度策略是（　　）。

A. 集中分销　　B. 独家分销　　C. 密集性分销　　D. 选择性分销

12. 制造和分销的各个环节都归一方所有并受其控制，这种营销渠道叫做（　　）。

A. 公司式垂直分销渠道结构　　B. 管理式垂直分销渠道结构

C. 契约式垂直分销渠道结构　　D. 水平式分销渠道结构

13. 许多耐用消费品和选购品的生产企业所使用的渠道模式是（　　）。

A. 生产者——零售商——消费者

B. 生产者——批发商——零售商——消费者

C. 生产者——代理商——零售商——消费者

D. 生产者——代理商——批发商——零售商——消费者

14. 以大批量、低成本、低售价和微利多销的方式经营的连锁式零售企业是（　　）。

A. 超级市场　　B. 便利商店　　C. 仓储商店　　D. 折扣商店

简答题：

1. 何谓分销渠道？分销渠道有哪些模式？
2. 企业分销渠道有哪些类型？
3. 常见的零售商有哪几种？企业选择中间商的主要标准有哪些？
4. 企业如何对渠道进行有效的管理？企业拟进行渠道调整，可以采取的方法有哪些？
5. 企业可以选择的运输方式有哪些？各有何优缺点？

◆课后拓展

阅读《营销咨询》（方少华）、《渠道为王》、《仍然不足够》（高德拉特）、《追求卓越》（汤姆·彼得斯）、《营销渠道》（科兰）、《渠道激励——中国企业营销制胜的核心武器》（盛斌子）

任务7　促销策划

教学安排

●能力目标

1. 了解促销策划方式
2. 体验职业道德与操守
3. 独立进行产品推广
4. 熟练应用广告、营业推广、公关策略进行促销策划

●核心能力

1. 明确广告策划、公关策划和营业推广策划的程序
2. 掌握广告策划、公关策划和营业推广策划的具体内容
3. 学会编写各类促销策划书

●教学重点

1. 促销策划的主要环节和步骤
2. 各种促销手段的含义与创新运用
3. 职业道德与职业操守体验

阅读材料：

李小姐新开了一家某品牌内衣店，新开店想搞促销活动，但是她从没开过店，没什么经验，于是就请教了一位在北方某城市开内衣店的朋友，该搞什么促销活动的。朋友跟她说自己当时开业时刚好是国庆，地点又在黄金路段，一到节假日人流量就特大，她当时就印制了几千张传单，里面还有个10元的现金抵用券，一次性消费满80元就可以用那个抵用券抵10元，国庆节当天请了几个学生在附近发，效果很好，开了个好彩头。李小姐一听觉得这个方法不错，就照搬了朋友的促销方案，在开业当天也印制了上千份传单，里面也印有10元现金抵用券，请了几个朋友在开业当天帮忙派发，但是让李小姐没有想到的是她开业当天整条街冷冷清清的，只是到了下班时间才有点人气，她的促销活动做得很失败。李小姐只想着照搬朋友的促销方案，没有想到自己的实际情况，她的店开在小区里面，只有上下班跟晚上时人气比较旺，所以根本就不适合做她朋友的促销方案，但是她却一味照抄，最后以促销失败而告终。

7.1　促销组合

真实任务7.1：观察学校附近某一超市一个月来的所有促销活动，并评价总结其效果。
1. 了解促销组合的内容与特点；
2. 掌握促销预算制定方法。

1. 促销的含义

促销（Promotion）是指企业应用各种沟通方式、手段、媒介，向目标顾客传递商品或服务的信息，引起消费者的兴趣、注意，激发消费者的购买欲望，从而作出购买决策的一系列活动。促销本质上是一种通知、说服和沟通活动，即谁通过什么渠道（途径）对谁说什么内容。沟通者有意识地安排信息、选择渠道媒介，以便对特定沟通对象的行为与态度进行有效的影响。

2. 促销组合的含义

促销组合指为达到企业营销目标，在既定预算前提下，灵活、充分、创新性地运用四种基本促销手段组合成一个策略系统，使企业的全部促销活动互相配合、协调一致，最大限度地发挥整体效果，从而顺利实现企业目标。促销组合的要素包括人员促销、营业推广、广告促销和公共关系。

人员推销着眼于信息的双向沟通和面对面的情感交流，是信息单向沟通所不能取代的。与广告相比，它有三个最显著的特点：①灵活，由于是直接接触，可就近观察到目标顾客的态度和需要，随时调整自己；②促进买卖双方建立友谊，保持长期联系；③推销人员能及时得到购买与否的反馈。因其特点，在促销组合中处于主力地位，不过也是一种最昂贵的促销方式。

营业推广着眼于对消费者或中间商进行强烈刺激，以激励他们对特定产品或服务较快或较大量地购买，是短时期促销的有效工具。可以说，广告提供了购买理由，营业推广提供的是购买刺激，推动顾客快买、多买。

广告是一种高度大众化的信息传递方式，可多次重复，并因充分利用文字、声音和色彩而极富表现力，特别适合向分散于各地的众多目标顾客传递销售信息。就向单个目标顾客传递信息而言，其成本也是很低的，是促销组合中的主力。

公共关系是一种间接的促销方式，着眼于树立形象、沟通关系，是公共宣传的有效工具。但由于它既为营销目标服务，又为企业整体目标服务，所以在促销组合中一般处于辅助地位。

3. 影响促销组合的因素

（1）促销目标。

促销目标在不同阶段有不同的重点，如目标为树立企业形象，提高产品知名度，促销重点应在广告，同时辅之以公关宣传；如目标是让顾客充分了解某种产品的性能和使用方法，印刷广告、人员推销或现场展示是好办法；如促销目标为在近期内迅速增加销售，则营业推广最易立竿见影，并辅以人员推销和适量的广告。从整体看，广告和公关宣传在顾客购买决策过程的初级阶段成本效益最优；而人员推销和营业推广在较后阶段更具成效。

（2）市场与产品特点。

产业市场和消费者市场在顾客数量、购买量和分布范围上相差甚远，各种促销方式的效果也不同。一般来说，在产业市场上更多采用人员推销，而消费者市场上大量采用广告。因为产业市场具有技术性强、价格高、批量大、风险大等特性，适宜人员推销为主，配合公共关系和营业推广的组合；反之，消费者市场顾客数量多而分散，适宜广告促销为主，辅以公共关系和营业推广的组合。

从产品特点看，技术复杂、单价昂贵的商品适用人员推销，如生产设备、计算机、高档化妆品。因为需要懂技术的推销人员做专门的介绍、演示操作、售后技术保障；另外价格昂贵才能承担相对昂贵的人员推销成本。反之，结构简单、标准化程度较高、价格低廉的产品适合广告促销，如绝大多数消费品。

（3）产品生命周期。

对处于生命周期不同阶段的产品，促销目标通常有所不同，投入的促销预算和促销组合也不同。其分析组合概括为表 7－1 所示。

表 7－1　产品生命周期不同阶段的促销组合选择

产品生命周期阶段	促销目的	成本效应和促销组合
导入期	促使消费者认识、了解企业产品	以广告和公共关系为主，其次是人员推销和营业推广
成长期	提高产品知名度	虽以广告和公共关系为主，但应考虑用人员推销来部分替代广告以降低成本
成熟期	保住已有的市场占有率，增加信誉度	应以营业推广为主，充分利用降价、赠送等促销工具，并辅以广告、公共关系和人员推销
衰退期	维持消费者对产品的偏爱，保证利润	人员推销、公共关系和广告的效应都降低了，以营业推广为主

（4）促销的基本策略。

不同的促销组合形成不同的促销策略。诸如以人员推销为主的促销策略，以广告为主的促销策略。从促销活动运作的方向来分，有推式策略和拉式策略两种。推式策略是以人员推销为主，辅之以中间商销售促进，兼顾消费者，把商品推向市场的促销策略。其目的是说服中间商与消费者购买企业产品，并层层渗透，最后到达消费者手中。拉式策略以拳头产品为广告促销，通过创意新、高投入、大规模的广告轰炸，直接诱发消费者的购买欲望，由消费者向零售商、零售商向批发商、批发商向制造商求购，由下至上，层层拉动购买。

（5）经济前景。

企业应随着经济前景的变化，及时改变促销组合。例如，在通货膨胀时期，购买者对价格反应十分敏感。在这种情况下，企业至少可采取以下对策：提高销售促进相对于广告的分量；在促销中特别强调产品价值与价格；提供信息咨询，帮助顾客知道如何明智购买。

（6）促销预算。

促销预算直接影响到促销组合的选择与各项活动的正常开展。每个企业都希望以最低的营销费用获取最高的销售利润。制定促销预算从理论上讲比较容易，但由于可变因素较多，实际运用中相当困难。

制定促销预算的方法很多，较常用的方法主要有量力支出法、销售额比例法、竞争对等法和目标任务法。

①量力支出法。

量力支出法，是指企业确定促销预算的依据是他们所能拿得出的资金数额。企业根据其财力情况来决定促销支出，方法简单易行，但它完全忽略了促销与销售之间的因果关系，忽略了促销对销售的影响。所以，严格说来，量力支出法在某种程度上存在着片面性，不利于企业制订长期的市场开拓计划。

②销售额比例法。

销售额比例法，是指企业按照销售额（销售实绩或预计销售额）或单位产品售价的一定百分比来计算和决定促销支出。这就是说，企业按照每完成100元销售额（或每卖1单位产品）需要多少促销费用来计算和决定促销预算。

使用销售额比例法来确定促销预算的主要优点是：暗示促销费用将随着企业所能提供的资金量的大小而变化，这可以促使那些注重财务的高级管理人员认识到：企业所有类型的费用支出都与总收入的变动有密切关系；可促使企业管理人员根据单位促销成本、产品售价和销售利润之间的关系去考虑企业的经营管理问题；有利于保持竞争的相对稳定，因为只要各竞争企业都默契地同意让其促销预算随着销售额的某一百分比而变动，就可以避免促销大战。

使用销售额比例法来确定促销预算的主要缺点是：把销售收入当成了促销支出的“因”而不是“果”，造成了因果倒置；此法基于可用资金的多少，而不是基于“机会”的发现与利用，因而会失去有利的市场营销机会；促销预算将随每年的销售波动而增减，从而与促销长期方案相抵触；没能提供合适的比率，而是随意确定一个比率；不是根据不同的产品或不同的地区确定不同的促销预算，而是所有的促销都按同一比率分配预算，造成了不合理的平均主义。

③竞争对等法。

竞争对等法，是指企业比照竞争者的促销支出来决定本企业促销支出多少，以保持竞争上的优势。在市场营销管理实践中，不少企业都喜欢根据竞争者的促销预算来确定自己的促销预算，形成与竞争者旗鼓相当、势均力敌的对等局势。

采用竞争对等法的前提条件是：第一，企业必须能获悉竞争者确定促销预算的可靠信息，只有这样才能随着竞争者促销预算的升降而调高或调低；第二，竞争者的促销预算能代表企业所在行业的集体智慧；第三，维持竞争均势能避免各企业之间的促销大战。但是，事实上，上述前提条件很难具备。一是企业没有理由相信竞争者所采用的促销预算确定方法比本企业的方法更科学；二是各企业的促销信誉、资源、机会与目标并不一定相同，可能会相差甚多，因此，某一企业的促销预算不一定值得其他企业效仿；三是即使本企业的促销预算与竞争者势均力敌，也不一定能够稳定全行业的促销支出。

④目标任务法。

目标任务法的具体步骤是：明确地确定促销目标；决定为达到这种目标而必须执行的工作任务；估算执行这种工作任务所需的各种费用，这些费用的总和就是计划促销预算。

企业在编制总的促销预算时，先要求每个经理按照下述步骤准备一份促销预算申请书：尽可能制定详细的促销目标，该目标最好能用数字表示；列出为实现该目标所必须完成的工作任务；估计完成这些任务所需要的全部成本。

目标任务法的缺点是没有从成本的观点出发来考虑某一促销目标是否值得追求。

阅读材料：

房产促销的17种常用方法

有策划人总结了房地产促销的十七种常用方法：一、"无风险投资"促销法；二、购房俱乐部法；三、"购房安全卡"促销法；四、"精装修房"促销法；五、周末购房直通车促销法；六、优惠价格促销法；七、名人效应完美形象促销法；八、环保卖点促销法；九、保健卖点促销法；十、展销会促销法；十一、赠奖促销法；十二、抽奖促销法；十三、先租后卖法；十四、联合推广楼盘法；十五、公益赞助促销法；十六、节庆、典礼促销法；十七、新闻、公关促销法。

资料来源：中国营销传播网

7.2 人员推销

真实任务7.2：在校内进行一次产品（产品可自选）推销实践。
(1) 了解推销特点与过程；
(2) 掌握推销方法；
(3) 锻炼推销技能。

阅读材料：

化妆品的推销面谈

一位化妆品推销员在向一名中年妇女推销。

推销员取出一瓶润肤膏："这种润肤膏可防止皮肤干裂。您有兴趣吗？"

准顾客拿过润肤膏，审视着包装说明。

推销员："如果希望随着年龄的增长仍然皮肤柔嫩的话，您就要使用润肤膏了。这种牌子的润肤膏效果很好。您打开盖子看看。”

准顾客拧开润肤膏瓶盖。

推销员：“您看，膏体幼滑，气味幽香，最适合像您这种身份的女士了。李嘉欣就长期使用它，她40多50岁的人了还像个青春少女。”她掏出一些照片，“喏，这里还有许多使用过这种润肤膏的女士们的照片。看看，她们个个都光彩照人。”

准顾客一边看着照片，一边在思量。

推销员：“我看，您用这种润肤膏最合适不过了。”

准顾客：“好吧，我先买点试试。”

推销员把润肤膏递给对方，收款。

“以后需要可随时来找我。”推销员双手递上名片。

资料来源：中国营销传播网

7.2.1 人员推销的特点

人员推销是指推销人员直接访问顾客，推销产品，并说服其购买的促销活动。在这一过程中，销售人员要确定购买者的需要，并通过自己的努力去吸引和满足购买者的各种需求，使双方能从公平交易中获取各自的利益。人员的推销形式很多，如营业（网点、门市、柜台）推销、展开（展示、演示）推销、服务推销、样品推销、会议（订货会、商务洽谈会、研究会）推销、电话推销、上门（走访、逐户）推销、个人推销、集体推销等。这里所指的推销人员包括：推销员、市场代表、商店售货员以及其他与消费者直接接触的销售人员。

阅读材料：

推销活动中的演示效果

办公室的员工刚刚还是笑声不断。当听到推销人员令人生厌的脚步声时，大家就都乱糟糟地躲在门后或者是桌子后面，以避免同正走过来的推销员目光接触。当我注意到大家发出阵阵窃笑，并向家具后面躲避时，才意识到一个推销员已经迫近了。太晚了，我转过身，看到一个衣衫破旧的小个子，身着一件油乎的雨衣，带着一个被咖啡弄脏了的公文包向我走过来。我还没搞清楚到底发生什么事，他就把他的公文包打开了，接着就把一小罐汽油撒在自己身上。他从衣服的里兜掏出一个打火机，就把自己点着了。接着，他一边摆出典型的推销员的姿势（右手伸出，拿着一个喷灌，左臂指向商标），一边说：“看看这个，女士们先生们，这就是Flame Zapper袖珍灭火器……”。就在他向自己喷灭火剂的时候，他还继续说：“随便到哪儿，你都可以带着这东西……”他离开时，身上轻了几罐灭火器的重量，却增加了几英镑的重量。

资料来源：[英] P. R. 史密斯，乔纳森·泰勒. 市场营销传播方法与技巧. 北京：电子工业出版社，2003.

和其他促销工具相比，人员推销具有以下特点：

1. 双向信息沟通使信息传递容易被接受

推销人员在访问推销的过程中，要与顾客直接面对面地进行洽谈，因此，购买者并不是被动地接受企业的促销信息，他们也通过某种方式主动发出信息。这就使得推销人员可以根据购买者的即时反应调整推销对策，施展劝说才能，达到销售目的。

2. 人际关系强，容易建立较稳定的购销关系

推销人员在销售过程中要经过较多次的反复劝说，与顾客接触机会多，容易相互了解。一旦交易达成，双方的目的都得以实现，稳固的购销关系也就随着建立起来了。

3. 灵活性强，具有能动性和选择性

推销人员可以在不同的时间，根据不同的顾客的不同需求，采用不同的推销方式，还可以根据自己对顾客购买意向的判断，随时中断或继续开展推销活动。

4. 针对性强

一般来说，推销人员在开展推销活动之前，都估计和分析过可能的推销对象是什么人，对他们的需要和欲望以及其他一些特性已有大致的了解。另外，在推销过程中，推销人员还可以及时地回答购买者提出的问题。

5. 信息收集反馈能力强，便于公司决策

推销人员在与购买者磋商中，能从他们的态度要求中收集到有关竞争情况和消费者具体需求的信息，以及对本企业产品及其他活动的意见，这无疑有助于降低企业营销决策的风险。

7.2.2 人员推销的程序

根据应用较为广泛的“程序化推销”理论，人员推销的程序包括以下七个步骤：

1. 寻找顾客

推销程序的第一步是寻找顾客，识别潜在顾客。寻找顾客线索可以通过以下方法进行：

（1）向现有顾客询问潜在顾客的姓名。

（2）培养其他能提供线索的来源，如供应商、非竞争性的推销人员、银行和有关协会负责人。

（3）加入潜在客户所在的组织。

（4）从事能引人注意的演讲和写作活动。

（5）通过细阅各种资料如报纸、指南等寻找名字。

（6）通过电话和邮件寻找线索。

推销人员必须懂得如何淘汰那些没有价值的线索。对潜在的顾客，可以通过研究他们的财务能力、业务量、具体的需求、地理位置和连续进行业务的可能性，来衡量他们的资格。推销人员应当给潜在顾客打电话或写信，以便确定是否访问他们。

2. 访问准备

推销人员在访问顾客之前必须做好充分的访问准备工作。

（1）本企业及其产品的详细情况、资料或样品等。

（2）竞争者的相关产品的特点、价格、竞争能力和市场定位等。

（3）顾客情况，推销人员应尽可能多地了解潜在客户公司的情况（它需要什么、谁参与购买决策）和采购人员的情况（性格特征、购买风格）。可以向熟人和其他人询问该公司的情况。

（4）推销人员应确定访问目标。如确定潜在客户是否够资格，或是收集信息，或是马上达成交易；决定采用哪种最好的访问方法，它可以是一种私人拜访、电话访问或者信函访问；决定

最佳访问时机，因为许多潜在客户在一定的时间内十分繁忙；考虑好对客户的全面推销策略。

3. 访问顾客

推销人员应该知道初次与客户交往时如何会见和向客户问候，使双方的关系有一个良好的开端，这包括推销人员仪表、开场白和随后谈论的内容。推销人员所穿的衣着应得体或尽量与顾客的衣着相类似；对待顾客要殷勤而有礼貌；开场白要明确，如“李经理（或李总），我是AB公司的张勇，我们公司和本人都非常感谢您对我的接见，我将尽力使这次访问对您和贵公司都有裨益”。接下来便可讨论某些主要问题和恭听，以了解购买者和他们进一步的需要。

4. 推销洽谈

推销人员可以按照AIDA模式向顾客推销产品，争取顾客关注产品→引起兴趣→激发欲望→采取行为。推销人员在该过程中应以产品性能为依据，着重说明产品给顾客带来的利益。

5. 应付异议

推销人员在推销产品或洽谈过程中，顾客会表现出一些抵触情绪或提出一些异议。推销人员要采取积极的方法对此一一予以应付，如请顾客说明他反对的理由，向顾客提一些他们不得不回答他们反对意见的问题，否定他们意见的正确性，或者将对方的异议转变成购买的理由。

6. 达成交易

推销人员必须懂得如何从顾客那里发现可以达成交易的信号，包括顾客的动作、语言、评论和提出的问题。达成交易有几种方法。推销人员可以要求顾客订货，重新强调一下协议的要点，帮助秘书填写订单，询问顾客是要产品A还是产品B，让顾客对颜色、尺寸等次要内容进行选择，或者告诉顾客如果现在不订货将会遭到什么损失。推销人员也可以给予购买者以特定的成交劝诱，如特价、免费赠送额外数量或是赠送一件礼物。

7. 跟踪服务

如果推销人员想保证顾客感到满意并能继续订购，这最后一步是必不可少的。交易达成之后，推销人员就应着手履约的各项具体工作：交货时间、购买条件及其他事项。推销人员接到第一张订单后，就应制定一个后续工作访问日程表，以保证给顾客提供指导和服务。这种访问还可以发现可能存在的问题，使顾客感受到推销人员的关心，并减少可能出现的任何认识上的不一致。推销人员还应该制订一个客户维持计划，以确保客户不会被遗忘或丢失。

7.2.3 推销人员管理

推销人员管理包括很多内容，这里主要考察以下四个方面的问题：

7.2.3.1 制定销售目标

为了有效管理推销人员，首先就要制定销售目标。销售目标必须正确，能测定其结果，并规定期间和地域。销售目标包括总目标和每个推销人员的个别目标。总目标通常有销售额、市场占有率和利润等。个别销售目标一般表现为金额或数量。其他还有如平均订货量、一定期间的访问次数、每次访问的订货数量等。销售目标的确定，实际上指明了推销人员的活动方向和目标，同时它也是用来评价和监督推销人员的标准。

7.2.3.2 明确推销人员任务

推销人员的任务可归纳为六个方面的内容：

（1）寻找潜在顾客，确定访问对象，培养新客户，维系老顾客。

（2）向目标顾客传递有关企业和产品的信息。

（3）推销产品，包括接近顾客，回答顾客的问题，解除顾客疑虑，促成交易达成。

（4）提供服务，推销人员有责任为顾客提供各种服务，包括咨询服务、技术帮助、安排交货事宜等。

（5）收集信息，主要是为企业进行市场调研和信息收集工作。

（6）分配货源，主要在货源短缺时，根据顾客的信誉和急需程度，合理分配货源，调剂余缺。

7.2.3.3 确定推销人员数量

推销人员数量的决定是企业重要管理问题之一，它直接与企业的市场营销能力、销售和利润相关联。因此，推销人员的规模必须和市场营销计划、市场状况、市场营销环境因素等协调起来考虑和决定。决定推销人员数量的常用方法有业务均等法和增量法。

1. 业务均等法

业务均等法，是指根据企业推销工作量来决定推销人员的一种方法。其计算公式为：

$S=(C_1V_1+C_2V_2)/L$

S：推销人员数量

C_1：A 顾客群人数

C_2：B 顾客群人数

V_1：A 顾客群年均最佳访问次数

V_2：B 顾客群年均最佳访问次数

L：每位推销人员年均访问顾客次数

例如，假设某企业将顾客分为 A、B 两个顾客群，A 顾客群为 300 人，B 顾客群有 900 人。为提高销售业绩，决定对 A 顾客群每人年均访问 20 次，对 B 顾客群每人年均访问 12 次。假设该企业推销人员每人每年共访问顾客 600 次，用上述公式求出该企业所需推销人员数量。

$$
\begin{aligned}
S &= (C_1V_1+C_2V_2)/L \\
&= (300\times 20+900\times 12)/600 \\
&= 28\ (\text{人})
\end{aligned}
$$

2. 增量法

增量法是指企业通过增加推销人员来增加销量或因扩大销售地区和增加销量而需增加推销人员的一种方法。增加推销人员，自然会增加销量，但也会相应增加推销费用。根据增量法，只要因增加推销人员数量所产生的销售增长量大于销售费用增加量，就应该增加推销人员，也就是说，推销人员规模以能获取最大销售利润为最佳规模。

如表 7-2 所示，到推销人员 4 人为止，随推销人员增加，其销售利润按其相应比例增加，但第 5 人没有显示出增加。因此，该企业推销人员以 4 人为宜。

增量法是否可行和是否有效，完全取决于两个因素：一是能否准确测定增加 1 名推销人员所增加的销量；二是能否准确地了解所增加的销售费用。

表7－2 基于增量法的销售费用、销量和销售利润

推销员人数	总销售费用	人均销售额	总销售额	销售利润
1	25 000	200 000	200 000	175 000
2	50 000	150 000	300 000	250 000
3	75 000	120 000	360 000	285 000
4	100 000	100 000	400 000	300 000
5	125 000	85 000	425 000	300 000
6	150 000	72 000	432 000	282 000

7.2.3.4 设计推销人员组织结构

推销人员组织结构，实质上就是推销人员如何有效分工和协调的问题，有四种主要的组织结构可供选择：

1. 区域型组织

即按地理区域组织和分派推销人员，是最常见、最简单的组织结构。通常给每位推销人员划分一个地区，全面负责该地区所有客户和产品的推销。不过，由于不同地区的顾客密度、销售潜量和工作量不等，每位推销人员负责地区的面积并不相同。除此之外，划分销售地区时还要考虑到自然界限的位置、交通是否便利等。企业可以利用计算机程序来划分销售区域，力图在工作量、销售潜量、出差时间和费用的合理匹配方面达到最佳。

2. 产品型组织

区域型组织主要适用于产品和市场都较单纯的企业。当企业经营众多各不相同的产品，且其技术性较强时，较好的选择就是产品型组织了，即由一位或几位推销人员负责一种产品在所有地区的销售。

3. 顾客型组织

对采取多角化经营战略的企业来说，产品型组织并不一定都是最好的选择，如果该企业生产的多种产品都被相同的顾客买去了，按产品分工，就会出现分属不同部门的推销人员都跑到同一位客户那里去推销产品的情况，此时，按用户行业或为某个大用户单独组织或分派推销人员更为合理。如IBM公司分别为金融业和经纪人设立销售处，在底特律专为通用公司设立一个销售处，在迪邦又为福特公司设立了另一个销售处。

4. 复合型组织

即混合运用上述两种因素，组织和分派推销人员。这又可分为：区域—产品复合型，产品—顾客复合型，顾客—区域复合型或者其他组合。

阅读材料：

销售人员的角色

在推销过程中，销售人员身兼数职：

(1) 企业形象代表。销售人员是企业派出往目标市场的形象代表，他们主动热情的工作，积极的态度乃至一言一行都代表了企业形象，是企业文化和经营理念的传播者。

(2) 热心服务者。销售人员是目标顾客的服务人员，帮助顾客排忧解难，解答顾客咨询，

提供产品使用指导，其服务质量和热情赢得顾客的信任和偏爱。

(3) 信息情报员。销售人员是企业信息情报重要反馈渠道。基于销售人员的工作特点，广泛接触社会各个方面。因此，他们不仅收集目标顾客的需求信息，而且还能收集竞争者信息、宏观经济方面信息和科技发展状况信息，使营销决策者能迅速把握外部环境的动态，并及时作出反应。

(4) “客户经理”。当销售人员面对一群顾客作营销沟通工作时，他们所担任的就是“客户经理”角色，在企业营销战略和政策指导下，行使一定的决策权，如交易条款的磋商、交货时间的确认等。

资料来源：中国营销评论网

7.2.4 人员推销的策略与技巧

1. 人员推销的策略

(1) 试探性策略，又称刺激—反应策略，是指推销人员利用刺激性较强的方法引起顾客购买行为的一种推销策略。

在推销人员不十分了解客户需要的情况下，事先准备好要说的话，对客户进行试探。同时密切注意对方的反应，然后根据反应进行说明或宣传。在向顾客推销产品的时候，可以重点提示产品的特色和优点，对产品进行示范操作、出示图片资料、赠送产品说明书等，由此来引发顾客的进一步关注，并及时地处理顾客提出的异议，排除成交困难，促成顾客购买。

(2) 针对性策略，又称配合—成交策略。这种策略的特点，是事先基本了解客户的某方面需求，然后有针对性地进行“说服”，当讲到“点子”上，引起客户共鸣时，就有可能促成交易。在人员推销中，用“投其所好”来形容针对性策略不为过，在交谈过程中，要让顾客感觉到推销员确实是自己的好参谋，是真心为自己服务的，从而产生强烈的信任感，愉快地成交。不过也要注意过犹不及，避免顾客的逆反心理，因此，不要热情过度。

(3) 诱导性策略，也称诱发—满足策略。这是一种创造性推销，即首先设法引起客户需要，再说明我所推销的这种服务产品能较好地满足这种需要。这种策略要求推销人员有较高的推销技术，在“不知不觉”中成交。采用这种策略，推销人员要能设身处地为顾客着想，并能做到恰如其分地介绍产品，真正起到诱导作用。

2. 人员推销的技巧

推销是一项技巧性很强的工作，工作平庸的推销员和成功的推销员之间的主要区别在于后者能够掌握推销的真谛，将各种推销技巧熟记于心并运用自如，在面对各种各样的客户时做到胸有成竹，攻无不克。

(1) 上门推销技巧。

①找好上门对象。可以通过商业性资料手册或公共广告媒体寻找重要线索，也可以到商场、门市部等商业网点寻找客户名称、地址、电话、产品和商标。

②做好上门推销前的准备工作，尤其对产品、服务的内容和研发状况要十分了解、熟悉并牢记，以便推销时有问必答；同时对客户的基本情况和要求应有一定的了解。

③掌握“开门”的方法，即要选好上门时间，以免吃“闭门羹”。可以采用电话、传真、电子邮件等手段事先交谈或传送文字资料给对方并预约面谈的时间、地点。也可以采用请熟人

引见、名片开道、与对方有关人员交朋友等策略，赢得客户的欢迎。

④把握适当的成交时机。应善于体察顾客的情绪，在给客户留下好感和信任时，抓住时机发起“进攻”，争取签约成交。

⑤学会推销的谈话艺术。得体的谈话与倾听艺术，能有效地获得顾客好感，促进成交。

阅读材料：

“串门销售”

“串门销售”被日本东京百货公司称为继柜台销售、开柜销售之后的“第三代”销售方式，这种销售方式占到了该公司营业额的10%。他们取得成功的秘诀是——推销员敲开的总是老顾客的大门。该公司的推销员并不看中首次推销的成功与否，而是尽量促成今后能再次“串门”。第一次上门时，推销员带的商品种类并不是很多，当顾客拒绝购买商品后，精明的推销员则立即放弃继续对商品的推介，而是以非常诚恳的态度尽量与顾客多聊几句，听取顾客的意见。这样既能从侧面了解顾客家庭的一些情况、消费需求和消费习惯，也让顾客对推销员有了一定的印象和好感。等到第二次登门时，推销员能根据该顾客的性别、年龄、家庭成员、消费观念等特征携带比较适合的产品。这样，第二次推销的成功率就大大提高了。

“80%的生意来自20%的老顾客。”这是美国超级推销员马克麦克总结出来的一条成功的推销定律。即使推销员第一次推销并没有取得成功，但顾客已是你的老顾客，你已是顾客的新朋友，待“朋友”上门时，遭遇拒绝的比例自然大幅度下降。

资料来源：中国营销传播网

（2）洽谈艺术。

首先注意自己的仪表和服饰打扮，给客户一个良好的印象；同时，言行举止要文明、懂礼貌、有修养，做到稳重而不呆板、活泼而不轻浮、谦逊而不自卑、直率而不鲁莽、敏捷而不冒失。

在开始洽谈时，推销人员应巧妙地把谈话转入正题，做到自然、轻松、适时。可采取以关心、赞誉、请教、炫耀、探讨等方式入题，引发对方的兴趣。在洽谈过程中，推销人员应谦虚谨言，并作出积极的反应。顺利地提出洽谈的内容，以引起客户的注意和注意让客户多说话，认真倾听，表示关注。遇到障碍时，要细心分析，耐心说服，排除疑虑，争取推销成功。在交谈中，语言要客观、全面，既要说明优点所在，也要如实反映缺点，切忌高谈阔论、“王婆卖瓜”，让客户反感或不信任。

洽谈成功后，推销人员切忌匆忙离去，这样做，会让对方误以为上当受骗了，从而使客户反悔违约。应该用友好的态度和巧妙的方法祝贺客户做了笔好生意，并指导对方领会好合约中的重要细节和其他一些注意事项。

（3）发现潜在顾客的技巧

潜在顾客是指有购买可能或者愿望的顾客。其特点是具有较强的付款能力，有某种潜在的购买需求，有购买决定权，认同推销员的推销工作。

推销员发现潜在顾客的基本途径，一是随时随地寻找利用一切可以利用的场合和机会；二是利用人际关系介绍，如血缘、地缘、亲缘及各种团体，发现潜在顾客；三是寻找突破口。利用连带关系，发现潜在顾客。

发现潜在顾客的主要技巧包括以下几个方面：

①直接访问。即进行挨家挨户的访问，或利用电话访问。

②老顾客介绍。利用老顾客的关系，介绍潜在顾客。

③同事协助。利用本企业其他业务人员介绍潜在顾客。

④产品展示。通过展出产品或新颖的 POP 广告吸引顾客驻足了解。

⑤利用各种名册。如电话本、工商名录、黄页、社团名录，也可以在新兴的互联网络上寻找客户信息。

⑥交换名单。不同行业的推销员相互交换顾客名单。

（4）排除推销障碍的技巧。

①排除客户异议障碍。

若发现客户欲言又止，自己应主动少说话，直截了当地请对方充分发表意见，以自由问答的方式真诚地与客户交换意见。对于一时难以纠正的偏见，可将话题转移。对恶意的反对意见，可以“装聋扮哑”。

②排除价格障碍。

当客户认为价格偏高时，应充分介绍和展示产品或服务的特色与价值，使客户感到“一分钱一分货”；对低价的看法，应介绍定价低的原因，让客户感到物美价廉。

③排除习惯势力障碍。

实事求是地介绍客户不熟悉的产品或服务，并将其与他们已熟悉的产品或服务相比较，让客户乐于接受新的消费观念。

阅读材料：

推销人员的素质要求

推销人员必须具备的基本素质有以下几个方面：

（1）思想素质。良好的推销人员首先要热爱本职工作，具有坚定的事业心和责任感，不见利忘义，全心全意为顾客服务，依法开展营销活动。

（2）文化素质。作为推销人员，既要熟悉有关的方针政策，同时还要有社会经济学、消费心理学、市场营销学、美学等方面的知识，并能较好地应用于实践。

（3）业务素质。销售人员要有熟练的业务知识，包括产品知识，如质量、效用、价格、使用方法等；企业相关知识，如企业的历史、声誉、经营方针、交货方式等；用户知识，如同类产品市场分布情况、发展趋势等。只有具备良好的业务素质，才能克服推销活动过程中的各种障碍。

（4）身体素质。健康的体魄是销售工作最基本的要求，除了保持身体健康外，销售人员还要注意容貌的修饰和服饰整洁，保持举止文雅的行为风度，从而具有良好的精神风貌。

（5）心理素质。推销人员面临的经营环境是复杂多变的，这就要求其应具有良好的心理素质和应变能力，对推销对象不仅要真诚、友善，还要有坚定的意志品质，能够长期保持工作的积极性和主动性。

资料来源：www.21manager.com

◆课堂游戏

非语言交流能力

游戏规则：

1. 将学员分成2人一组，让他们互相介绍自己，但是整个介绍过程中不得有任何语言形式的交流。

2. 学员可以使用除语言外的一切形式，比如动作、表情、手势、画图、目光等。

3. 交谈2分钟，然后让双方较少用语言而多用一些肢体语言了解对方的情况，与实际情况相对照，看看是否属实。

游戏目的：

人与人之间的沟通不仅包括语言上的沟通，还包括各种表情、手势等非语言的肢体动作，本游戏将帮助大家在游戏中体会这一点。

1. 非语言技巧在谈话中的应用；

2. 沟通能力的培养。

相关讨论：

1. 当你用非语言的形式来表达自己的时候，表达是否准确？

2. 你是否能很好地理解对方的非语言表达？

3. 在表达者和信息接受者之间是否有信息的丢失和误解，如果有，为什么？

4. 怎样才能减少这些信息的丢失？

游戏主要障碍和解决：

1. 合适的非语言交流可以帮助我们更好地理解对方的意思，而拙劣的表达方式有时候反而会阻碍我们沟通。

2. 非语言形式的交流不同于语言形式的，它会产生歧义，比如你指一下自己的肚子，说自己饿了，对方可能理解成你肚子疼；你说你困了，对方可能认为你不想理他了。所以这种交流中往往会闹出很多笑话。

3. 利用非语言形式成功交流的关键在于正确地理解彼此的背景和领会程度，对不同的人要采取不同的方法，这样才能达到沟通的目的。

参与人数：2人一组

时间：5分钟

场地：不限

道具：无

7.3 广　告

> 真实任务7.3：为某新上市汽车或某正在开发的房地产楼盘设计媒介推广方案。
> (1) 了解广告及各媒体的特点；
> (2) 掌握广告策划方法；
> (3) 撰写媒体推广方案。

阅读材料：

在2008年北京奥运前，一家赞助商恒源祥曾经推出十二生肖的广告，由于内容台词重复无趣，被民众批评是“折磨人的广告”，广告被大家骂得体无完肤，但恒源祥也一夕间爆红。台湾“东森新闻”报道，显然该品牌不在意批评声，今年一开始又推出同样类型的十二生肖广告，让民众看了真的快昏倒了。

报道称，“我属牛，牛牛牛！我属虎，虎虎虎！我属兔，兔兔兔！”这是恒源祥的新版广告，足足一分钟内就是牛牛牛、虎虎虎、兔兔兔，十二生肖每个念3次，听起来简直就是感官的疲劳轰炸，看到的民众实在是感到痛苦、无奈、想撞墙，因为这勾起他们去年北京奥运前最不堪的回忆。

“恒源祥，北京奥运会赞助商，鼠鼠鼠！恒源祥，北京奥运会赞助商，牛牛牛！”恒源祥身为奥运赞助商，他们做了支企业形象广告，但画面却是枯燥无味，疲劳轰炸得夸张，一样是每个生肖念3次，中间再加上“恒源祥”3个字，当时媒体、网络、民众骂翻天，堪称中国最让人昏倒的广告。

报道称，尽管如此，恒源祥却一夕之间家喻户晓，或许是因为这样的经验，恒源祥今年不怕骂，新版十二生肖广告再来和民众拜个年。

资料来源：中新网2009年1月31日

7.3.1 广告概述

1. 广告的含义

在西方“广告”一词则源于拉丁语（Advertere），作“诱导”、“注意”解，后演化成英语口语中的Advertising（广告活动）和Advertisement（广告宣传品或广告物）。广告（Advertising）是由明确的出资人通过各种媒体采取艺术手段和非人际传播方式，传播企业及其产品（商品、服务和观念）信息，塑造品牌形象以满足消费者需求的营销传播活动，这种活动是有偿的、有组织的、综合的和具有劝说性的。

2. 广告的基本特征

广告作为企业传递信息、宣传产品、开拓市场的手段。从本质上说，广告是一种信息传播活动。从传播学的角度来看，广告有以下特征：

(1) 广告要由明确的广告主公开支付费用，这点与一般的新闻报道不同。

(2) 广告要通过诸如电视、广播、报纸、网络等传播媒体来实现，是一种非个人间的信息传递，这点不同于人与人之间通过口头来传递信息。

(3) 广告是一种有计划的信息传播、说服活动，有特定的受众、明确的主题和目标，在广告设计、时机选择、媒体、效果评估等方面均进行周密的策划。

(4) 广告同时也是艺术。广告要想达到较好的信息传播效果，须通过艺术形式，使受众在自然而然的兴趣和愉悦中认知与接受广告的传播，从而达到诱导和说服消费者的目的。

3. 广告的构成要素

广告是由广告主、广告受众、广告媒体、广告信息和广告费用五个要素构成的。

广告主是指进行广告活动的主体，是指付费购买媒介的版面或时间，以促进产品销售、树立企业形象或传达消费观念的组织或个人。

广告受众指广告所针对的目标消费者，即广告信息的接收者。

广告媒体是指传播广告信息的中介物。例如，电视、报纸、杂志、广播和互联网是常见的媒体形式。

广告信息指广告要传达的具体内容，包括商品信息、劳务信息、观念信息等。

广告费用即从事广告活动所需支付的费用。

上面五个要素缺一不可，否则就不能保证企业广告促销活动的有效进行。

阅读材料：

广告的功能

广告功能主要体现在以下几个方面：

(1) 传播信息。将商品（服务）信息有效地传播给顾客，提高商品和企业的知名度。

(2) 更新观念。广告倡导一种科学的、崭新的消费观念，潜移默化地教育顾客摒弃不科学的、陈旧的消费意识，从而改变对本企业商品的态度。

(3) 诱发需要。广告充分说明商品的功能和消费者利益，对消费者进行诱导，激发购买、使用的欲望。

(4) 强化动机。广告强调消费商品的必要性、紧迫性及优惠措施和售后服务等，宣传其他顾客消费的良好情况，消除怀疑、顾虑，增强顾客购买的决心。

(5) 指导购买。告诉顾客购买时间、地点和选购的方法。

(6) 指导消费。告诉顾客商品的使用方法、技巧和注意事项。

(7) 提高品位。广告是一种艺术、一种文化，通过艺术与文化的传播，使顾客提高消费层次。

(8) 开拓市场。充分发挥广告的诉求认知功能，帮助消费者识别产品（服务）的差异性，不断提高消费者认识商品的能力，提高消费者的购买积极性。

(9) 推动竞争。通过广告宣传，使消费者了解本企业产品与同类产品比较的长处、特点，形成品牌忠诚。

(10) 塑造形象。广告向消费者宣传了企业及其产品的优势及个性，提高企业及其产品的吸引力。

7.3.2 广告媒体的选择

1. 广告媒体的种类

（1）印刷品广告。

印刷品广告包括报纸广告、杂志广告、电话簿广告、画册广告、火车时刻表广告等。

①报纸广告。报纸广告的优势是覆盖面宽，读者稳定，传递灵活迅速，新闻性、可读性、知识性、指导性和纪录性“五性”显著，白纸黑字便于保存，可以多次传播信息，制作成本低廉等。报纸广告的局限是以新闻为主，广告版面不可能居突出地位，广告有效时间短，日报只有一天甚至半天的生命力，多半过期作废。广告的设计、制作较为简单粗糙，广告照片、图画运用较少（一通栏、半通栏或1/3通栏），属静态媒体，较呆板单调。

②杂志广告。杂志广告是指利用杂志的封面、封底、内页、插页为媒体刊登的广告。杂志广告的优势是有效阅读时间长，便于长期保存，内容专业性较强，有独特的、固定的读者群，如财富杂志、体育杂志、医药保健杂志、时尚杂志、汽车杂志等，有利于有的放矢地刊登相对应的商品广告。同时杂志广告也有其局限性：周期较长，不利于快速传播，由于截稿日期比报纸早，杂志广告的时间性、季节性不够鲜明。

（2）电子媒体广告。

电子媒体广告又称电波广告，包括电视广告、电影广告、广播广告、电子显示大屏幕广告、幻灯机广告、扩音机广告等。

①电视广告。电视广告是指利用电视为媒体传播放映的广告。电视广告虽起源较晚，但发展迅速。电视广告的优势很明显。它收视率高，插播于精彩节目的中间，观众为了收看电视节目愿意收看广告，虽然带有强制性，但观众一般可以接受。电视广告形声兼备，视觉刺激强，给人强烈的感官刺激，其部分黄金时段或当红节目的广告效果是其他媒体无法相比的。如我国中央电视台一台新闻联播的收视率为50.6%，新闻联播前后黄金时段就成了广告主们争夺的重点。电视的局限性也很明显，主要是电视广告制作成本高，电视播放收费高，而且瞬间消失，所以企业通过电视做广告的费用很高，小型企业无力问津。同时，由于长时间重复播放，易使观众对广告产生逆反心理。

②广播广告。广播广告是指利用无线电或有线广播为媒体播送传导的广告。由于广播广告传收同步，听众容易收听到最快、最新的商品信息，而且每天重播，频率高，收听对象层次广泛，速度快，空间大，广告制造费也低。广播广告的局限性是只有信息的听觉刺激，而没有视觉刺激，这在一定程度上妨碍了商品信息的传播。

（3）户外广告。

它主要包括路牌广告（或称广告牌，是户外广告的主要形式，除在铁皮、木板、铁板等耐用材料上绘制、张贴外，还包括广告柱、广告商亭、公路上的拱形广告牌等）、霓虹灯广告、灯箱广告、交通车厢广告、地铁广告、招贴广告（或称海报）、旗帜广告、气球广告等。

（4）邮寄广告。

邮寄广告是广告主采用邮寄售货的方式，告知消费者或用户广告中所推销的商品的信息。它包括商品目录、商品说明书、宣传小册子、明信片、挂历广告以及样本、通知函、征订单、订货卡、定期或不定期的业务通讯等。邮寄广告是广告媒体中最灵活的一种，也是最不稳定的一种。

（5）POP广告。

POP英文Point Purchasing Advertising的大写字母缩写，译为售点广告，即售货点和购物场所的广告。世界各国广告业都把POP视为一切购物场所（商场、百货公司、超级市场、零售店、专卖店、专业商店等）场内、场外所做广告的总和。

POP广告的种类就外在形式的不同，分为立式、悬挂式、墙壁式和柜台式四种；就内在性质的不同，分为室内POP广告和室外POP广告两种。室内POP广告指商店内部的各种广告，如柜台广告、货架陈列广告、模特儿广告、圆柱广告、空中旋转的广告、室内电子广告和灯箱广告；室外POP广告是购物场所门前和周围的POP广告，包括门前装饰、商店招牌、橱窗布置、商品陈列、传单广告、易拉宝、活人广告、招贴画广告，以及广告牌、霓虹灯、灯箱和电子显示广告等。

（6）其他广告。

其他广告指除以上五种广告以外的媒体广告，如电影植入广告、馈赠广告、赞助广告、体育广告以及包装纸广告、购物袋广告、火柴盒广告、手提包广告等。还有现在发展较快的楼宇电视广告、手机短信广告、网络广告等新形式。

2. 选择广告媒体

广告媒体选择的本质就是在媒体成本与广告展露频次、范围和效果之间进行权衡，故在选择媒体前务必要先就传播频次、接触人数和预期广告效果作出决策。

广告频次指在一定时间内，平均使每位受众接触广告多少次。传播范围又称接触人数，指在一定时期内，使占多大比例的目标顾客接触或收看到广告。效果是一种定性的估计，如电视媒介比广播媒介的效果好；即使同是选择期刊，一种期刊与另一种期刊发行量和声望相差甚远，刊登广告的效果也不一样。

在选择广告媒体时，企业要综合考虑以下因素，方可作出最好的选择：

（1）产品与品牌因素。

产品的特点不同，选择媒体也不同。如流行服饰最好选择在彩色杂志上做广告；技术复杂的产品，广告中必须包含大量详细信息的产品，以印刷媒体为宜；需求广泛的日用消费品适于选择以大众为对象的报纸、电视、广播媒体。同时，产品与品牌的定位不同，媒体的选择也不同。一般高档品牌应该选择与之品牌地位相对应的媒体。

（2）目标顾客媒体习惯。

选择媒体时要考虑广告信息传播的目标受众的媒体习惯。不同群体选择的媒体习惯是有差别的，如青少年更多地接触电视、广播，中老年人看报纸，专业人员阅读杂志。不仅如此，即便是决定了选择报纸，而全国有数百份报纸，同一地区也有若干种报纸发行，还要综合成本和效果考虑具体选择哪个报纸、哪个版面。

（3）信息内容。

媒体的选择还取决于信息本身的内容特点。如技术数据多的信息，需要印刷邮寄广告或杂志广告；宣布某项展销活动或推出某种新产品，当然是电视和广播最及时、覆盖面最广；电影海报、演出海报以报纸和户外媒体比较及时。

（4）媒体的成本和企业支付能力。

不同媒体的成本不同，不同企业的支付能力也不同。企业不仅要分析广告成本与效果之间的关系，也受预算和广告绝对成本的限制。它主要制约企业选择媒体的种类和数目。中小企业实力弱、资金少，选择的媒体种类和数目都比较少，有的甚至只选择一种媒体发布广告，媒体组合比较简单；对大企业来说，资金充足，预算宽余，可选择的广告媒体种类和数目较多，就需要媒体组合之间的配合。

7.3.3 广告创意

广告创意是广告设计制作者在酝酿广告时的构想。广告设计制作者根据广告主的要求，经过详尽的市场调查后，经过精心思考和策划，最后完成一个商品、劳务、企业形象的综合广告方案。

广告创意就其内容而言可包括两类：一类是战术型广告创意，指在已定的商场上，紧紧盯着目标，将产品的品牌迅速留在顾客心中，并获得有利地位；另一类是战略型广告创意，指找出可能的市场，确定广告目标和对象，提出切实可行的促销活动计划。

国际广告协会对创意新颖的广告有五点要求：①能体现愉快的感觉；②能体现创新进步的精神；③能解决某一实际问题；④有明确的承诺；⑥有潜力。

1. 广告创意设计的构思

广告创意设计的构思要真、简、奇、美，攻心为上，杜绝“小和尚念经”式广告创意的构思。创意设计很辛苦。一家广告公司为德国××啤酒打进当地市场代理广告业务。如何既保持原有品牌的优势，又适合当地民俗风情的具体情况呢？该广告制作以下数量众多、精美的备选广告：“刚从欧洲来，国语还不太灵光”，“没办法，害羞是数百年来的家族遗传”，“偶尔也在国宴中露面”，“在欧洲，‘左派’和右派唯一相同的观点”，“小？想想拿破仑吧”及“这一杯是我们的最佳代言人”和“不妨先向邻居打听打听”等22条。再如1979年可口可乐集团要求为其代理了24年广告业务的麦伊广告公司重新换个广告主题，该广告公司立即把派驻全球各地机构富有创造力的主管全部召回纽约，经过反复激烈的讨论，最后才浓缩出一个主题，其创意是“笑一笑”。

2. 广告创意的媒体运用

广告创意不仅是文案设计，还包括广告宣传所使用的媒体设计。如何运用各种媒体的特点来为广告服务，同样彰显创意功夫。××电风扇的创意设计是利用POP广告媒体，把电风扇放在大商场的橱窗，旁边醒目地写着：“从××年×月×日起昼夜连续运转。请你计算一下，至今已经连续运转了多少小时？”独特的构思引起了好奇心，有人甚至半夜三更去检查该电风扇是否仍在转动。再如“西铁城”手表打入澳大利亚市场的广告创意，也是利用POP广告媒体，巧妙地宣传产品的质量。预告消费者某日某时某刻，该公司用飞机在堪培拉广场空投西铁城手表，谁捡到就归谁，届时飞机如期而至，数以万计的手表从天而降……戴着从高空落下、走时准确又不要钞票的手表，效果怎样？还需声嘶力竭地嚷嚷“永不磨损，世界名表”吗？还愁在老百姓中没有知名度吗？

创意广告的媒体选择，离不开现代科技，同样是利用POP广告，精工表的广告创意则充分显示科技的运用：在西欧一个城市上空，突然飘来一朵彩云，这彩云不偏不倚停留在人群密集的中心广场上空，不断变幻的颜色，慢慢地映出醒目的大字：精工表世界销量第一。现代科技发现，人造烟幕在空气中停留的时间，可以通过减少云烟中微粒的直径和比重的办法来延长，钟表公司就是根据这一原理制造出了这一新颖独特的烟幕广告。

3. 广告创意的语言技术

早在19世纪末，中国最早的报纸广告上，就出现了南洋兄弟烟草公司为其新产品“白金龙香烟”制作的广告语：饭后一支烟，胜过活神仙，事实证明当初的广告词已成为如今瘾君子的座右铭。广告创意的语言艺术散见于各种商品广告之中。理发店的广告语：虽是毫末技艺，却是顶上功夫；蒙牛酸酸乳的广告言：酸酸甜甜，我的爱；NIKE 广告语言：JUST DO IT；动感地带的广告语：“我的地盘，我做主”。

语言艺术还包括产品的商标名称和进入国外市场的译名。可口可乐（Coca Cola）打入中国市场时，拟用4个谐音的汉字来称呼这种不含酒精的西方饮料，开始选译的是“蝌蚪嚼蜡”，又是动物又是蜡烛，无味加不干净的印象，使其无人问津；后转用“可口可乐”，美味可口，开心快乐，从此销路大增。

阅读材料：

烟的广告语

中华——尽显尊贵，唯我中华

红塔山——天外有天，红塔集团

红塔山（白金）——新世界的和谐率先领略

红塔山（金装）——超群脱凡，醇和自然

红塔山（世纪）——火红的日子，闪亮的人生

红塔山（铂金）——山高人为峰

白沙——鹤舞白沙，我心飞扬

黄山——一品黄山，天高云淡

将军——弹指间尽显将军本色

一品梅——芳香情满人间

芙蓉王——传递价值，成就你我

大红鹰——大红鹰，新时代的精神

利群——杭州利群，永远利益群众

红河——乘红河雄风，破世纪风浪

茶花——好花常开，青春常在

荷兰人雪茄——永不会背弃你的好伙伴

万宝路——跃马纵横，尽情奔放

资料来源：中国广告网

世界经典广告语欣赏

英特尔：给电脑一颗奔腾的芯

丰田汽车：车到山前必有路，有路必有丰田车

金利来：男人的世界

沙宣洗发水：我的光彩来自你的风采
李维斯牛仔：不同的酷，相同的裤
555 香烟：超凡脱俗，醇和满足
通用电器：GE 带来美好生活
七喜饮料：非可乐
摩托罗拉：飞越无限
雀巢咖啡：味道好极了
麦氏咖啡：滴滴香浓
德芙巧克力：牛奶香浓，丝般感受
可口可乐：永远的可口可乐，独一无二好味道
百事可乐：新一代的选择
耐克：just do it（要做就做）
戴比尔斯钻石：钻石恒久远，一颗永流传
IBM：四海一家的解决之道
农夫山泉：农夫山泉有点甜
乐百氏：27 层净化

资料来源：中国广告网

7.3.4 广告费用预算

广告作为企业的一种经济活动，是以一定数量的资金投入以赢得效益的，它计入企业的经营成本，因此，企业必须对广告活动的费用及其产生的效益进行认真的核算。

广告预算是企业投入广告活动的费用开支计划，它规定计划期内从事广告活动所需要的经费总额和开支范围。一般我们将广告预算的内容列入广告费用的开支范围。

（1）广告调研费。

主要包括市场调查、消费者调查、产品调查、调查策划、广告效果检测、购买统计部门和调研机构的资料所支付的费用。

（2）广告设计制作费。

根据不同媒体的需要，其设计制作费的标准也有所不同，电视广告的制作费远远高于广播广告和印刷广告，而同一媒体的广告制作费也往往差异较大。

（3）广告媒体费用。

指购买媒体的时间和空间的费用。这部分费用通常占广告预算的比例高达 80% ~85%。

（4）广告人员的行政经费。

包括广告人员的工资、办公、出差、管理等经费。

（5）广告活动的机动经费。

这部分经费主要用于公共关系或应付意外情况，一般不参加广告经费预算，由广告部门的负责人或企业的营销工作负责人掌握。

7.3.5 广告效果评估

正确的评价广告效果，可帮助企业在降低广告费用的同时，进一步帮助企业了解广告是否

与其目标相吻合，是否获得更好的广告效益。对广告进行评估的内容很多，就效果而言，主要有两方面：一方面是广告沟通效果，另一方面是广告销售效果。广告销售效果是指广告发出后一定时间内销售额的变动与广告费的比例；广告沟通效果是指广告活动对购买者知识、感情与信心的影响。广告销售效果往往比广告沟通效果更难评估，因为除广告因素外，销售还受产品特性、渠道、人员推销、价格甚至季节等影响。一般说，其他因素的影响越少或可控制的程度越高，对广告销售效果的评估越容易；另外，邮购广告、网络广告、短信广告、交通广告的短期效果容易估测，而以树立品牌或公司形象的广告促销效果估测困难。

1. 广告沟通效果测定

测定沟通效果的目的在于分析广告活动是否达到预期的信息沟通效果。这种测试既可在广告刊之前，也可在广告刊出之后进行。常用的方法有以下几种：

（1）广告刊出前的预测方法。主要有以下几种方法：

①直接评分。由目标消费者的一组固定样本或广告专家来评价一则广告，并填写评分问卷。可以简单测试某一问题，如“您认为这些广告中哪一个因素最能影响你来购买本产品”；也可以测试复杂问题，包括好几种评分标准，在该问卷中要填写评估广告的注意强度、记忆强度、认知强度、情绪强度和行为强度，每个部分在其最高分的范围内予以评分。直接评分法主要用于帮助淘汰和剔除那些质量差的广告。

②组合测试。先给受试者一组试验用的广告，要求他们愿看多久就看多久，等到他们放下广告后，让他们回忆所看到的广告，并且对每一则广告都尽其最大能力予以描述。所得结果用于判断一则广告的突出性及其期望信息被了解的程度。

③实验室测验。通过在实验室测定受试者的生理反应来评估一则广告的可能效果，譬如心跳、血压、瞳孔的扩大、出汗等。所用的仪器主要有电流计、脉搏计、形距测量管、瞳孔扩大的测量设备等。然而，这些生理测试只能测量广告引人注意的力量，无法测出广告在可信度等方面的影响。

（2）广告刊出后的预测方法。主要评估播出广告后所产生的实际沟通效果。主要有以下几种方法：

①回忆测试。找一些经常使用该媒体沟通工具的人，请他们回忆发布于该媒体上的企业及其产品名称。回忆方式是请他们回想或复述所有能记得的东西。在受试者回忆的过程中可以给予适当帮助。评分结果可用来判断广告引人注意和令人记住的力量。

②识别测试。抽样选择某一特定媒体工具的接收者作为受试者，再请他们反复观看或阅读该媒体，时间不限，然后说出认识媒体上众多广告中的哪一个，最后根据识别的结果给予每一则广告不同的可读性评分：A、只注意到；B、已记得名称；C、了解了广告内容的一半以上。

同时，也可通过监测广告的传播效果进行测定，常用的指标有收视率、到达率、广告诉求率、广告记忆度、广告知名度等。

2. 广告销售效果测定

测定销售效果的目的在于了解广告对销售的影响作用。广告后的销售效果测定，通常有以下两种方法：

（1）历史资料分析法。

这是由研究人员根据同步或滞后的原则，利用回归分析方法求得企业过去的销售额与企业过去的广告支出二者之间关系的一种测量方法。

（2）式样设计分析法。

用这种方法来测量广告对销售的影响，可选择不同地区，在其中某些地区进行比平均广告水平强50%的广告活动，在另一些地区进行比平均水平弱50%的广告活动。这样，从150%、100%、50%这3类广告水平的地区的销售记录，就可以看出广告活动对企业销售究竟有多大影响，推导出销售影响函数。

阅读材料：

广告策划示例

一、××牌牛仔裤年度广告策划书（有删节）

目录

（一）企业地位介绍

（二）广告目标

（三）广告战略

（四）促销活动

（五）媒体策略

（六）其他建议事项

（一）企业地位介绍

综观广东省的同类产品，我们发现，牛仔裤品牌总数计一二十种之多，市场竞争非常激烈，以其企业规模、专业化程度及产品知名度三要项比较区分，应以××牌、TEXWOOD、BOBSON及007为第一级品牌，LEE、LEVI'S、BIG JOHN、OX及5th STREET为第二级品牌，其他品牌则多以游击、渗透的方式存在于市场。因此，可见本品牌在众多同类产品中，有其优异的地位，然而除了同级厂牌的竞争，其他如二级厂牌潜在压力（如5th STREET近期广告活动频繁），变体裤的分化市场及伪品冲击正品占有率等诸多因素，均直接、间接影响本商品的行销，其有待由广告促进，保持消费者知名度及了解度，以维持目前的市场占有率，广罗指名购买者。

（二）广告目标

根据回答"您所知道的牛仔裤品牌名称"所作的统计（企业市场调查数据）可知，消费大众对伸缩牛仔裤认识很少，是故本商品在市场推出，不仅是本品牌的新产品，也是整个消费市场的新产品形象（虽然其他厂牌已有上市）。因此，除了商品信息的告示，如何塑造领导地位，造就品牌认知应为首要任务及目标。

（三）广告战略

1. 广告目标：

（1）稳定其知名度，保卫市场占有率。

（2）"品牌认知"诉求延续（驳伪品）。

（3）塑造企业形象，提高指名购买率。

（4）扩大消费层，渗透市场。

（5）达成伸缩牛仔裤的信息渗透目的，并塑造企业领导地位。

2. 战略运用：

［A案］：理性的直叙诉求

（第一阶段）

实施期间：11月1日起至次年3月31日

任务：（1）促进旺季销售高潮。

（2）伸缩牛仔裤信息告示。

目标：（1）稳定既有知名度，促进指名购买率。

（2）达成伸缩牛仔裤的信息渗透目的。

（3）"品牌认知"再教育。

方法：（1）设计精美店头广告用以占领销售点上的视觉空间。

（2）"赠送海报月历"SP促销活动。

（3）塑造企业领导形象，坚固品牌消费忠诚度。

（4）密集媒体定向运用。

文案处理：

大标准：认识牛仔裤的新焦点

内文标题："多见少怪"

文案：牛仔裤品牌繁多，名牌又多为投机商人所仿制，以致伪劣产品充斥市场，您会奇怪伪品几可乱真，其实只要多比较、多看看，就不以为怪。牛仔裤精工缝制，请认清拉链的铜面，平滑没有磨损，而且有压打纯正、鲜明的××标志才是真品。

内文标题："不见才怪"

文案：××牌伸缩牛仔裤，独家采用美国杜邦（DU PONT）公司所发明的POLYURETAN纤维织造，具有横向20%～25%的标准伸缩力，布面俊挺而均匀，永不松弛，不会凹凸不平，且有吸汗、耐油、耐光热等独到特性，穿起来更舒适、更自如，适合各种体型。这么多优点，您不见识见识才怪呢！

内文标题："见怪不怪"

文案：风行全球的××牌牛仔裤，一向以信誉保证品质，在本省牛仔裤市场，独具60%占有率，可见广受大众喜爱，为求更多人能够分享喜悦，乃不断以大量生产、降低成本来减轻消费者负担，此乃××牌牛仔裤何以品质优异却价格低廉，远非一般假冒原装进口的品牌所能望其项背，也就见怪不怪了。

（第二阶段）

实施期间：次年4月1日起至次年9月30日止。

任务：（1）塑造企业印象，提升心理占有率。

（2）"品牌认知"诉求的延续。

目标：达到塑造企业形象的目的。

方法：定额预算，定期媒体，定向使用。

文字处理：

大标题："一见如故"

内文：全球各地的青年男女，有着共同的性格、共同的理想，彼此间他们有着会心的默契，相遇有缘，必将一见如故。

附图说明：认清拉链的铜面，平滑、没有磨损，而且有压打纯正、鲜明的××牌标志，才是真品。

[B案]：感性的刺激诉求。

大标题："谁知道××牌牛仔裤的优点，请举手"

文案：毫无疑问的，从罗马、巴黎、伦敦、纽约、东京……到北京，世界各地的人都知道，XX牌牛仔裤的优点不胜枚举，尤其在全国有60%的市场占有率，足见广受喜爱的程度。××牌牛仔裤，不但在外形设计上，线条表现优美、俊俏、不褪色，而且缝工精细、配件精致，使您更能享受穿着的舒适，性格表露无遗，更重要的是，价格是全国最便宜的。

附图说明：请认请拉链的铜面，平滑、没有磨损，而且有压打纯正、鲜明的××牌标志！才是真正××牌牛仔裤。

真品不二价：牛仔裤160元

伸缩裤180元

大标题："横向20%～25%标准伸缩力"

内文标题：专门为喜欢穿紧身牛仔裤和迪斯科爱好者而设计——××牌伸缩牛仔裤——穿起来更贴适、更自如。

文案：独家采用美国杜邦公司所发明的POLYURETAN纤维织造，永保横向20%～25%的标准伸缩力，布面俊挺均匀，不松弛、不收缩，更不会凹凸不平，并具有吸汗、耐油、耐光热等特性。

(四) 促销活动

(略)

(五) 媒体策略（媒体排期略）

1. 以企业投资、定额计算，作密集定向投入，以压制其他厂牌的游击与蚀化市场。

2. 以电视为媒体主体，辅以南方都市报、羊城晚报两大报的定期运用，达坚强的形象目的。

3. 小额预算作为游击使用，以蚀化竞争厂牌的媒体独占。

4. 预算分配：(略)

(六) 其他建议事项

1. 电影院媒体，应为理想的媒体，限于CF制作成本，未列入正常预算安排，故仅建议为考虑对象，如经研商适合，再作预算的弹性调整。

2. 欧美国家牛仔裤消费层面的广泛，举凡农村、牧场、学校乃至社会人士，不分年龄阶层，均广受喜爱。因此，如能尝试扩消费领域，则市场前途将不可限量。

3. ××牌伸缩牛仔裤，伸缩两字宜制作变体标准字形，以求加深对品牌认知的印象。

资料来源：www.21manager.com

7.4 营业推广

真实任务7.4：为某一饮料企业制订某区域内夏季营业推广计划。
1. 掌握营业推广的各种方法；
2. 灵活运用营业推广手段进行促销。

7.4.1 营业推广的含义

营业推广是指企业运用各种短期诱因，鼓励购买和销售其产品或服务的促销活动。美国市场营销协会定义委员会定义为：营业推广是指“除了人员推销、广告、公共关系以外的，刺激消费者购买和经销商效益的各种市场营销活动，例如，陈列、演出、展览会、示范表演以及其他推销努力”。

营业推广的目标是从全体促销目标派生出来的，其内容多种多样，其实都是以创造和促进需求为目标，下面从不同的角度列出营业推广的一些具体目标。

（1）介绍新产品和提供产品改良的信息。
（2）通过营业推广的努力来增加本企业产品在零售店的陈列架和陈列量。
（3）动员中间商采购本企业产品或增加库存量。
（4）争取批发商的协作，积极反馈来自零售商的信息。
（5）作用于流通业者，争取增加订货量。
（6）争取增加消费者每次购买量。
（7）促进顾客对店铺的惠顾和对品牌的忠诚。
（8）促使顾客改变品牌偏好，争夺其他品牌的顾客。
（9）鼓励推销人员大力推销新产品，开发新市场，开拓新店铺。
（10）激励推销人员寻找潜在顾客，维持现有顾客。

7.4.2 营业推广的类别及特点

7.4.2.1 营业推广的类别

营业推广又叫销售促进，营业推广可以有效地推进新产品进入市场，抵制和击败竞争者的促销活动，有效地影响中间商的营销活动，刺激购买者购买。根据营业推广的对象，可以将营业推广分为以下四类：

1. 向消费者推广的方式

（1）赠送样品。

向消费者免费赠送样品，可以鼓励消费者认购，也可以获取消费者对产品的反映。样品赠送，可以是有选择地赠送，也可以是在商店或闹市地区或附在其他商品和广告中无选择地赠送。这是介绍、推销新产品的一种方式，但费用较高，对高价值商品不宜采用。

（2）赠送代价券。

代价券作为对某种商品免付一部分价款的证明，使持有者在购买本企业产品时可以免付一部分货款。代价券可以邮寄，也可附在商品或广告之中赠送；代价券还可以对购买商品达到一定数量或数额的顾客赠送。这种方式，有利于刺激消费者使用老产品，也可以鼓励消费者认购新产品。各类商家在周年庆或节日促销时常有“买100送50”的代价券促销活动。

（3）包装兑现。

即采用商品包装来兑现现金。如收集到若干个某种饮料瓶盖，可退换一定数量的现金或实物，借以鼓励消费者购买该种饮料等。这种方式的有效运用，也体现了企业的绿色营销理念，有利于树立良好的企业形象。

（4）廉价包装。

又叫折价包装，即在商品包装上注明折价数额或比例。廉价包装可以是一种商品单独包装，也可以是若干商品或几种用途相关的商品批量包装。这种形式，能诱发经济型消费者的需求，对刺激短期销售比较有效。

（5）赠品印花。

也叫交易印花。消费者购买商品时，赠送消费者印花。当购买者的印花积累到一定数量时，可以兑换现金或商品。

（6）有奖销售。

向购买者提供购物获取现金、礼品、旅游的机会，可激发购买欲望。

（7）优惠券。

对合作者、老顾客提供的一种可享受优惠的证明，既可联络感情，又能提高企业或产品的知名度。

（8）俱乐部制或会员制。

顾客缴纳一定数额的会费给组织者，便可享受多种价格优惠的促销方式。

2. 向中间商推广的方式

（1）购买折扣。

为刺激、鼓励中间商大批量地购买本企业产品，对第一次购买数量较多的中间商给予一定的折扣优待。购买越大，折扣越多。折扣可以直接支付，也可以从付款金额中扣除，还可以赠送商品作为折扣。

（2）资助。

生产者为中间商提供陈列商品、支付部分广告费用和部分运费等补贴或津贴。在这种方式下，中间商陈列本企业产品，企业可免费或低价提供陈列商品；中间商为本企业产品做广告，生产者可资助一定比例的广告费用；为刺激距离较远的中间商经销本企业产品，可给予一定比例的运费补贴。

（3）经销奖励。

对经销本企业产品有突出成绩的中间商给予奖励。这种方式能刺激经销业绩突出者加倍努力，更加积极主动地经销本企业产品，同时，也有利于诱使其他中间商为多经销本企业产品而努力，从而促进产品销售。

3. 向企业用户推广的方式

（1）展销会。通过产品的展览陈列、示范操作等形式，吸引企业用户购买。在展销会上可以直接洽谈业务。

（2）现场演示。在销售现场用示范表演的方法介绍新产品的用途、性能，增强企业用户对产品的了解、信任，并刺激购买。

（3）订货会、业务会。在订货会直接就产品的价格、数量、性能、技术及送货条件与企业用户洽谈，也可在业务招待会上联络与企业用户的感情。

（4）退款协定，免费试用。

4. 向销售人员推广的方式

（1）销售红利。

企业规定可按销售额提成，或按所获利润不同提成，以鼓励推销员多推销商品。

（2）推销竞赛。

企业确定一些推销奖励的办法，对成绩优良的销售人员给予奖励。奖励可以是先进称号，也可以是物品或是旅游等。

（3）推销回扣。

回扣是推销额中提取出来的作为销售人员销售商品的奖励或酬劳。利用回扣方式把销售业绩和报酬结合起来，有利于推销员积极工作，努力推销。

（4）职位提拔。

对业务做得出色的推销员进行职务提拔，奖励他将好的经验传授给一般推销员，有利于培养优秀推销员。

7.4.2 营业推广的物点

和其他促销工具比较，营业推广有如下特点：

1. 刺激强烈、效果显著

营业推广大多使用某些能够直接带给消费者、用户或经营商利益的方法，刺激需求，促使消费者、用户或经销商立即采取购买行为或增加购买量，因此，刺激作用既直接又强烈。大多数消费者、用户或经营商，很容易在利益的诱使之下，改变自己的购买决策。

2. 即时与短暂效应

与其他促销工具相比，营业推广更注重产品销售目标。根据产品特征、顾客心理及市场状况，灵活运用各种销售促进方法，企业能够使其产品很快引起关注，收到迅速扩大销售的效果。不过，由于销售促进的方式很容易模仿，所以，即使企业使用的是一种以前没有人使用过的新方法，其效果也会因为别人的模仿而难以长久。

3. 方式多样、不拘一格

营业推广的方法灵活多，很多新的方法也正在被发明出来。

不过，营业推广往往伴随着各种优惠活动，很容易使人们联想到企业生产经营遇到了问题，产品积压，质量下降，甚至认为企业有倒闭的危险，有损产品或企业形象。因此，那些注重品牌形象的企业要慎用。

7.4.3 营业推广计划的组织和实施

为了达到营业推广活动的预期目的，必须对所采取的各种推广方式加以合理协调，加强营业推广方案的计划、组织和实施。

1. 确定营业推广的对象和目标

企业应根据目标市场的特点和总体营销策略来确定推广的目标。首先要确定以谁为推广对象，一般来说应是企业潜在的顾客，可以是消费者、中间商或推销人员。只有知道推广的对象准确，才能有针对性地制订具体的推广方案。

2. 选择推广工具

营业推广的方式方法很多，但如果使用不当则适得其反。因此，选择合适的推广工具是取得营业推广效果的关键因素。企业一般要根据目标对象的接受习惯、产品特点、目标市场状况等来综合分析和选择推广工具。

3. 推广的配合安排

营业推广要与营销沟通其他方式如广告、人员销售等相互配合，共同使用，从而形成营销推广期间的更大声势，取得单项推广活动达不到的效果。

4. 确定推广时机

营业推广的市场时机选择很重要，如季节性产品、节日产品、礼仪产品必须在季前节前做营业推广，否则就会错过了时机。

5. 确定推广期限

即营业推广活动持续时间的长短。推广期限要恰当，如果过长，消费者则会丧失新鲜感，产生不信任感；如果过短，一些消费者就来不及接受营业推广的实惠。

6. 营业推广方案的实施

企业在实施推广方案前应进行实验性操作，以便检验所选方案是否恰当，作用目标是否有成效等。在具体实施过程中应把握两个时间因素：一是实施方案之前所需的准备时间；二是从正式推广开始至结束为止的时间。要提前协调好营业推广活动各方以及企业内外部关系，让各方联动起来，促使营业推广活动达到预期效果。

7.5 公共关系

真实任务7.5：分析某企业或某品牌一年内在当地的公共关系活动情况，并对其效果进行评估。

1. 了解公共关系特点；
2. 灵活运用各类公关活动手段进行促销。

7.5.1 公共关系的特点

公共关系是指争取对企业有利的宣传报道，协助企业与有关的各界公众建立和保持良好关系，建立和保持良好的企业形象，以及消除和处理对企业不利的谣言、传说和事件的活动。公共关系不限于企业与顾客之间的关系，更不限于买卖关系，而是要搞好企业与整个社会公众的关系，是一种以长期目标为主的间接的促销手段。公共关系具有如下特点：

（1）双向沟通是基础。

在现代社会，社会组织与公众打交道，实际上是通过信息双向交流和沟通来实现的。正是通过这种双向交流和信息共享过程，才形成了组织与公众之间的共同利益和互动关系。这是公共关系区别于法律、道德和制度等意识形态的地方。在这里，组织和公众之间可以进行平等自愿的、充分的信息交流和反馈，没有任何强制力量，双方都可畅所欲言，因而，能最大限度地降低不良的副作用。

（2）树立形象是目标。

在公众中塑造、建立和维护组织的良好形象是公共关系活动的根本目的，这就要求企业必须有合理的经营决策机制、正确的经营理念和创新精神，并根据公众、社会的需要及其变化，及时调整和修正自己的行为，不断地改进产品和服务，以便在公众面前树立良好的形象。可以说，良好的形象是企业最大的财富，是企业生存和发展的出发点和归宿，企业的一切工作都是为了顾客而展开，失去了社会公众的支持和理解，企业也就没有存在的必要了。

（3）互惠互利是关键。

很多企业会把追求自身利益的最大化作为经营的最终目标，但很多企业在这一过程中却发生了迷失。有的为求得短时之利，却失去更多，有的甚至什么也没得到。造成这种现象的根本原因就在于：利益从来都是相互的，从来没有一厢情愿的利益。对社会组织而言，只有在互惠互利的情况下，才能真正达到自身利益的最大化。

企业的公共关系活动之所以有成效、有必要，恰恰在于它能协调双方的利益，通过公共关系，可以实现双方利益的最大化，这也是具备公关意识的企业和不具备公关意识的企业的最大区别。

（4）真实真诚是原则。

追求真实是现代公共关系工作的基本原则，自从“现代公关之父”美国人艾维·李提出讲真话的原则以来，告诉公众真相便一直是公关工作的信条。尤其是现代社会，信息及传媒手段空前发达，这使得任何组织都无法长期封锁、控制消息，以隐瞒真相，欺骗公众。正如美国总统林肯所说，“你可以在某一时刻欺骗所有人，也可以在所有时刻欺骗某些人，但你绝对不能在所有时刻欺骗所有人，真相总会被人知道”。因此，公共关系强调真实原则，要求公关人员实事求是地向公众提供真实信息，以取得公众的信任和理解。

（5）长远观点是根本。

公共关系是通过协调沟通，树立组织形象，建立互惠互利关系的过程，这个过程既包括向公众传递信息的过程，也包括影响并改变公众态度的过程，甚至还包括组织转型，如改变现有形象、塑造新的形象的过程。所有这一切，都不是一朝一夕就能完成的，必须经过长期艰苦的努力。因此，在公共关系工作中，公共关系组织和公关人员不应计较一城一池之得失，而要着眼于长远利益，只要持续不断地努力，付出总有回报。

7.5.2 公共关系的应用方法

企业开展营销公关活动，可以采用以下几种主要方法：

1. 借助新闻媒体

公共关系部门可以编写有关企业、产品和员工的新闻，或举行活动，创造机会吸引外界和公众，扩大影响，提高知名度。比如，企业为希望工程举行赞助义演活动或全国性的大型活动。

2. 参与和赞助各种社会公益事业

赞助活动是企业最常采用的方式，企业赞助活动主要包括体育运动、文化娱乐、教育事业、社会慈善和福利事业，赞助有特殊意义的电视片、纪录电影等。

3. 举办有影响力的活动

借助活动的覆盖面引起公众对企业的关注，从而间接达到公共关系的目的。企业举办具有影响力的活动有很多，如演讲比赛、合办晚会、参与体育活动等。

4. 展览会或展销会

这是一种典型的综合运用多种传播手段，主要通过实物、文字、图表来展现企业效率、风貌和特征。展览会和展销会是一种直观、形象和生动的传播方式，它综合了多种媒介的优点，能以讲解、交谈、宣传手册、介绍材料、照片、录像、幻灯、广播等不同形式吸引观众，达到与公众的双向沟通。

5. 特殊纪念活动

每个企业都有一些值得特殊纪念的活动，如开业典礼、周年纪念日、产品获奖、新产品试制成功等。利用特殊纪念日制造新闻，是影响公众的极好机会。

6. 建立企业形象识别系统（CIS）

比如，编制企业年度报告、业务通讯和期刊、宣传册子，建设企业网站，制作光盘、视频材料等，内容可以包括企业历史、产品特色、营销策略、优秀职工等，这些材料在不同程度上可以影响目标市场。此外，CIS 系统有助于企业在公众心目中创造独特的企业形象和较高的认知率。

现代著名企业都有各自独特的标识体系，如中石化、海尔、联想、可口可乐、麦当劳等。设计和实施统一标识体系，既是品牌管理过程，又是一种公关宣传手段，需要全面规划和长期大量持续的投入。

7.5.3 公共关系活动的决策

1. 确定公关活动的目标

企业的公关决策，首先是确定公关目标。企业进行调查研究，在对企业及产品的形象进行评估的基础上，根据企业经营目标，分析社会公众对企业的印象和评价，从而确定公共关系所要达到的目标。常见的公共关系目标有：提高品牌的知名度、加深大众对企业服务于公众利益的理解、建立信息网络、消除公众误解、提高企业的声誉、降低企业的促销成本等。

2. 确定公关活动的对象

公关活动的对象包括以下几个方面：

一是顾客。企业始终坚持为顾客提供满意服务的观念，与顾客进行有效的沟通，特别是注意处理与顾客的纠纷。

二是经销商。企业应及时迅速地给经销商提供品质优良、价格合理、设计新颖的适销对路的商品，为经销商提供各种优惠、便利和服务。

三是供应商。与供应商保持良好的关系，以取得充足的原材料、零部件、工具、能源供应。

四是社区。企业应与所在地的工厂、机关、学校、医院、公益事业单位和居民，共建物质与精神文明，获取社区的谅解与支持。

五是政府。企业必须经常与政府有关部门进行沟通，及时了解有关的政策、法规和计划，游说政策制定者，创造企业发展的良好政策环境。

六是新闻媒体。新闻传播媒体是公共关系的重要因素，它控制着最重要的公共沟通渠道，对公关有着极其重要的作用。因此，公关人员必须努力与新闻媒体建立良好的关系，保持与新闻界的联系。

3. 制订公关活动的行动方案

公共关系活动是一项整体活动，它本身是由一系列活动项目组成的，这就要求运用相应的策略加以指导。具体的公关项目是为了实现公关活动的目标而采取的一系列有组织的行动，其中包括记者招待会、展览会、赞助活动等。在制定公关决策时，还要充分考虑开支、所需人力和技术上的可行性及各种可控或不可控的因素。

4. 公关活动的实施

正常公关活动一般情况下都可以按方案按部就班地进行下去，但是也会有一些突发紧急情况，如一些品牌危机事件发生等，需要公关人员与有关单位和相关人员建立良好的关系，以保证公关方案的顺利及时实施。

◆课堂游戏

蒙眼作画

人人都认为睁着眼睛画画比闭着眼要画得好，因为看得见，是这样吗？在日常工作中，我们自然是睁着眼的，但为什么总有些东西我们看不到？当发生这些问题时，我们有没有想到可以借助他人的眼睛？试着闭上眼睛，也许当我们闭上眼睛时，我们的心就敞开了。

第一步：

1. 使学员明白单向交流方式与双向交流方式可以取得不同效果。
2. 说明当我们集中所有的注意力去解决一个问题时，可以取得更好的结果。

游戏过程：

所有学员用眼罩将眼睛蒙上，然后分发纸和笔，每人一份。要求蒙着眼睛将自己的家或者其他指定东西画在纸上。完成后，让学员摘下眼罩欣赏自己的大作。

讨论：

1. 为什么当我们蒙上眼睛，所完成的画并不是我们所期望的那样？
2. 我们怎样使工作更容易开展呢？
3. 假如在营销工作中，我们不用心去看市场问题，闭上眼睛，这会出现什么情况呢？在工作中，如何解决这一问题？

第二步：

1. 让每个人在戴上眼罩前将自己的名字写在纸的另一面。

2. 教师用语言描述某一样东西，让学员蒙着眼睛画下自己所听到的。

3. 在完成图画后，将所有的图片挂到墙上，让学员从中挑选出自己画的那两幅。

然后比较所画的画。

思考：

1. 为何每个人听到同样的描述，而画出的东西却是不同的，在工作中我们会遇到类似的情况吗？

2. 我们传达同一个产品或促销信息，不同顾客之间反应会如何？有哪些因素会影响顾客的反应？

所需时间：10～15 分钟

材料：简易眼罩，纸，笔

◆实训操作：策划案例与文案撰写

××公司食品促销方案

一、前言

食品是人们生活中不可缺少的一部分，随着生活水平的提高，食品的样式也由原来的“单一性”转为现在的“多元化”。为适应市场经济的发展，着力于大商业、大市场、大流通的规划经营，上海商会委托上海食品有限公司为主办单位，以上海××糖烟酒公司为基础，联合其他在沪的30家休闲食品公司，组成了实力雄厚的经济实体，共同举办“上海国际休闲食品博览会”，以实现市场强强联合，优势互补，发挥最大化的商业效能，更好地为广大市民服务。7月份正逢本公司新产品××推向市场，因此公司市场部决定借此机会举办“××献爱心”促销系列活动，以此创造良好的市场效应。

二、形象分析

（一）优势方面

××公司成立于××年，是由香港名人×××与××公司联合投资创立的，总厂设在苏州××镇，那里号称“华果乡”。从××年起，公司已经在上海市场陆续推出了“××系列蜜饯”等近十种产品，并多次获得省特优产品与“全国名特优产品”的称号。××公司在同行业中较早就进入了上海市场，再加上产品的口味独特，甚为广大市民青睐。

（二）劣势方面

第一，本公司产品被个别不法之商假冒。由于假冒伪劣产品扰乱市场，使不少市民在购买了假冒产品之后，误以为是本公司的产品，在大众传播媒介上提出了不少批评意见，对本公司的信誉产生误解，使公司的形象蒙受了损失，商品销量也不断下降。

第二，由于经济实体制已由“计划经济”转为“市场经济”，供销渠道发生了变化，市场竞争实力增强，市民的择优消费观念在不断更新，希望产品做到“新、奇、特”。因此“质高价优”成为公司巩固形象、维护市场份额的关键与基础。由于公司在产品开发方面一度忽略了公众需求，与公众新的消费需求还有一定距离，存在不尽一致的现象。

（三）机会点

第一，由于市民生活水平的不断提高，在工作闲暇之际，居家休闲食品已成为一种新的时尚。

第二，由于现在工作时间都作了大幅度的调整，已由原来的六日工作制改为双休日制，市民休闲时间的增多，也为休闲食品造就了一个潜在的市场。

第三，由于市民的文化素养不断提高，出现了一种特有的现代消费心理，即要买“好人”生产的“好东西”。也就是说，现代顾客的消费越来越注重商品的人格化形象。

三、目标战略

（一）总体目标

通过活动抓住市场，激发顾客潜在的需求，增强公众的“打假”意识，同时在市民心目中树立起公司的公益形象。

（二）具体目标

第一，通过新产品“试吃”活动，消除顾客的疑虑，让消费者感到放心和满意，同时让公司直接了解公众的接受程度，为下一步制定销售策略找出依据。

第二，邀请市民参与各种促销活动，借此展示公司的实力形象，使之在原有的知名度上建立信任度与美誉度，消除“假冒伪劣产品”在公众心目中的阴影，促进公司与公众的信息沟通。

第三，通过“××”的义卖活动与××产地游活动，让公众代表直接了解产品的加工过程，强化商品的质量形象。

第四，通过赞助“××”产地——山东希望小学的5名园丁来沪进修，树立公司的公众形象。

四、创意说明

（一）活动总标题（略）

（二）具体活动标题（略）

（三）宣传标语、宣传用品（略）

五、媒介策略

（一）印刷媒介

第一，活动前一周分别在××上登载参加展览会的单位名称。

第二，义卖活动结束后第三天，在《××晚报》上公布10名幸运顾客的名单。

（二）电视媒介

第一，展览会开幕当天由上海电视台、有线电视台等在新闻专栏内发布信息。

第二，上海电视台7日在新闻栏播放“幸运顾客抽奖活动”片段。

第三，7月中旬在有限电视台播放“××产地游”的活动片段和接受赞助的园丁在上海进修的片段。

六、总体活动计划

本次活动包括“上海国际休闲食品博览会”与××食品公司“希望之梅爱心系列活动”两部分内容。

（一）工作计划

时间、地点、内容

（二）具体活动安排

1. 上海国际休闲食品博览会开幕式

（1）时间：（略）；地点：（略）；出席对象：（略）

（2）程序：（略）

2.“希望之梅爱心系列活动

（略）

七、预算

（一）租场费（略）

（二）宣传用品（略）

（三）嘉宾费用（略）

（四）媒介费用（略）

八、效果展望

第一，通过这次展销会上的“试吃”活动，使公司的产品迅速为公众所熟悉、认知，相信能够消除假冒伪劣产品对公众的影响，在公众心目中重新建立其“名特优产品”的形象，增强公司的信任度与美誉度。

第二，这次活动公司虽然将耗资8万元之巨，但从广告角度来看，比单纯在电视上播放15秒的广告效果更具有促销效应。公司通过系列爱心活动，既可以树立公益形象，又能够让“希望之梅”新产品迅速被市民们所熟悉，为促销活动奠定良好的公众基础。

资料来源：范进，刘军．写好营销策划文案．北京：中国经济出版社，2006.

思考题：

1. 请参考本策划方案，分析说明公司目前存在的问题，并评价本策划方案是否能够解决这些问题。

2. 请以此策划案为基础，形成一份新的××公司食品促销方案。

◆实训操作：精心准备的促销活动为何会失败？

2007年初，一位减肥品经销商在浙江省南部一个富裕的县级市举办了主题为“减肥效果万人大公证”的促销活动，希望通过这次活动，扩大产品的尝试人群，从而形成回头购买及口碑传播。经销商为这次活动作了一番精心的准备，活动的主要过程如下：

1. 活动时间：3·15消费者权益日

2. 活动地点：仁寿堂大药店门口

3. 活动内容：“3月15日只需花18元就可以购买价值49元的××减肥胶囊”

4. 活动前媒体宣传

①3月12日、14日分别在当地《××日报》（该报发行主要是当地政府、机关团体订阅）作促销活动宣传。②在当地人民广播电台，从3月10—15日开始发布3分钟的促销活动广告，其中90%的广告内容是介绍产品的功能，广告最后加上活动通知。时间从早上8：00至晚上

9：00每天25次滚动播放。③在仁寿堂门口挂跨街横幅一条，内容为：通知，时间为3月8日—15日（一周）。

5. 活动经过

①现场促销员6名，由于报酬高，加上临时做了培训，积极性很高，一开始就进入了状态。

②为了增加活动气氛，让咨询顾客对活动及产品能快速清晰明了，现场设大展板两块，一块介绍产品，一块介绍活动内容。顾客来咨询时，促销员一边发宣传单，一边介绍产品。

6. 活动结果

现场只来了50名咨询的顾客，其中32人当场购买产品，合计销售80盒。据事后统计，有70%买3盒，15%买4盒，10%买2盒。

该经销商认为，活动从开始宣传到结束设计得很严密，并且自己经常在终端观摩别家促销活动，大致都差不多，似乎谁也没有什么离奇的手法。然而这次活动结果与预期甚远，这使他大惑不解，垂头丧气。

思考题：

谈谈你对本案例中失败原因的看法，并提出你的修改方案。

◆课堂讨论

1. “推式策略”与“拉式策略”的特点及适应的情况。
2. 分析人员推销的意义。
3. 广告媒体的选择要考虑哪些因素？
4. 营业推广的方式有哪些？怎么去策划一次营业推广活动？
5. 比较公共关系和广告的特点，谈谈你的看法。

◆技能自测

选择题：

1. 促销组合和促销策略的制定，其影响因素较多，主要应考虑（　　）方面因素。

A. 促销目标　　B. 产品类型　　C. 市场因素　　D. 促销预算

2. 制造商推销价格昂贵、技术复杂的机器设备时，适于采取（　　）方式。

A. 人员推销　　B. 广告宣传　　C. 营业推广　　D. 公共关系

3. 一般说来，人员推销有以下三种基本形式（　　）。

A. 上门推销　　B. 柜台推销　　C. 网上推销　　D. 会议推销

4. 以下属于广告构成要素的有（　　）。

A. 广告主　　B. 广告受众　　C. 广告媒体

D. 广告信息　　E. 广告费用

5. 以下不属于网络广告优点的是（　　）。

A. 传播范围广，速度快　　B. 广告费用低廉

C. 广告受众明确　　　　　　D. 形式多种多样

6. 面向中间商的营业推广方式可以有（　　）。

A. 批发回扣　　B. 优惠券　　C. 销售竞赛　　D. 业务会议

7. 企业开展公共关系，应该遵循以下（　　）行为准则。

A. 双向沟通　　B. 树立形象　　C. 互惠互利　　D. 真实真诚

判断题：

1. 人员推销最显著的特点是活动策划本身就是以强调利益、实惠、方便为吸引顾客的基点，具有很强的诱惑力和吸引力。（　　）

2. 在不同时期和不同的市场环境下，企业开展促销活动都有着特定的促销目标。（　　）

3. “拉式策略”适用于价格高，专业性强，使用方法及性能比较复杂，目标市场集中，销售渠道短，销售面窄的生产资料产品。（　　）

4. 由于人员推销直接接触顾客有限，销售面窄，开支较多，因此提高了产品销售成本。（　　）

5. 要提升销售人员的业绩，就要针对不同类型的销售人员采取不同的激励方式。（　　）

6. 广告的传播对象是大众而非个体。（　　）

7. 根据不同媒体的需要，广告设计制作费的标准也有所不同，这部分费用通常占广告预算的比例高达80%～85%。（　　）

8. 消费者行为分析法，这是用来检验推广后消费者购买行为的变化及推广对象的类别的一种评价方法。（　　）

9. 企业的公共关系活动能协调双方的利益，通过公共关系，可以实现双方利益的最大化。（　　）

简答题：

1. 促销组合的基本方式有哪些？各自有什么特点？

2. 什么是人员推销？人员推销有什么特点？

3. 广告的基本要素是什么？

4. 营业推广面对的对象有几个层次？分别说说面对不同的对象有什么促销方式？

5. 公共关系活动的原则是什么？

6. 如何进行广告决策？

任务8　营销创新新理念

教学安排

●能力目标

1. 了解新营销的发展
2. 掌握企业创新营销思路
3. 熟悉新营销的类型和特点

●核心能力

1. 运用新营销观念解决营销问题
2. 掌握创新营销策略

●教学重点

1. 了解创新营销的种类与发展趋势
2. 熟悉创新营销方法的运用

阅读材料：

巴黎有一个年轻的画家，很想把自己推销出去。于是，他倾尽家产又向朋友借钱，在巴黎著名的艺术街里开办了一间画廊。然而，像他这种小画廊根本无人问津。就这样在苦苦守望了几个月后，他决定关闭这间寄予无限希望、又耗费大量资金，而仍然门庭冷落的画廊。临关门那天，他心情烦闷地来到街头一家小咖啡馆喝咖啡，一声不吭。一杯咖啡喝了近半个小时，这半个小时却成就了他后来的壮丽事业。

他发现，这家咖啡馆虽小但客流量却相当大，半个小时进出咖啡馆的客人，超过了在艺术街那些所有华丽画廊里来往的客人总和。既然如此，我何不将小画廊开成咖啡馆呢？如果人们一边欣赏精美的画，一边喝咖啡，效果会怎么样呢？于是，一个星期后，他的小咖啡馆开张了。尽管位置并不显眼，但咖啡的香气足以吸引过往的客人，当大家坐下喝着咖啡的时候，又会惊奇地发现，这里四周墙壁上竟挂满了一幅幅很有创意且精美的画作。边品尝着可口的咖啡，边欣赏这些动人的绘画，客人们陶醉了。

就这样，他的咖啡屋门庭若市，其中有不少的投资者。一天下午，有人问起了这些作品的来历，当得知这些作品出自咖啡馆老板之手后，油然而生敬意。不久，一个惊人的消息在艺术街上传开了：那个开咖啡馆的老板竟是个画家！这下，他的咖啡馆顿时名扬巴黎，他的作品也被抢购一空。

真实任务8：在当地找企业或产品，分析其创新营销情况。
1. 了解各种新营销理念含义；
2. 熟悉营销创新策划方法。

8.1　绿色营销

1. 绿色营销的概念

绿色营销（Green Marketing）是指企业在营销中要注意地球生态环境的保护，促进经济与生态的协调发展，为实现企业自身利益、消费者利益、社会利益以及生态环境利益的统一而对产品、定价、分销和促销进行策划与实施。

20世纪90年代以来，风靡全球的绿色革命为企业带来了勃勃生机。树立绿色营销观念，开发绿色产品，开拓绿色市场，已成为21世纪企业营销发展的新趋势，也给企业创造了新的机遇。资源、环境等问题日渐为世人所关注，绿色营销正是顺应这一要求而发展起来的。绿色营销有如下特点：

（1）绿色营销观是以可持续发展为目标，经济与生态协同发展的营销观。

绿色营销观认为，企业在营销活动中，要顺应可持续发展战略的要求，注重地球生态环境保护，促进经济与生态协调发展，以实现企业利益、消费者利益、社会利益及生态环境利益的统一。绿色营销观要求企业在营销中，要以可持续发展为目标，注重经济与生态的协同发展，注重可再生资源的开发利用，减少资源浪费，防止环境污染。以绿色营销观为指导，企业在营销全过程中都强调“绿色”因素：

①注重安全、优质、低能耗、少污染的绿色产品的开发和生产。扩大现有绿色产品的经营规模，取得规模经济效益。一是提高单个企业的规模经济效益；二是提高企业群的规模经济效益。不仅要求绿色产品生产者企业不断努力壮大自己，还要企业内联外争，促进绿色产品市场的发展。推行清洁生产方案，在积极进行现有产品绿化的同时，应密切关注绿色新科技、绿色新工艺、绿色新材料、绿色新产品的发展动向，适时地引进和开发绿色新产品。

②注重定价中的绿色因素。由于绿色产品是经有关部门严格认证后获得绿色产品标志的产品，在质量标准、环保标准等方面都有较高的要求。因此，在成本构成方面与一般产品也有所不同，除了要考虑生产经营过程中所产生的一般成本、费用以外，还必须考虑以下几方面的成本：绿色资源的开发和运用所付出的代价；为保证清洁的成本；开发和运用绿色包装所增加的成本；废弃物的回收、处理所增加的成本等。产品定价过程中，除了要考虑成本以外，还必须考虑政策因素和市场因素。

③在渠道选择、促销、服务、企业形象树立等营销全过程中都要考虑以保护生态环境为主要内容的“绿色”因素。绿色营销观的树立，要求企业生产经营的产品从生产过程到消费过程、从外包装到废旧后的回收都要有利于人类的健康持续发展，有利于环境的保护和改善，能

够在创造企业内部经济的同时带来社会外部的经济性。

（2）资源价值观是确立绿色营销观念的核心。

绿色营销观念的确立，需要企业和全社会改变其传统的资源无价或低价享用的价值观，正确认识资源的价值。资源是具有价值的物品，资源的价值不仅表现为资源本身的价值，还包括资源的使用所造成的环境代价。效用价值理论认为，物品的效用是价值的源泉。物品的效用是形成价值的必要条件，物品的稀缺性则是形成价值的充分条件。无论是不可再生资源还是可再生资源，都是人类生存发展不可或缺的物品，都具有极大的效用。

资源的价值还包括使用资源所造成的环境代价。20世纪90年代以来，由于工业化进程的加快，导致资源被掠夺性开发和使用，造成生态环境的恶化，为此，世界各国都付出了沉重的代价。这一代价也应作为价格的一个组成部分。

绿色营销观念要求企业在营销中必须考虑资源的价值。在产品的设计、开发和营销中，不仅要考虑到企业的利益、消费者的要求，还要考虑到对环境的影响，要把经济利益与环境利益相结合起来。那种只顾片面的经济效益而忽视环境效益的做法，即使能短期获利，但决不会得到长远的、可持续的发展。

（3）提高企业家素质、转变企业家观念是企业确立绿色营销观的关键。

企业确立绿色观念的最关键的问题是提高企业家的素质，转变企业家的观念。

目前，人们往往从经济学角度来看待企业，希望它能给人类带来更多的经济利益。因而，那些能为社会提供更多的产品和更大的经济效益的企业被称为“素质高”、“生命力强”的企业，但往往忽略其对生态环境的危害程度。在这种思想的指导下，企业的目的就是单纯追求经济效益最大化，而对生态效益的大小根本不予以重视。

此外，同国际绿色企业的发展状况相比，国内企业对“绿色”理解的广度和深度也还存在很大差距。

绿色营销观要求企业家要有全局、长远的发展意识。企业家在制定企业发展规划和进行生产、营销决策和管理时，都必须时时注意绿色意识的渗透，从“末端治理”这种被动的、高代价的对付环境问题的途径转向积极的、主动的、精细的环境管理。在可持续发展目标下，调整自身行为，从单纯追求短期最优化目标转向追求长期持续最优化目标。将可持续性目标作为企业行为的基本目标，并不是反对企业追求利润最大化，而是提倡将保护生态环境、杜绝资源浪费，以保证长远的永续经营作为企业发展的宗旨，以实现一种环境可以持久支持的利润最大化。

2. 企业绿色营销策略

（1）树立绿色营销观念。

绿色营销观念是在绿色营销环境条件下企业生产经营的指导思想。传统营销观念认为，满足消费需求、改善企业条件、创造比竞争者更有利的优势，便能取得市场营销的成效。而绿色营销观念却在传统营销观念的基础上增添了新的思想内容。

企业生产经营研究的首要问题是与绿色营销环境的关系。企业营销决策的制定首先建立在有利于节约能源、资源和保护自然环境的基点上，促使企业市场营销的立足点发生新的转移。

对市场消费者需求的研究，是在传统需求理论基础上，着眼于绿色需求的研究，并且认为这种绿色需求不仅要考虑现实需求，更要放眼于潜在需求。

企业与同行竞争的焦点，不在于传统营销要素的较量，争夺传统目标市场的份额，而在于最佳保护生态环境的营销措施，并且认为这些措施的不断建立和完善，是企业实现长远经营目标的需要，它能形成和创造新的目标市场，是竞争制胜的法宝。

与传统的社会营销观念相比，绿色营销观念更注重社会利益，更明确定位于节能与环保，立足于可持续发展，放眼于社会经济的长远利益与全球利益。

（2）设计绿色产品。

产品策略是市场营销的首要策略，企业实施绿色营销必须以绿色产品为载体，为社会和消费者提供满足绿色需求的绿色产品。所谓绿色产品是指对社会、对环境改善有利的产品，或称无公害产品。绿色产品与传统同类产品相比，至少具有下列特征：

①产品的核心功能既要能满足消费者的传统需要，符合相应的技术和质量标准，更要满足对社会、自然环境和人类身心健康有利的绿色需求，符合有关环保和安全卫生的标准。

②产品的实现部分应减少资源的消耗，尽可能利用再生资源。产品实体中不应添加有害环境和身体健康的原料、辅料。在产品制造过程中应消除或减少“三废”对环境的污染。

③产品的包装应减少对资源的消耗，包装的废弃物和产品报废后的残物应尽可能成为新的资源。

④产品生产和销售的着眼点，不在于引导消费者大量消费而大量生产，而是指导消费者正确消费而适量生产，建立全新的生产美学观念。

（3）制定绿色产品的价格。

一般来说，绿色产品在市场的投入期，生产成本会高于同类传统产品。因为绿色产品成本中应计入产品环保的成本，主要包括以下几个方面：

①在产品开发中，因增加或改善环保功能而支付的研制经费。

②在产品制造中，因研究对环境和人体无污染、无伤害而增加的工艺成本。

③使用新的绿色原料、辅料而可能增加的资源成本。

④由于实施绿色营销而可能增加的管理成本、销售费用。

（4）绿色营销的渠道策略。

绿色营销渠道是绿色产品从生产者转移到消费者所经过的通道。企业实施绿色营销必须建立稳定的绿色营销渠道，策略上可从以下几个方面努力：

①启发和引导中间商的绿色意识。建立与中间商恰当的利益关系，不断发现和选择热心的营销伙伴，逐步建立稳定的营销网络。

②注重营销渠道有关环节的工作。为了真正实施绿色营销，从绿色交通工具的选择，绿色仓库的建立，到绿色装卸、运输、贮存和管理办法的制定与实施，认真做好绿色营销渠道的一系列基础工作。

③尽可能建立短渠道、宽渠道，减少渠道资源消耗，降低渠道费用。

（5）搞好绿色营销的促销活动。

绿色促销是通过绿色促销媒体，传递绿色信息，指导绿色消费，启发引导消费者的绿色需求，最终促成购买行为。绿色促销的主要手段有以下几方面：

①绿色广告。通过广告对产品绿色功能的定位，引导消费者理解并接受广告诉求。在绿色产品的市场投入期和成长期，通过量大、面广的绿色广告，营造市场营销的绿色氛围，激发消

费者的购买欲望。

②绿色推广。通过绿色营销人员的绿色推销和营业推广，从销售现场到推销实地，直接向消费者宣传、推广产品绿色信息，讲解、示范产品的绿色功能，回答消费者绿色咨询，宣讲绿色营销的各种环境现状和发展趋势，激励消费者的消费欲望。同时，通过试用、馈赠、竞赛、优惠等策略，引导消费兴趣，促成购买行为。

③绿色公关。通过企业的公关人员参与一系列公关活动，诸如发表文章、演讲、影视资料的播放、社交联谊、环保公益活动的参与和赞助等，广泛与社会公众进行接触，增强公众的绿色意识，树立企业的绿色形象，为绿色营销建立广泛的社会基础，促进绿色营销业的发展。

企业通过绿色管理原则，建立绿色发展战略，实施绿色经营管理策略，制订绿色营销方案，才能加快企业绿色文化的形成，推动企业绿色技术发展，生产出满足公众绿色需求的产品，实现社会和企业经济的可持续发展。

阅读材料：

绿色壁垒

绿色壁垒是绿色贸易壁垒的简称，又称环境壁垒，是指进出口国（主要指发达国家）以保护生态环境、自然资源及人类和动植物健康为由限制的非关税壁垒措施。它根据有关的环保标准和规定，要求进口商进口商品不但要符合质量标准，而且从设计、制造、包装到消费处置都要符合环境保护的要求，不得对生态环境和人类健康造成危害。这种新的贸易保护措施可有效地阻止外国，特别是环保技术落后的发展中国家的产品进口，为本国市场形成巨大的保护网，是国际贸易中最隐蔽、最棘手和最难对付的贸易障碍之一。

资料来源：中国营销传播网

8.2 关系营销

1. 关系营销的概念

所谓关系营销（Relationship Marketing），是把营销活动看成是一个企业与消费者、供应商、分销商、竞争者、政府机构及其他公众发生互动作用的过程，其核心是建立和发展与这些公众的良好关系。关系营销被西方舆论界视为“对传统营销理论的一次革命”。它以系统论为基本指导思想，将企业置于社会经济大环境中来考察其市场营销活动，认为企业营销乃是一个与消费者、竞争者、供应商、分销商、政府机构和社会组织发生互动作用的过程，正确处理与这些个人和组织的关系是企业营销的核心，是企业成败的关键。

2. 关系营销的本质特征

（1）双向沟通。

在关系营销中，沟通应该是双向而非单向的。只有广泛的信息共享，才可能使企业赢得各个利益相关者的支持与合作。

（2）合作。

一般而言，关系有两种基本状态，即对立和合作。只有通过合作才能实现双赢。因此，合作是双赢的基础。

(3) 双赢。

即关系营销旨在通过合作增加关系各方的利益，而不是通过损害其中一方的利益来增加其他各方的利益。

(4) 亲密。

关系能否得到稳定和发展，情感因素也起着重要作用。因此，关系营销不仅要实现物质利益的互惠，还必须让参与各方能从关系中获得情感需求的满足。

(5) 控制。

关系营销要求建立专门的部门，用以跟踪顾客、分销商、供应商及营销中其他参与者的态度，由此了解关系的动态变化，及时采取措施消除关系中的不稳定和不利于各方利益关系的共同增长因素。

3. 关系营销策略

关系营销把一切内部和外部利益相关者纳入研究范围，用系统的方法考察企业所有利益者及其相互关系。在此理论指导下，企业的营销策略可分解为以下五个方面：

(1) 顾客关系营销策略。

只有企业为顾客提供了满意的产品和服务，才能使顾客对产品进而对企业产生信赖成为企业的忠诚顾客。那么，企业该如何与顾客建立良好关系，促使其成为忠诚顾客呢？

①树立以消费者为中心的观念。这种观念认为，企业的一切计划和策略应以消费者为中心，正确确定目标市场的需要与欲望，比竞争者更有效地满足目标市场的要求。

②了解顾客的需要，提高顾客的满意度。

③建立顾客关系管理系统，培养顾客的忠诚度。建立与顾客关系的数据库系统是企业实施关系营销的第一步，这样有利于企业赢得顾客，也有利于企业维系顾客。

阅读材料：

海尔的关系营销

海尔2000年2月在全国各地成立了海尔俱乐部，凡购买海尔产品总量达到会员资格要求的消费者，都有机会成为海尔俱乐部的会员，获得会员资格的消费者将享受延长保修期5年、参加俱乐部定期的文体活动、获赠半年当地报纸等一系列优惠政策。

资料来源：中国品牌营销网

(2) 供销商关系营销策略。

在竞争日趋激烈的市场环境中，明智的市场营销者会和供应商、经销商建立起长期的、彼此信任的互利关系。那么，企业该如何制定策略呢？

①求实为本，增进了解。企业应该让供销商充分了解企业的实力，培养供销商对企业的信心，同时必须让供销商充分了解企业的营销战略，特别是将企业的战略目标、营销计划充分传达给经销商。为促进企业同顾客的关系，企业往往需要经销商密切配合企业的经营战略，采取利益一致的行动，通过经销商来提高顾客满意度。

②讲究信用，互利互惠。应从长远利益出发，重视建立与供应商之间长期互惠互利的关系。良好的供应商关系有助于企业摆脱原材料缺乏和价格不稳定的困境，长期享受公平待遇的

供应商愿意为企业提供紧急服务。

③诚意合作，共同发展。一方面，提供各种资料与建议，促使采购、收货、营销、会计等部门与供销商加强合作；另一方面，企业应接受并考虑供销商所提的意见和建议，并传达给企业各部门并保证予以合理解决，从而使企业与供销商共同发展。

（3）竞争者关系营销策略。

合作营销主要有以下形式：

①入市合作。入市合作是最典型的市场调查合作和市场进入合作。市场调查是整个营销活动的起点，是获取决策信息和决策依据的途径。但由于工作量太大、专业性太强、费用太高，往往令中小企业望而却步，联合起来就可以避免以上各种不足。

②产品和促销合作。产品和促销合作是指在相同的市场上推出精心组合的产品，并进行促销合作。最常见的是功能型和品牌型的促销组合。如吉利剃须刀配上永备电池同时销售，这是典型的功能型的组合。品牌组合的形式多种多样，如著名的制造商与著名的销售商连用品牌、普通制造商与著名销售商同用品牌、普通制造商依托著名的销售商连用品牌等。

③分销合作。分销合作主要是通过渠道建设合作，以强化渠道管理，决胜终端。

（4）员工关系营销策略。

内部营销是企业关系营销的基础，任何企业都必须首先处理好自己内部的员工关系，企业内部上下关系融洽协调，全体员工团结一致、齐心协力，才能成功地“外求展”。

①造就良好的员工信念。员工信念是企业及其员工所公认的、在实践中奉行的一种价值观念。确认一个具有挑战性的、统一的、独一无二的并且让人信服的信念可以把员工凝结为一体，激励员工不断奋发向上。

②满足员工不同层次的需要。即满足员工不断增长的物质需求，使企业具有光明的发展前景；满足员工对企业的情感需要，使企业内部建立融洽的人际关系；满足员工的成就感，使企业为员工提供实现个人价值和充分成长的机会，并不断根据知识经济的发展需要，对他们进行知识和技能的培训。

③建立企业内部良好的沟通气氛。在企业内部沟通过程中要平易近人，要善于倾听不同的意见，鼓励下属大胆提出批评和建议，形成轻松和谐的沟通环境和气氛。

（5）影响者关系营销策略。

企业必须拓宽视野，注意企业与股东的关系，企业与政府的关系，企业与媒介、社区、国际公众、名流、金融机构、学校、慈善团体、宗教团体等的关系。这些关系都会对企业经营管理造成影响，构成了保障企业生存与发展的事业共同体，企业与这些环境因素息息相关。

影响者关系营销策略通常可借助以下公共关系模式来实施：

①宣传型公共关系活动模式。即企业运用大众媒介和内部沟通方法，开展宣传工作，树立良好的企业形象。其基本形式包括举办展览会、经验和技术交流会、座谈会、新闻报道等。

②服务性公共关系活动方式。即企业通过向公众提供各种形式的实惠服务，强化企业信誉和形象，设身处地为顾客着想，为顾客当参谋，通过热情周到的售前、售中、售后服务，为消费者提供全方位的服务，使消费者得到最大限度的满足。

③社会型公共关系方式。即企业通过举办各种社会性、公益性、赞助性活动，塑造企业形象，扩大企业的社会影响，提高企业社会声誉，赢得公众的支持。

④交际型公共关系活动方式。即企业在人际交往中开展公共关系工作。目的是通过人与人的直接接触，增强感情上的联络，为企业广结良缘，建立广泛的社会关系网络，形成有利于企业发展的人际环境。

⑤征询型公共关系活动方式。即以采集信息为主，目的是了解民情、民意，了解社会舆论，为企业的决策者提供咨询，保持企业与社会环境之间的动态平衡。

4. 关系营销策略流程

（1）组织设计。

关系营销的管理，必须设置相应的机构。对内要协调处理部门之间、员工之间的关系，对外要向公众发布信息、征求意见、搜集信息、处理纠纷等。管理机构代表企业有计划有准备分步骤地开展各种营销活动，把企业领导者从烦琐事物中解脱出来，使各职能部门和机构各司其职、协调合作。

（2）资源配置。

包括人力资源配置和信息资源共享等。

（3）文化整合。

不同企业有不同的文化。推动差异化战略的企业文化可能是鼓励创新、发挥个性及承担风险；而成本领先的企业文化，则可能是节俭、纪律及注重细节。如果关系双方的文化相适应，将能强有力地巩固企业与各子市场系统的关系并建立竞争优势。

（4）关系营销的效率提升。

一方面，与外部企业建立合作关系，必然会与之分享某些利益，增强对手的实力，另一方面，企业各部门之间也存在着不同利益，这两方面形成了关系协调的障碍。对于一个现代企业来说，除了要处理好企业内部关系，还要注重与其他企业结成联盟，使企业关系营销的效率得到提升。

阅读材料：

为提升客户忠诚度，汽车业倡导关系营销

某知名汽车制造商，在全世界已经拥有3.6亿用户。与消费者的稳定关系是其日益重要的目标，因为他们是深受生产能力过剩影响的全球汽车工业的一部分。了解消费者，满足消费者的需要，是成功建立这种长期关系的前提。然而，真正地了解客户，与客户直接而有效地沟通，这在大规模的生产行业是件很难的事情。近年来，该汽车公司不断在开发和扩展其关系管理活动，把它当作市场营销战略的一部分。

现在，企业所遇到的难题之一不是客户的满意度不够而是客户的忠诚度还很低，许多感觉满意的消费者也可能换公司，从竞争者那里购买产品，尽管只是为了换换口味，和为了“获得新的印象”或引入点新花样。所以，一个公司在营造客户满意度的同时需要系统性、计划性地赢得消费者忠诚，提高忠诚度，不能坐等消费者上门。消费者忠诚是指消费者对公司有积极的态度，表达了再次向公司购买的愿望，并事实上再次向公司购买，而不是向竞争者购买。这意味着不仅要了解消费者对企业机构的忠诚度，还要了解消费者是哪种感情类型的忠诚，按照依赖程度和交易程度大致划分为零度忠诚、惯性忠诚、隐形忠诚和高度忠诚。此外，还要更多地追踪消费者现在的“状态”。这样，一旦情况变坏，企业能立即作出反应。

此外，我们要给消费者保持忠诚的理由。消费者保持忠诚的基础在于客户满意度，而这些则体现在公司是否可以根据客户所需来定制增值服务。通常公司会提供服务保证，紧急计划，交通保证，消费者俱乐部和免费服务电话。公司将其中一些服务进行捆绑，形成一种增值概念，而这些活动对有经验的服务营销来说是众所周知，但公司现已决定将这些措施扩展到俱乐部和卡的概念，使营销活动更加专业化。

公司把重组消费者俱乐部和直效营销活动的专业化，看作"真正的"客户关系营销的开端。例如，利用消费者联系推广新产品，这是一个直邮项目，消费者收到一个欢迎包裹，四封提供季节产品信息的信件和一封关于产品的信件，并且提供奖品以激发消费者兴趣。这种车商支持的激励措施目的在于建立和延长消费者忠诚。这个项目内，所有的广告媒体都是与消费者进行双向对话的。通过直效营销沟通手段或将服务拓展至合作伙伴，来全面得到关于每个消费者的有用信息，包括生活方式数据、人口和心理数据、购买和服务历史。每位消费者的地址都在每次营销活动后随时更新，这样建立的数据库才能为一对一营销服务。俱乐部卡是一种成员卡，持有该卡的消费者可以得到不同于普通消费者的待遇，如可以在工作时间得到该汽车商的接待。该卡还盖有交通保证章，这是接受服务卡的第一步。研究结果表明，消费者对这个项目的印象非常好：它加强了消费者与汽车商之间的联系，是双方互动的极好工具。消费者得益于更好的产品和服务、消费者俱乐部的好处、增加了流动性。商家感谢消费者忠诚度的增加，从而增加利润。最后，公司从关系营销带来品牌忠诚度的增长中受益。

资料来源：中国营销评论网

保留客户的秘密

客户保留以及客户价值的最大化对于某些行业而言与获取新客户同等重要，但客户忠诚并不是天生的，而是需要系统性、计划性地去赢得。加强360度的客户关系管理，具体分以下几个方面：

(1) 基于产品的关怀。针对产品本身应用、售后等方面的关怀。

(2) 基于客户的关怀。基于客户生活、工作、家庭等个人的关怀。例如，当特殊事件发生时，给他最及时的问候与帮助等。

(3) 基于产品的提醒或建议。分析产品具体使用原因及应用状况，提供相关的建议和提醒。

(4) 基于客户的提醒或建议。针对客户不同生活阶段的个人提醒或建议。例如，当客户享有积点兑换时，特别提醒他等。

(5) 追踪产品变动趋势。掌握产品本身的更新升级等变动以及客户消费产品的变动趋势。例如，必须掌握每一个客户在不同时间向您下单的总金额、次数，及最近是否有一段时间没向您下单，把握其显著变动。

(6) 追踪客户变动趋势。掌握客户生活、工作等关联方面的变动趋势。例如，职位的变迁，生活的变化等。

资料来源：中国营销传播网

[案例分析]

奥妙品牌媒介关系营销案例

一、项目背景

1. 联合利华与“奥妙”

“奥妙”是世界知名企业联合利华旗下的重要洗涤产品品牌。1993 年，红色装“奥妙”成为第一个进入中国市场的国际洗衣粉品牌。经过 6 年的发展，“奥妙”已经是中国高档洗衣粉市场最有影响的品牌之一。

目前，中国市场上的“奥妙”洗衣粉共有红、蓝、绿色三种包装，价格与其他同类产品相比悬殊较大。

2. “奥妙”准备大幅度降价

1999 年，联合利华在华资产重组顺利完成，所有机构的采购、运输、分销系统被统一起来，实现了资源共享，“奥妙”洗衣粉的生产间接成本大大降低；同时，经过周密的市场调查，联合利华决定针对中国实际的洗涤条件和中国消费者的洗衣习惯，研制开发更加具有市场竞争力的新产品。

1999 年 8 月，在内部条件成熟的情况下，联合利华决定推出两种新款“奥妙”洗衣粉，同时对原有价格进行大幅度调整。

3. 媒介关系事关重大

中国环球公共关系公司受联合利华委托，处理围绕“奥妙”降价产生的媒介关系事宜。

处理好媒介关系，形成有利于联合利华的社会舆论，关系到“奥妙”降价能否得到市场的认可，因此，媒介关系事关重大。

二、项目调查

中国环球公共关系公司在接受联合利华公司的委托之后，在短时间内进行了充分的调查研究，调研的结论成为处理“奥妙降价”事件当中媒介关系的重要依据。

1. 调研对象：国家洗涤工业协会；资深新闻记者；业内人士。

2. 调研方式：访谈、资料收集

3. 调研结论：

客观地讲，大幅度降价对“奥妙”品牌来说是一把“双刃剑”。在公关领域，可以从产品、企业、外部环境三个层面上总结出当时“奥妙”面临的机遇与挑战：

(1) 产品层面。

“奥妙”降价本身就是有价值的经济新闻，新闻媒介的参与，对“奥妙”的新产品的推出有推波助澜的作用，有利于吸引更多的消费者。

优质优价是市场的一般规律，“奥妙”降价有可能使新闻界产生“此奥妙非彼奥妙”的感觉。说明“奥妙”如何在保证质量的前提之下降价，需要首先对新闻界进行必要的解释工作。

(2) 企业层面。

联合利华于 1999 年刚刚完成的企业重组，企业资源的优化使得产品的间接成本下降，成功的重组有可能激发新闻媒介的报道兴趣。

（3）外部环境。

在当今的市场环境下，中资品牌洗衣粉的价格较低，“奥妙”降价，有可能给媒介造成联合利华降价冲击中资品牌的不良印象。

“太湖污染”事件被媒介曝光之后，引发了媒介关于“磷与环境污染”问题的关注，含磷洗衣粉对环境的污染问题引起了社会各界的重视，一些地方性法规相继出台，禁止在该地区出售含磷洗衣粉，环保问题一时间成为洗衣粉领域的又一个敏感问题。

“奥妙降价”改变了市场格局，竞争对手会以各种方式作出反应，有可能造成媒介关系协调方面意想不到的困难。

综上所述，在处理“奥妙”降价事件的媒介关系过程中，一方面要利用新闻媒介形成有利于“奥妙”的社会舆论；另一方面，有些问题是不能回避的，必须采取有针对性的措施，消除新闻媒介易产生的误解，防患于未然。

三、项目策划

1. 公关目标：

为了保证“奥妙降价”这一重大市场举措的顺利完成，通过媒介关系的协调，制定公关目标：有效传播“新奥妙”的产品优势（价格、性能），形成对“奥妙”有利的舆论环境；避免有可能发生的不利报道，维护“奥妙”业已形成的良好形象。

2. 目标受众：直接受众——新闻界；间接受众——社会公众。

3. 公关策略：

（1）主动迎合。

在第一时间召开新闻发布会（建议为北京、上海、广州三地），邀请全国主要的新闻媒介参加，公布“降价”消息，尽可能回答记者感兴趣的问题，形成一定的宣传规模和强度，同时以事实来消除有可能产生的主观臆断和猜想。精心遴选各个地区的有影响的媒介及适合的版面、栏目，做到有的放矢。

（2）防患未然。

针对不可回避的敏感问题提出合理的答案，以防止负面报道的产生；指定新闻发言人，保证对外发布统一的信息；从不同角度撰写新闻稿，引导记者形成有利于奥妙的报道思路；做好“保卫”工作，防止竞争对手的代言人干扰新闻发布会的进行。

（3）积极协调。

在发布会前后，尽可能充分地与媒介沟通，增加媒介记者对“奥妙”举措的认同感。

四、项目实施

1. 前期准备

（略）

2. 媒介遴选

（略）

3. 确定新闻发言人

新闻发言人应当具有一定的权威性，经协商，将新闻发言人指定为联合利华家庭及个人护理产品市场总监杨牧先生，同时对发言人进行了必要的培训，培训内容包括：发布会的整个流程；发布会的重要细节；面对记者的仪态、语态。

4. 媒介介绍

联合利华家庭及个人护理部从未举办过类似活动，为了增加发言人对中国媒介及记者的了解，事前的媒介介绍内容极尽详细：介绍三地记者的特点；被邀媒介详细介绍；专访媒介及专访记者特别介绍。

5. 提供敏感问题处理意见

针对在处理“奥妙”降价媒介关系方面上不可回避的问题，提供如下处理意见，（略）。

6. 不同角度编写新闻稿

为了引导记者形成有利于“奥妙”的报道思路，从以下四个方面撰写不同的新闻稿：新“奥妙”闪亮登场；“奥妙”降价不降质；“奥妙”降价给国有企业的启示；国内洗衣粉市场发展与潜力。同时，为文字记者准备相关照片，为电视台准备素材带。

7. 操作

（1）媒介协调。

在新闻发布会之前，与主要媒介记者进行沟通、协调，使媒介全面了解联合利华的初衷，寻求理解和必要的支持。

（2）新闻发布会现场执行。

执行期间注意以下问题：

（略）

五、项目评估

1. 活动顺利完成

以新闻发布会为主体的媒介关系协调工作完成得十分顺利，达到了预定的公关目标，媒介反响强烈，形成对联合利华有利的社会舆论，没有出现不利报道。

2. 文字媒介

截止发布会结束的一个月内，共收集到81篇相关剪报，其中上海11篇，广州13篇，北京32篇，四川13篇，还有32篇来自其他地区的报纸，发稿量已达到200%。

3. 文字媒介报道具有以下具体特点

（略）

4. 电视台及电台

所有被邀电台（3家）、电视台（8家）都及时地发布了有利于联合利华的信息。

5. 互联网

至少有8篇以上的文章被登载在报纸的电子版上，其中包括《北京青年报》、《北京晨报》、天津的《今晚报》上海的《新民晚报》、《新闻报》及广州的《南方日报》、《新快报》等。

销量猛增，“奥妙”降价成功

在“奥妙”降价之后的一个月内，其销量大幅度上升。调查资料显示，有50%以上的消费者的信息来源是有关的新闻报道，同时绝大多数消费者认为，“奥妙”降价的原因是市场竞争，而不影响产品的质量。这说明，围绕“奥妙”降价事件展开的媒介关系协调工作最终取得了成功。

资料来源：雅虎空间

8.3　数字化营销

1. 数字化营销的定义

数字化营销（Digital Marketing）是指以计算机信息网络技术为基础，通过现代电子手段和通信网络技术，有效地调动企业资源开展市场活动，以实现企业产品和服务有效销售的包括一系列活动的过程。它的实质就是借助于计算机网络技术来实现市场营销，它着眼于物流、资金流与信息流的有效协调和统一，从广义上讲应该包括网络营销、电子商务、数据库营销、ERP与物流管理等内容。

阅读材料：

传统企业试水数字化营销

1999年的某一天，美国通用电气公司董事长杰克·韦尔奇突然放弃了几十年使用钢笔的顽固习惯，给自己的高级经理们发了一封电子邮件。在这封邮件里，他要求每一个业务部门都要建立自己的主页。“我对它（互联网）有畏惧感，因为我不会打字。”此后，他又有些兴高采烈地预言道：“又大又老的家伙，最终会击败那些单纯的.COM玩家。”

或许是受到了这种情绪的感染，远在大洋彼岸的中国，一大批企业家进军互联网。他们办网站，开拓B2B、B2C业务，大谈特谈电子商务，虽然心中免不了忐忑，但更多的是挥斥方遒的豪迈。

不过，走得早不如走得巧，先行一步的是先驱，但先行两步的都变成了先烈。2000年，始于互联网发源地美国的网络股灾蔓延全球，美丽的泡沫瞬间破灭，也浇灭了中国那些传统企业领导人在互联网上玩些新花样的火苗。那些兴冲冲办起来的企业网站变成了“点击墓地”，所谓的电子商务部门也变成了只花钱不赢利的鸡肋之物。互联网在人们心目中变成了“噱头”。

时间推移到2007年，虽然这并不是一个非常特别的年份，但是对于互联网来说，却有了一种风气渐开的感觉。这一年，美国《时代周刊》评选2006年年度人物，“YOU”顺利当选。而在国内，网民由2 000万迅速发展到了1.62亿，手机用户则达到了5.4亿，其中移动互联网的活跃用户为3 900万。人们渐渐在现实生活之外有了更具实质意义的虚拟生活。同时，种种迹象表明，那些在互联网泡沫时代被弄得灰头土脸的传统企业正在卷土重来，而且有着更多的传统企业对互联网产生了浓厚的兴趣。传统企业的加入让互联网变得更加热闹，也渐渐改变了互联网的整个生态和游戏规则。用易观国际总裁于扬的话说，1996—2006年，是中国互联网的第一个篇章，更多的还是互联网的从无到有、从认知到渗透的过程，大家感受到的还是娱乐化的东西；而下一个8年，作为中国互联网的第二个篇章，我们将会看到更多的商务上的东西。

比尔·盖茨说：“21世纪，要么电子商务，要么无商可务。”这句话成了这场传统企业轰轰烈烈的.COM运动的最好注脚。

2007年PPG、红孩子等企业的红火，终于让互联网达到了沸点，“电子商务”又一次成为企业家们的口头禅。

说起PPG，这家成立仅两年的企业几乎是一夜之间冒出来的。虚拟经营、电子商务、JUST IN TIME、流程外包、利用IT和互联网技术整合在中国这样一个全球制造中心显得有些过剩的资源，是这家企业最显著的特征。PPG的CEO David直截了当地说："我们既不是服装企业，也不是互联网公司，而是一家数据中心，甚至你可以认为我们是一家服务器公司。"事实上，在David眼里，只有自己机房里的20多台服务器里流动的信息，还有PPG紧密契合业务的IT平台、呼叫中心，才是自己"最重的资产"。PPG之所以能够如此引人注目，是因为它有重要的参照物。许多人都会将PPG与国内衬衫行业的巨头雅戈尔进行比较。人比人，吓死人。和PPG这样"轻"得不能再"轻"的企业相比，雅戈尔则"重"得不能再"重"了。有着接近20年历史的雅戈尔虽然在国内市场上占有率第一，但这是通过多年艰辛努力才换来的。为了深度接触消费者，雅戈尔投入了大量的精力在渠道建设上，目前建成了1 500多个零售网点，仅2006年在渠道上的投入就高达3 500万元。作为一家传统的服装企业，雅戈尔的业务链条甚至触及产业链的每一个环节，包括占地500亩的纺织工业城，有印染厂、棉纺厂、制造厂，甚至还有棉田。现在雅戈尔在国内平均每天销售衬衫1.3万件，年销售额为8亿元。与之相比，PPG的成功则显得过于轻松了。没有一家实体店的PPG在成立两年后迅速跻身国内衬衫市场前三甲，日均销售衬衫约为1万件，根据其公开数据，2007年的销售收入约为8亿~15亿元。更要命的是，PPG的赢利水平要远远超过雅戈尔。

凭借互联网这样的先进"武器"，一家新生的小企业（从人数上来说，PPG只能算是一个小企业）战胜了行业内的"巨无霸"，既然这样的事情能发生在服装行业（虽然David不承认自己的企业隶属于服装行业），又何尝没有可能发生在其他诸如旅游、金融、化工、保险、零售、医药、教育等行业呢？

不管如何，比尔·盖茨的那句话似乎在慢慢地应验了。我们也应该看到，借助互联网，那些传统的界限消失了，指不定哪一天，一个行业里的新秀就冒了出来，大家都对它一无所知，只知道它做着电子商务。而原来的巨头们则战战兢兢，生怕因为"老"而"朽"，因为"大"而变得"笨重"。

易观国际分析师张青春认为，企业的互联网化其实可以分解成三层意义：第一层是替换，也就是说将传统流程中的某些环节直接替换掉，这一层最典型的就是宣传推广；第二层则是优化，意即再造流程本身，包括简化、优化乃至重构；第三层则是创新，即创造新的商业流程。一个传统企业，对内的商业活动，比如说财务信息，一些生产、研发等非常核心的信息，肯定不适宜公开化；但是对外的商业活动，如采购、推广、销售、支付、物流、客户管理等，就非常适宜互联网化。企业互联网化的第一层意义是满足信息需求，第二层意义是满足交易需求，第三层意义则是满足电子商务管理的需求，实现物流、信息流、资金流的智能化管理。

不过，那些嗅觉敏锐的企业家们可管不了这么多，他们凭直觉认为互联网是个好东西，就像七年前，时机还不那么成熟，却先走了两三步的"先烈"们一样。

一直悬在空中、悬在层出不穷的新概念里的互联网，因为传统企业的热情加入，才终于落了地。"春江水暖鸭先知"，与互联网有着天然联系的家电行业、传统的IT厂商率先将自己的业务流程通过互联网进行"替代、优化、创新"。

以家电行业为例，国美早在2003年1月就建立了网上商城，经过4年多的运作，渐渐有了规模。而苏宁则迅速跟进，建立了新的销售模式，2007年5月底，与中国电信达成战略合作，在互联星空平台上开设“苏宁电器”频道，消费者可直接登录网站购买家电产品。如果把国美、苏宁放到零售行业来考量，它们跟家乐福、沃尔玛走的是同一条路子，都是先有了线下成熟运营的实体商城、仓储系统、供应链体系、物流配送体系，然后才有了网上商城，并且网上商城通常充分利用了网下所积累的资源，其中包括品牌和众多忠实的顾客。

互联网日益深入人们的生活，如果说那些还没有积极互联网化的企业目光短浅，未免有些武断和草率，我们确实应该看到，是有那么一些行业更适合，或者说更容易互联网化。除了家电零售以外，传媒出版、音乐产业、银行业、旅游业等也特别适宜互联网化。携程就从传统旅游产业的互联网化中受益匪浅。作为最早那一拨互联网化中幸存下来的企业，携程一直坚持对旅游业的网络化改造，通过互联网和呼叫中心，硬是将人们心目中那种对存在了上千年的旅游服务的印象改变了。在这种改变中，携程成长为一个市值达15亿美元的公司。而它所做的也不过是一手牵住庞大的会员卡客户群体，一手向酒店和航空公司要求更低的折扣以便自己获取更高的佣金。实际上，携程是将整个产业链条整合了一遍，形成了供应链的系统集成管理，这一点恰恰和PPG一模一样。因为高度互联网化，携程也让人不好定性：这是一家旅游企业，还是一家互联网企业？或者像David定义的那样为一家数据中心，甚至是一家服务器公司？

除了行业、产品的适应性以外，高度互联网化所面临的资金、人员门槛让许多企业只能暂时将互联网当成一个良好的、有着巨大效力的传播平台。许多企业只是简单地发挥着企业互联网化的第一层意义，替代性地将其应用于推广中，当然，这也是企业互联网化重要的一个部分。越来越多的企业学会通过捆绑网络广告、举办网络活动乃至自己开设专门用于与消费者沟通的企业社区网站来提升品牌的知名度。病毒营销、口碑营销也成为营销的经典智慧被企业反复使用。可以想见，在未来几年，一个企业的品牌部门如果无法娴熟地运用互联网做营销，结果只能是“OUT”。

和传统企业触网完全相反，互联网企业则纷纷向线下拓展。开展B2C业务的卓越网、当当网开始增加产品品种和扩大线下仓库的规模，在传统零售行业的流通环节如仓储、物流等方面投入巨大的人力、财力。携程不仅收购了订票公司现代运通，还逐步在线下自建旅行社，使旅游业的线上线下更紧密地融合在一起。盛大开发了功能复杂的“盒子”这样一个硬件终端产品。阿里巴巴投资建立支付宝，解决旗下淘宝网的信用支付问题。本是做无线增值服务的华友世纪开始包装歌手，俨然一家娱乐公司。新浪、网易、搜狐开始通过直播、访谈等形式做自己的原创新闻……

而2007年年底上市的巨人网络在推广《征途》游戏时，史玉柱喊出的“像卖保健品一样卖游戏”则为我们提供了传统行业对互联网从思路上予以改造的范例。价格战、网络游戏形象广告、渠道推进等传统行业惯常采用的营销方式，全都被用到了一款游戏身上。

有所碰撞是好事，但这只是开始。在于扬看来，看互联网的走向一定要跳出互联网本身，要认识到互联网与IT、电信一样，都只是基础设施，是平台。未来，“互联网企业”这种身份符号应该会消失，企业都会和互联网嫁接到一起。当更多的企业参与其中时，互联网的威力才会真正发挥出来。但是真正的挑战也就出现了，因为到了最后，所有的企业都用上了互联网这样的先进“武器”，企业比拼的最终又还是产品、服务、战略、人才等。

资料来源：中国营销传播网

数据库营销改写药企竞争生存法则

新的市场条件下跨国医药企业选择了数据库营销。一家不愿透露姓名的全球知名的制药企业老总兴致勃勃地告诉记者，近年来他们在中国业务突飞猛进的根本原因就在于使用了数据库营销这种方式。他一直在积极实践数据库营销，致力于企业营销效率与效益的双重提高。

在他看来，数据库营销一改粗放型营销的种种劣势。粗放型营销的主要特点是：借助大规模的广告、促销活动和庞大的分销系统，向目标市场大量倾销同质化产品，追求较高的市场占有率和规模收益，以达到增加赢利和挤压竞争对手的目的。所以，粗放型营销极易导致企业在营销时不计成本，非理性地片面追求销量的增长，以销量牺牲效益，甚至是牺牲企业的未来。这样做导致的后果是，企业往往拥有众多客户，而这些客户给公司带来的价值却有着很大的差别，如果针对所有客户采用统一的服务标准或营销策略，必然会导致营销效率的不平衡：高价值客户只能被动地接受统一的服务标准和推广方式，其满意度会不断降低，客户价值难以被提升；那些低价值客户则享受着超值服务。这样，营销资源就白白浪费掉了。随着市场的饱和、竞争的加剧，这种传统的赢利模式容易导致企业长期失血，使企业缺乏能力进行新产品与新技术的研发投入，最终步入产品与营销同质化、低价竞争的恶性循环中。对于粗放型营销而言，企业的大部分营销活动还无法精确到个体，所能做到的是将特定信息传递给一群具有共同特质的消费群体。数据库营销的关键则在于数据分析，并在此基础上进行销售机会的深度挖掘。那么，企业应该如何运用数据库营销呢?

首先要建立营销数据库，营销数据库是基于客户来构建的。具体一点来说，营销数据库往往是企业利用经营过程中采集的各种客户消费信息、行为信息和背景资料，经过一定分析和整理后，以客户为核心来构建的。营销数据库经常作为营销部门制定市场营销策略和市场营销活动的依据。接下来是如何使用好营销数据库。营销数据库的应用主要是运用数据进行市场预测和营销活动设计，并且获得营销活动和客户的实时响应。营销部门应用营销数据库来设计市场营销活动，以建立客户忠诚或是增加产品销售。根据客户的行为和价值将客户划分成不同的细分客户群，并且针对不同的客户细分设计营销活动。营销活动的结果也经常可以记录在营销数据库中，营销人员和客户管理人员能够清楚地看到每一次营销活动的客户响应情况和投资回报率。营销人员应用客户数据库的资料，应用数据分析技术在潜在客户数据中发现和识别赢利机会。基于客户的年龄、性别、人口统计数据等，对客户购买某一特定产品或服务的可能性进行预测，帮助企业决策和设计适销的产品与服务，并且设计和制定合适的价格体系。通过市场、销售和服务等一线人员获得的客户反馈，并把相关的市场调查资料整合，定期对市场的客户信息和反馈进行分析，帮助产品与服务在功能和销售方式上进行改进；也可以帮助产品设计和研发部门作出前瞻性的分析和预测；也可以根据市场上的实时信息及时调整生产原材料的采购，或者调整生产产品的型号，控制和优化库存等。

资料来源：中国营销传播网

2. 数字化营销的作用

（1）帮助企业准确找到目标客户。

在生产观念指导下的营销，各种类型的客户接受的是相同的大批量生产的产品和信息。在市场细分化理论指导下的营销，是根据人口统计及消费者共同的心理特点，将客户划归为某一类别。而通过新一代高速计算机和数字化技术，可以使企业能够集中精力于更少的人身上，最终目标集中在最小消费单位——特定企业或个人身上，实现准确定位。

(2) 降低营销成本，提高营销效率。

运用数据库能够准确找出某种产品的目标客户，用数据库技术进行筛选消费者，其邮寄宣传品的反馈率可以高达20%~30%。

(3) 使消费者成为企业长期、忠诚的用户，保证企业掌握稳定的客户群。

越来越多的企业投巨资建立数据库，以便能够分析客户是些什么人，采取什么措施以保住客户。当通过数据库锁定企业的重点客户后，企业每次举行促销宣传活动，必须以这部分客户为主要对象，极力改进服务，满足他们的需求，使这些客户成为公司稳定的客户。

(4) 为新产品开发和营销提供准确的信息。

(5) 促进重复购买。

数据库可以帮助公司建立与消费者间的持续关系，从而促进消费者的重复购买。

(6) 开展有针对性的一对一服务。

建立与运用消费者数据库，可以及时把握消费者需求动态，为企业开发新产品提供准确的信息。发现并满足消费者需求是企业经营之目的，亦是企业获利的根本途径。

(7) 与竞争对手进行区别竞争。

运用数据库营销，无须借助大众传媒，比较隐秘，一般不会引起竞争对手的注意，容易达到预期的促销效果。

(8) 直接测定营销结果并反馈。

传统营销方式的营销效果很难直接测定。数据库中，消费者可通过回复卡、电话等方式进行查询、订货或付款。这样，管理人员就可以得知消费者的反馈信息，每次数据库营销的效果就很容易测定了，而测定上次营销活动的效果可为下次数据库营销提供参考。

阅读材料：

整合平台——网络营销新趋势

对于阿里巴巴而言，通过打通网络营销的各种障碍，优化整合各业务板块的营销工具，形成全新的一站式整合营销服务平台，将大大超越现有营销模式，实现网络营销新的飞跃。

在此之前，真实的消费数据、庞大的用户群以及多种营销工具的运用成为阿里巴巴区别于其他网站吸引广告主的核心武器。

通过监测用户注册、浏览和搜索情况，尤其是网上交易时客户提交的真实资料，阿里巴巴掌握了大量的真实数据，这些数据将为广告主的广告投放策略提供真实而有效的参考，而这对于传统营销渠道和传统媒体来说几乎是不可能完成的任务。

江志强说："我们用大量真实的消费数据与品牌广告主谈营销策略，他们非常感兴趣，因为这些数据是他们从其他零售渠道不容易得到的。"

据了解，2006年，淘宝网的成交额高达169亿元，分别超越了易初莲花（100亿元）、沃尔玛（99.3亿元）2006年在中国的营业额，是王府井百货集团全年销售额的2.6倍。据介绍，淘宝会员日在线交易成交量超过1 000万笔，日均交易额突破亿元。

基于用户的精准性、附加值和淘宝社区所形成的用户黏性，淘宝网从2006年年底正式开放流量资源，推出了线上系列广告及整合营销服务。首先抓住这个契机的是三星公司，广告投放后，其营业额迅速上升。目前，淘宝网的广告客户包括UPS、Canon、VISA、麦当劳、中国移动等国内外著名品牌。

再比如，阿里巴巴B2B业务已经一家独大，占据中国B2B市场80%的份额。利用全能服务模式下蕴藏的诸多机会，阿里巴巴正式推出了广告营销服务。Epson成为第一个受益者，一次小规模投放就获得了超乎想象的成功。

资料来源：www. 21manager. com

8.4 体验营销

1. 体验营销的定义

体验营销从消费者的感官、情感、思考、行动、关联五个方面重新定义、设计营销理念。体验营销更清楚地掌握消费者的所有消费行为，更加关注消费者在购物前、中、后的全部体验。

体验经济是在物品和社会资源逐渐丰饶的基础上，继产品经济、商品经济、服务经济之后的第四种经济形态。当前，立足于体验的商业形态在国外已经非常流行，中国的企业对客户体验的越来越重视也预示着体验经济即将在中国蓬勃发展；同时，体验营销模式也成为各大企业争相采用的营销模式

2. 体验营销的优势

针对事件营销的局限，体验营销的优势体现在四个方面：

（1）消费者角度。企业在此营销方式下，改变一贯的思考方式，进行换位思考，了解消费者真正需要什么，喜欢什么样的服务和营销。总之，一切都从消费者的真实意图出发。

（2）整体角度。在体验营销方式中，企业产品的开发、生产、销售再也不是单独的模块，消费者的意图将它们串联成一个科学的、高效的企业生产运营链。

（3）能使消费者将接收到的信息从“间接感觉”转为“直接感受”，进而更深层次地认识企业和产品。在诱导、促使消费者作出正确的决策以前，消费者只是感性认识，只有通过企业的体验营销才能将“感觉”转为“感受”。因为消费者通过亲身体验，自己感受了企业产品或服务是好是坏，便能从本质上认识企业和产品，最终就能进一步作出正确的决策。

（4）目的更明确，能延长轰动效应，长时间锁住消费者的注意力，更有利于企业与消费者沟通交流。

[案例分析]

遍地开花——联想天逸体验营销案例

2006年，消费笔记本市场最大的动作，无疑是联想天逸家族产品的高调亮相。定位于消费笔记本市场的天逸系列产品，在联想全球创新中心以及世界顶尖的研发团队的倾力打造下，全新具备family face的系列产品于年初集体亮相，外观风格统一但却各具特色的天逸F20、F30、F40拉开了2006年笔记本市场时尚潮流的序幕。这三款产品秉承了天逸笔记本产品“易

科技，逸生活”的品牌主张，凭借独到的创新设计和应用，以最简易的科技元素带给用户最舒适的生活体验。其简洁而丰富的细节元素——娱乐飞梭（Shuttle Center），使所有天逸新品形成一个统一的时尚家族系列，而作为全球首款“可识别主人的智能笔记本电脑”，新发布的天逸F30兼具安全和娱乐于一身，成为CCTV“创新盛典”笔记本电脑类产品最大的赢家。

联想天逸产品创新的脚步没有停滞于此。今年11月22日，在联想笔记本新品体验酒会上，由国际知名调酒师精心调配出的5款名为“灵动”、“梦幻”、“触感”、“征服”、“速度”的鸡尾酒，以其独具匠心的寓意，与5款独具个性的联想天逸新品一一对应，借此掀开了五款新品的神秘面纱。

更值得一提的是，在这些产品发布的背后，联想天逸还掀起了一场“体验营销”的风暴。如果说，联想天逸在2005年贯穿全国的无线之旅是体验营销小试“牛刀”之举，那么今年连续举办的针对全国不同用户和市场的三大全国体验活动，则将体验营销诠释到了极致。

暑期欢乐谷，小罗助力“世界杯”。伴随世界杯的热潮以及集团签约小罗之势，联想笔记本协同消费台式电脑于7月份正式启动了“联想暑期欢乐谷”的全国巡展活动。此次活动覆盖了北京、上海、广州、成都等国内主要城市，以及近百个中小城市。活动中，联想经典笔记本产品通过展示和现场互动知识问答，拉近了与用户的距离。“君子好球”、“勇者闯关”“产品对对碰”等互动游戏，不仅让用户体验到了最新最酷的产品，还充分感受了激情四溢的“足球魅力”。“欢乐谷”所到之处，人头攒动，意犹未尽。

“非常逸人组”，掀起高校体验风暴。8月23日至12月9日，联想笔记本在全国范围内正式启动“非常逸人组”全国高校挑战赛。这次活动面向全国所有重点城市，涵盖包括北京航空航天大学、南京大学、上海交大等著名学府在内的200余所高校的百万学子。“大学生是一群非常特别的‘逸人’，他们强调个性，充满无限的青春活力，这恰与联想笔记本倡导的品牌主张不谋而合。活动效果比意料中还要好，许多场次连续爆棚，学生朋友们对活动表现出了极大的兴趣和很高的参与度。”联想集团大中国区笔记本营销部总经理白欲立在谈到此次活动的初衷和反馈时说。

“非常逸周末”，引爆“fans”体验风潮。就在高校活动如火如荼的举办过程中，紧随其后的联想笔记本“非常逸周末”活动则在笔记本粉丝级别的用户中开启了今冬最大规模的新品体验和见面活动。“非常逸周末”以现场体验、互动的形式，通过“逸人、逸品、逸趣”三个环节，与参与者共同分享多姿多彩的“逸”生活体验。该活动借助“IT168本友会”平台，以及联想天逸“逸品馆”的良好基础，在全国18个重点地区的20个主要城市展开并招募了近两万名天逸的粉丝级用户。随着“非常逸周末”的全面启动，声势浩大的联想“逸”生活体验季也随之揭幕。

通过与用户进行零距离的互动，让用户更加充分体验到品牌的力量和产品的创新点，并为其所接受，必然是未来“体验营销”的一个发展方向。联想笔记本的体验营销，开创式地让用户在体验中作出选择，从而引领整个笔记本市场走向一个全新的体验时代。据相关数据显示，天逸系列产品的销量已占据了联想品牌笔记本整体销量的40%以上，产品创新带来的品牌价值以及“体验营销”掀起的风暴将在此后相当长的时间内继续发挥其威力。

资料来源：《电脑商情报》，作者：申耀

阅读材料：

完美的体验营销策划

策划人日思夜想的是“大策划”吗？是基于详细消费市场数据和分析的调研报告吗？是营销高人的神秘策动吗？是国际广告公司的“大创意”和“精美制作”吗？难道是欺世盗名的广告概念爆炒？都不是。那是什么呢？

其实，需求与供给只有一步之遥。我们绞尽脑汁试图建立沟通桥梁与打破各种沟通隔膜的时候，唯独忘记了人性中最根本的两样东西：欲望与怀疑。而“解决怀疑，满足欲望”的时空捷径就是——体验。体验可以消除一切认知上的干扰，体验可以保证价值最安全地获取，体验是最直接、最有力量的感受方式。有经济学家预言，体验经济终将成为未来经济的主要运行方式。

体验作为一种新锐的营销思想和模式，近年得到包括风行汽车在内的汽车企业的广泛探索与实践。从风行汽车的市场操作经验表明，“体验”运用于风行 MPV 推广活动的效果最为理想。我们分析认为，这首先与汽车产品金额较高，用户在作出购买决策前需要学习和实践更多的产品知识，作出更为谨慎理智的选择有关，而“体验”能提供给他们这样的“经验”，为决策提供自我验证；其次，中国 MPV 的主要目标用户，是那些处于事业初创时期的私营企业主，经济薄弱、业务亟待扩展是他们共同的特点，他们既需要一辆体面大气的商务车来拓展业务规模，同时又可兼顾日常运货、送货甚至满足家族成员出行使用，他们需要的是不折不扣的“多功能车”——对外观商务性、运输动力性、乘坐舒适性、载人安全性、运营经济性、价格低廉性等方面均有较高要求。

因此，从市场细分来看，他们需求的是多功能商务车，仅仅提高部分功能根本无法满足他们的需求，而这样的多样化需求又实际无法得到市场的全部满足或者说“不可信”，这导致了他们必须亲自进行试乘试驾，甚至全方位的感受，也只有如此才能作出最终的购买决策。因此只有“体验式”的推广方式，才能最大化地打动他们，促进销售。

该如何策划一次真正“体验式的市场推广活动”呢？如何将“体验”不仅仅挂在策略文字层面，而真正实现体验营销应有的强大促销效能呢？笔者试就风行 MPV 最近的一次大型市场活动，来详细解读其中的体验奥秘。

今年 5 月，风行汽车在推广风行菱智 MPV 的过程中启动了“万众试驾·共同见证”油耗验证活动，全国上百家 4S 店投入这场体验营销推广大战。据风行销售部数据统计，活动启动短短三个月，风行汽车整车销售增长 132%，具有购买意向的潜在客户更是不计其数。如此显著的活动效果，在国内 MPV 市场是绝无仅有的，不仅远远超出竞争对手的想象，更是引得汽车营销界人士的广泛讨论，到底是什么成就了活动。

首先，与常规活动不同的是，风行对此次活动的邀请对象做了极为仔细甚至苛刻的挑选。其中，80% 的参与者来自 4S 店内部数据库的准用户群体；而另外 20% 的参与者来自对广告报名人群的甄别筛选。由于风行 MPV 的用户目前还集中于小企业主群体，他们不易识别、行为分散、决策复杂的特点是困扰营销推广的主要问题。因此，做活动找合适的目标对象，绝不能像黑白家电那样“吃大锅饭”，若不能与真正的潜在用户进行沟通，那么花费的精力、物力、人力、财力就像打水漂，只是表面热闹。

笔者的一位营销界朋友曾经遇到过这样一件事。一次他去车市考察，转店期间竟被稀里糊涂地拉去做了试乘试驾，据他说那辆纯进口的高档轿车，虽然舒适性和操控性能极佳，但老兄摸摸兜里的钱，想来想去就是砸锅卖铁也不够买它半个车身，最后只有在热情的“交流”下偷偷溜掉。虽然是笑话，但这个企业就犯了“吃大锅饭”、“来的都是客”的问题。除去资金财力雄厚不论，这种“撒大网捕鱼”的方式并不适合这些成长型的自主品牌汽车企业。企业只有针对自己的目标顾客，做到“精准营销传播”，才能收到事半功倍的传播效果。

在此次活动策划过程中，另一个被密切关注的关键环节是——活动内容和形式严密贴合目标消费者的需求，为他们量身定做愉快的试乘试驾之旅。为此，各地4S店根据公司统一部署，一方面以活动概念“油耗实测”作为行动理念贯穿活动始终，同时也根据当地旅游资源，增加包括旅途试驾、知识竞答和交友座谈等与风行用户息息相关的活动内容，努力为用户创造“在了解产品的同时也交到朋友甚至做成生意”的活动氛围。

对此，用体验营销的理念来解释很好理解，简单来说就是——活动要创造性地表现主题。看似与燃油测试毫不相干的用户交际活动，若逆向思维换位思考，则正好吻合他们的行为需求。这种为活动营造恰当的沟通氛围，就像Versace豪华精致的店面装潢，令消费者在得到足够的满足感中将目光从关注价格转而关注感觉一样。这一点，风行的体验策略无疑是成功的，之后的销售成绩也印证了这一点。

对于高额或高价值的商品，只有消费者得到最直接的产品体验或品牌体验并引发兴趣，才能谈对产品的购买欲求和行为。这正是风行对此次活动的另一个关注点——让目标客户从原来被动的接受产品信息，变成潜移默化主动接受，于低油耗有形的数值中对风行MPV产生直接的好感，于所有行为感受的无形中对风行品牌产生间接的认同与信任。为此，风行设定的沟通目标是——从深度和广度上同时去打动用户。通过全国经销网络统计上报的结果显示，单场活动虽然只有短短的一天，但每位参加活动的顾客，都能在事后准确说出风行MPV的实测耗油和数十个技术指标，并对风行MPV的主要技术内涵有较为深入的认知与了解。更令人鼓舞的是，相比常规试乘试驾活动推广效果而言，这样的产品推介效果非常理想。

也许是巧合。正值风行“万众试驾·共同见证”油耗测试活动轰轰烈烈开展的时候，发改委一纸《乘用车燃料消耗量限值》令55家乘用车生产企业444个车型淘汰出局，其中在MPV生产企业中也有不少车型因燃油消耗量无法达到国家法定标准而遗憾退市。有关专家对此说到，目前国内很多汽车生产企业通过不同渠道提供的油耗值往往按不同的标准测得，夸大产品节能效果的情况较为普遍，尤其是油耗较高的MPV、CUV车型生产企业，比如实际百公里油耗13升的MPV，在厂家的测试方法和统一宣传口径下，就变成了百公里油耗9.0升，消费者往往在购车用车后高呼上当，目前用户对企业广告宣传的信任感已降至冰点。正因为如此，风行汽车一位负责技术的老总在决策“万众试驾·共同见证”活动时讲了一句话——与其白花广告费，还不如以事实说话。我负责任地说，风行MPV有这个能力和信心。也正是因为这句话，“万众试驾·共同见证”活动得到公司高层的最终拍板，并以全新的体验营销的活动操作模式，在全国上百个经销网店大张旗鼓地推行。

谈到体验式的营销模式，目前之所以仅仅被大型公司所应用，除了它在传播技术层面的先进性外，另一个主要原因在于体验营销需要依赖坚实的产品或服务品质作基础和保证，要敢于让消费者去体验，敢于让消费者去评价。比如此次万众试驾活动，风行MPV通过实际路况测试，目的就是要验证风行菱智MPV百公里8.0升的油耗，既不是理论测试数值，也不是企业宣传数值，而是真真切切的日常使用油耗。活动中，风行不仅让用户亲自参与加油、计量、记录，而且还广泛地邀请了媒体记者在现场进行见证。风行的信心除了来自技术部门的军令状，同时也来自风行 MPV 搭载的三菱 4G94 发动机在技术上的长足进步和稳定性。

为大家提供一组数据，看看风行此次在全国所有经销网点开展的“万众试驾·共同见证”活动的基本状况以及最终统计的测试结果：活动共计出动测试车辆 1 600 次，加油 12 640 升，试驾试乘用户 8 000 余人，行驶里程近 160 000 公里，各类演出 400 多场次，各地现场观众达 120 000 余人。根据风行全国经销网络上传实测数据统计，风行菱智 MPV 实测综合油耗为百公里 8. 125 升，高于宣传 0. 125 升。对此我们分析，活动举办期间全国各地正值高温天气，开空调使燃油正常小幅上升，对于全年而言，夏季实测 8. 125 升的燃油消耗量在合理的浮动范围内。令人欣喜的是，实际路况测试数据与广告承诺别无二样。

面对风行 MPV 如此显著的活动效果，业内有人评论说，风行菱智 MPV 之所以在活动期间销售飘红，是借了发改委《燃限》文件的“东风”——全国上下都在避油耗宣传风头的时候，风行 MPV 却“顶风作案”，甚至将活动在全国范围内铺开，是公关上的成功，是借机炒作获取的品牌注意力带来的结果。在这里我倒是想争辩一句：消费者并不缺乏理性，没有真正的好产品，风行 MPV 敢于面对消费者和媒体记者作最直接的油耗测试吗？

事实上，我们客观分析总结此次营销策划推广活动之所以推动菱智 MPV 热销的原因，归根结底还是消费者对 MPV 燃油消耗量深层次的担忧与其真实体验的低油耗相互对位消解的结果。至于三菱发动机以及整车传动系统的调校，只不过为这种直接感受提供了支撑和信服的基础罢了。

风行菱智 MPV“万众试驾·共同见证”活动获得了良好的效果，除了敢于拿真车做真实的油耗测试外，菱智 MPV 观景五天窗和轿车全软化内饰等也成为活动吸引用户的亮点配置，尤其在郊游林荫路线的试乘试驾中，当斑驳的阳光通过天窗投满车厢时，那种光影交错的感觉足够令人心动，何况试驾活动“人车蜜月”一整天，充足的接触时间让双方彼此磨合了解，直接促成了事后的大量购买交易。

另一个保证活动成功的原因在于风行严格要求全国各地的经销商 4S 店在活动之初认真甄别活动邀请对象，虽然为此花费了很大的力气，但这也成为销售快速增长的关键所在。因此我们对体验营销又有了新的认识和理解，即当深度试乘试驾体验配合产品亮点，在恰当的人群、氛围下打出组合拳时，购买欲望会被迅速释放，直接转化为产品的销售增长。这同时也让我们更深层次去理解艺术的“完美”之于营销的诠释——当切合市场生态的营销方略得到彻底执行时不一定是完美的，只有当产品或服务成为这一切营销行为背后自然而然的动力源泉时，完美才能在营销活动中真正展现它的强大魅力，而体验是永恒的过程。

随着风行汽车下一阶段营销战略的启动，体验作为核心营销手段，必将再次得到最彻底的实践。如今，MPV 市场已经走向成熟，厂商在拿出好产品的同时，谁最了解用户，谁最贴近用户，谁最能给用户完美的体验，谁就能赢得市场的先机。从世界500 强企业星巴克的体验营销系统，到史玉柱月入 1. 6 个亿令人瞠目结舌的《征途》网游体验赢利模式，“完美体验营销”正在发挥越来越大的作用。

资料来源：太平洋汽车网

8.5　服务营销

1. 服务营销的定义

服务营销是企业在充分认识满足消费者需求的前提下，为充分满足消费者需要在营销过程中所采取的一系列活动。服务作为一种营销组合要素，真正引起人们重视的是在20世纪80年代后期。这时期，由于科学技术的进步和社会生产力的显著提高，产业升级和生产的专业化发展日益加速，一方面使产品的服务含量，即产品的服务密集度日益增大；另一方面，随着劳动生产率的提高，市场转向买方市场，消费者随着收入水平提高，他们的消费需求也逐渐发生变化，需求层次也相应提高，并向多样化方向拓展。服务营销从两个角度切入：一是研究服务业的整体市场营销活动；二是研究实物产品市场营销活动中的服务。不管哪类服务行业或企业，其市场营销行为均是服务营销的研究对象。

同传统的营销方式相比较，服务营销是一种营销理念，企业营销的是服务，而传统的营销方式只是一种销售手段，企业营销的是具体的产品。在传统的营销方式下，消费者购买了产品意味着一桩买卖的完成，虽然它也有产品的售后服务，但那只是一种解决产品售后维修的职能。而从服务营销观念来理解，消费者购买了产品仅仅意味着销售工作的开始而不是结束，企业关心的不仅是产品的成功售出，而是更注重消费者在享受企业通过产品所提供的服务的全过程的感受。这一点也可以从马斯洛的需求层次理论上理解：人最高的需求是尊重需求和自我实现需求，服务营销正是为消费者（或者人）提供了这种需求，而传统的营销方式只是提供了简单的满足消费者在生理或安全方面的需求。随着社会的进步、人民收入的提高，消费者需要的不仅仅是一个产品，更需要的是这种产品带来的特定或个性化的服务，从而有一种被尊重和自我价值实现的感觉，而这种感觉所带来的就是顾客的忠诚度。服务营销不仅仅是某个行业发展的一种新趋势，更是社会进步的一种必然产物。

服务营销的核心理念是顾客的满意和忠诚，即通过取得顾客的满意和忠诚来促进相互有利的交换，最终获取适当的利润和公司长远的发展。

服务营销的重点是在功能研究上，即提出了以关注服务功能、突出服务功能为中心的企业营销，而不是仅仅把它解释为服务业的营销。随着经济的发展、时间的推移，行业间的界限将愈加淡化，服务营销功能化的作用正不断凸显，产品的价值范畴也随之不断扩大。

依托服务争取竞争优势的原因在于：市场供大于求已是必然；产品功能的趋同及差异性的缩小；通过服务的附加值可强化竞争优势，延长产品的生命周期；产品的技术或营销方式的特征优势是短暂的，易被竞争对手模仿。

与实物产品比较，服务产品具有不可感知性、不可分离性、差异性、不可储存性和所有权缺位等特征，服务产品的特征决定了企业服务营销具有以下不同于实物产品营销的种种特点：

（1）服务营销以提供无形服务为目标。

（2）服务的不可分离性决定了服务产品的消费与服务产品的提供是同时进行的，也就是服务的消费者要直接参与服务的生产过程，并与服务提供者密切配合。

（3）服务的差异性导致同一服务者提供的同种服务会因其精力和心情状态等不同而有较

大的差异，同时消费者对服务本身的要求也参差不齐，这就使得服务营销工作稳定性差。

（4）由于大多数服务的无形性以及生产与消费的同时性，从而解决产品供需在时空上分布不平衡的问题，调节供需矛盾，实现供需平衡。

（5）服务的所有权缺位特征决定了在服务的生产和消费过程中不涉及任何实体的所有权转移。

2. 服务营销的演变

在发达国家，企业服务营销活动一般经历了七个阶段：

（1）销售阶段。

竞争出现，销售能力逐步提高，重视销售计划而非利润，对员工进行销售技巧的培训，希望招徕更多的新顾客，而未考虑到让顾客满意。

（2）广告与传播阶段。

着意增加广告投入，指定多个广告代理公司，推出宣传手册和销售点的各类资料，顾客随之提高了期望值，企业经常难以满足其期望，产出不易测量；竞争性模仿盛行。

（3）产品开发阶段。

意识到新的顾客需要，引进许多新产品和服务，产品和服务得以扩散，强调新产品开发过程、市场细分、强大品牌的确立。

（4）差异化阶段。

通过战略分析进行企业定位，寻找差异化，制定清晰的战略；更深层的市场细分；市场研究、营销策划、营销培训，强化品牌运作。

（5）顾客服务阶段。

顾客服务培训，开展微笑运动，重视改善服务的外部促进行为，利润率受一定程度影响甚至无法持续，服务得不到过程和系统的支持。

（6）服务质量阶段。

服务质量差距的确认，顾客来信分析，顾客行为研究，服务蓝图的设计，疏于保留老顾客。

（7）整合和关系营销阶段。

经常研究顾客和竞争对手，注重所有关键市场，严格分析和整合营销计划，重视数据基础的营销，平衡营销活动，改善程序和系统，改善措施保留老顾客。

到了 20 世纪 90 年代，关系营销成为营销企业关注的重点，把服务营销推向一个新的境界。

3. 服务营销的原则

“服务营销”是一种通过关注顾客，进而提供服务，最终实现有利交换的营销手段。实施服务营销首先必须明确服务对象，即“谁是顾客”。像饮料行业的顾客分为两个层次：分销商和消费者。对于企业来说，应该把所有分销商和消费者看作上帝，提供优质的服务。通过服务，提高顾客满意度和建立顾客忠诚。对于厂家来说，有鉴于饮料行业的营销模式，分销商占据举足轻重的地位。厂家的利润来自全国各省市的分销商。分销商具有左右市场需求的力量。因此，我们主要精力是处理好与各地分销商之间的顾客关系，建立合作、友好、互利的伙伴关系。要知道他们是企业最大的财富，失去了他们，企业将一无所有。

企业必须坚定不移地树立服务客户的思想，认清市场发展形势，明确分销商是厂家的上帝，消费者是最高上帝。企业所做的一切，都要以消费者的需求为最终的出发点和落脚点，通过分销商将工作渗透到消费者层次上，从源头抓起，培育消费者满意度和忠诚度，坚持为他们提供一流的产品、一流的服务。一来这能体现企业对产品的负责、对分销商的负责、对消费者市场的负责；二来可以加强沟通，增加公司吸引力，提高竞争力，与客户共同进步，共同得益，实现厂家、分销商、消费者的“多赢”。

作为服务营销的重要环节，“顾客关注”工作质量的高低，将决定后续环节的成功与否，影响服务营销整体方案的效果。就“顾客关注”介绍以下原则：

（1）获得一个新顾客比留住一个已有的顾客花费更大。

企业在拓展市场、扩大市场份额的时候，往往会把更多精力放在发展新顾客上，但发展新的顾客和保留已有的顾客相比花费将更大。此外，根据国外调查资料显示，新顾客的期望值普遍高于老顾客。这使发展新顾客的成功率大受影响。不可否认，新顾客代表新的市场，不能忽视，但我们必须找到一个平衡点，而这个支点需要每家企业不断地摸索。

（2）除非你能很快弥补损失，否则失去的顾客将永远失去。

每个企业对于各自的顾客群都有这样那样的划分，各客户因而享受不同的客户政策。但企业必须清楚地认识到一点，即每个顾客都是我们的衣食父母，不管他们为公司所作的贡献是大是小，我们应该避免出现客户歧视政策，所以不要轻言放弃客户，退出市场。

（3）不满意的顾客比满意的顾客拥有更多的“朋友”。

竞争对手会利用顾客不满情绪，逐步蚕食其忠诚度，同时在你的顾客群中扩大不良影响。这就是为什么不满意的顾客比满意的顾客拥有更多的“朋友”。

（4）畅通的沟通渠道，欢迎投诉。

有投诉才有对工作改进的动力，及时处理投诉能提高顾客的满意度，避免顾客忠诚度的下降。畅通沟通渠道，便于企业收集各方反馈信息，有利于市场营销工作的开展。

（5）顾客不总是对的，但怎样告诉他们是错的会产生不同的结果。

顾客不总是对的。“顾客永远是对的”是留给顾客的，而不是企业的。企业必须及时发现并清楚了解顾客与自身所处立场有差异的原因，告知并引导他们。当然这要求一定的营销艺术和技巧，不同的方法会产生不同的结果。

（6）顾客有充分的选择权力。

不论什么行业和什么产品，即使是专卖，我们也不能忽略顾客的选择权。市场是需求的体现，顾客是需求的源泉。

（7）你必须倾听顾客的意见以了解他们的需求。

为客户服务不能是盲目的，要有针对性。企业必须倾听顾客意见，了解他们的需求，并在此基础上为顾客服务，这样才能做到事半功倍，提高客户忠诚度。

（8）如果你不愿意相信，你怎么能希望你的顾客愿意相信？

企业在向顾客推荐新产品或是要求顾客配合进行一项合作时，必须站在顾客的角度，设身处地考虑。如果自己觉得不合理，就绝对不要轻易尝试。你的强迫永远和顾客的抵触在一起。

（9）如果你不去照顾你的顾客，那么别人就会去照顾。

市场竞争是激烈的，竞争对手对彼此的顾客都时刻关注。企业必须对自己的顾客定期沟通了解，解决顾客提出的问题。忽视你的顾客等于拱手将顾客送给竞争对手。

4. 服务营销的内容

在客户选择企业的时代，客户对企业的态度极大程度地决定着企业的兴衰成败。针对不同的服务内容，采取积极有效的方法，才能取得较高的客户满意度。与此同时，服务营销的内容也正随着市场经济的发展不断革新。以顾客忠诚度为标志的市场份额的质量取代市场份额的规模，成为公司的首要目标。通过客户链，公司将产品的触角伸向市场的各个角落。客户满足不能是教条的，即不能只唯顾客所需，必须将客户需求同公司的目标结合，权衡考虑。在两者发生矛盾时，要合理运用营销技巧，将负面影响降到最低。服务内容要不断创新。营销员要意识到其实服务的内容就在我们身边。可以通过分析产品从厂家到最终消费者的各个环节，结合角色转换的方法，就每个环节可能出现的需求与客户沟通，确认服务的可行性。

服务营销的内容一般包括以下几个组成部分：

（1）产品服务。为分销商举办产品介绍会和培训销售人员，使他们深入了解公司的产品和经营宗旨。

（2）销售服务。帮助分销商改进销售方法。

（3）管理服务。协助分销商拥有现代化的信息处理与沟通手段，提高经营管理水平。

（4）宣传促销服务。帮助分销商吸引客户、扩大销售等。

（5）售后服务。处理由于产品或服务引起的任何问题。

[案例分析]

中华烟的服务营销

“中华”品牌卷烟之所以能够成为中国卷烟行业的“奔驰”，其原因可以说是多方面的。但从营销手段上看，主要有以下几点：

1. 不唯顾客所需

在货源总量上进行宏观调控。本着不求多生产多赚钱，只求保名贵的宗旨，限量销售，确保分销各环节的利润率。

2. 防范非正规渠道烟流入，合理分配货源

加强区域客户卷烟价格信息沟通。采取事前防范，通过货源投放调控手段，合理分配货源，稳定各地市场销售。

3. 适时投放

针对“中华”卷烟季节性销售特点，增加旺季投放，保证分销商利润，满足消费者需求。

服务作为产品的附加利益可增加产品的整体价值，使中华烟身价倍增，给消费者更多的方便和享受。产品的附加价值越大，消费者满意程度则越高。中华烟通过提高营销人员的工作素质，树立企业的良好形象，通过服务营销努力提供其产品的附加价值，向消费者提供高于其他竞争香烟的产品附加价值，进一步提高消费者的满意度并赢得消费者的信赖，从而巩固和提升了自己的市场地位，获得比对手更大的利润和市场竞争力。

资料来源：中国营销传播网

阅读材料：

保健品的服务营销

国内保健品十强企业之一××集团，自1999年推出了新一代功能性心脑保健品——××胶囊后，在营销策略上另辟蹊径，采用服务营销手段，强化了产品与消费者沟通上的亲和力，构建了互动式的情感交流平台，从而使××胶囊一上市便产生巨大的品牌效应。

××集团客户服务部组织专业人员建立了"消费者资料库"，具体是通过以下方法：消费者主动的联系（消费者来信）；终端售点的促销小姐在消费者购买时的资料登记（如记下该消费者的年龄、性别、购买目的、购买次数以及消费者所提的意见）；每次开展促销活动的表格存档（如活动前的登记，活动后的调查表格填写）等市场第一线的资料收集。

接下来，对收集到的28 685个消费者的详细资料（并定期不断增添、筛选、刷新）按消费者的病症轻重、服用次数、购买频率等，进行群体的细分，针对不同的消费需求提供各种有针对性的服务。如：根据消费者的热情程度、购买次数、忠诚度等将消费者划分为A、B、C、D等几个级别。据此提供电话回访、上门义诊、健康跟踪、组织联谊等不同的增值服务。

××集团为回报老顾客的长期支持，按资料库的详细地址，在春节前一个月，给每个消费者免费邮寄精美的新年贺卡以及以健康为主题的新年挂历；另外，还开展"健康之星"评选活动，邀请65名获奖者前往××总部所在地，参观通过国际GMP认证的花园式厂房，实地了解科研生产状况。在厂部期间，集团总裁在百忙中为这些远到而来的获奖者颁发奖金证书、披上绶带，与他们合影留念，并亲自陪同他们领略了所在城市的美丽风光；同时，成立"专家级委会"定期上门为消费者免费健进行康检查。通过以上各种量身定做的服务，使××集团获取服务上的创新动力，培育出具有强大美誉度的服务品牌，从而提升消费者对××集团的信任感和忠诚度。

资料来源：中国经理人网，作者：于斐

8.6 整合营销传播

1. 整合营销传播的含义

整合营销理论提出"营销即传播"，更强调传播沟通的重要性，主张把企业的一切营销和传播活动，如广告、促销、公关、新闻、直销、企业形象、包装、产品开发进行一元化的整合重组，让消费者从不同的信息渠道获得对某一品牌的一致信息，以增强品牌诉求的一致性和完整性。制定综合计划，使用各种传播手段（普通广告、直接广告、销售促进和公共关系），对信息资源实行统一配置、统一使用，提高资源利用率，提供具有良好清晰度、连贯性的信息，从而提高附加价值并使传播影响力最大化。

整合营销传播的内涵是，以消费者为核心重组企业行为和市场行为，综合协调地使用各种形式的传播方式，以统一的目标和统一的传播形象，传递一致的产品信息，实现与消费者的双向沟通，迅速树立产品品牌在消费者心目中的地位，建立品牌与消费者长期密切的关系，更有效地达到广告传播和产品营销的目的。

2. 整合营销传播过程

（1）确定“传播什么”，这是整合的根本。

①独特的销售主张。这一传播理论强调的是产品具体的特殊的功效和利益。如“这个手提电脑只有0.8公斤，可以非常轻松地携带着它处理商务而不觉劳累”！

②强势的品牌联想。这一传播理论强调的是制造消费者心理价值。它又细分为三种：企业形象联想；产品品质联想；使用者形象联想。对于海尔，消费者可能会联想到海尔“真诚到永远”的服务或国内最大的家店企业。提到索尼，消费者马上会联想到索尼产品的高品质高价位。只要是索尼的产品，就认为是品质最卓越的，最可信赖的。提到万宝路，消费者马上就联想到西部牛仔的粗犷形象。那种消费的感觉马上就会体现在消费者的神情和心态中。

③定位论。它强调占据心理位置，强调第一。根据不同的分类，定位可分为单一定位、三重定位、体验定位。单一定位中，又有第一的定位、对比的定位和类别的定位。如全球销量第一的格兰仕微波炉就是第一的定位；只做第二的美的微波炉就是对比的定位；区别于“可乐”的七喜饮料就是对比定位。三重定位中，又有理性定位、感性定位和感觉定位，体验定位的核心理念是体验式营销。如星巴克、耐克等，他们是创造了一种体验，而非销售产品。

④需求导向论。需求导向的根本是进行双向沟通、建立顾客忠诚，立脚点是从顾客的需求出发。

⑤直觉论。直觉论的核心是感觉消费。在大部分人看来，这类消费可能大部分集中在快速流转类产品上，如房产、电脑、手机、衣服等。

⑥整合论。它强调与消费者建立起关系，全面降低营销成本。实际上，它包括了两种情况，一种是一对一营销，另一种是关系营销。在这里，一对一营销，强调的是顾客占有率，它是把更多的产品卖给同一顾客，成本主要集中在同一顾客上。很明显，开发一个新顾客的成本比维持一个老顾客的成本要高许多！关系营销，则是把更多的价值而不是更多卖给同一顾客产品。

（2）“用什么传播”，这是整合营销传播关键。用什么传播，关键就是要找到合适的品牌接触点。

①媒体作为传播工具。即我们在进行媒体组合时要考虑到品牌传播覆盖率、到达率以及成本效益等。

②媒体作为介质。如是否具有声音、图像、文字的功能，其本质就是要考虑如何充分利用不同类型的媒体的特征以最低代价获得最佳品牌知名度与美誉度。

③媒体作为附加信息。媒体的地位与影响力，对广告与品牌有很强的暗示作用，附加信息丰富。如在中央台打广告等于就是向消费者暗示广告主是个大品牌，拥有较强的实力。而在凤凰台打广告，则在某种程度上暗示受众：广告主可能是个国际品牌，或是希望走向国际的品牌；而在高档时尚类杂志上打广告，则是会建立起时尚与品牌之间的联系。

④媒体作为杠杆。指媒体本身对广告效应有提升作用，因此，在考虑媒体策划和整合时，就要考虑如何充分创新性利用上述媒体的职能，以对广告与品牌发挥出良好的杠杆作用。

（3）整合营销的媒体策划。

①经济节约，最大限度为客户省钱。

②追求创新。现在的消费者每天都接触很多的媒体，媒体分裂时代已来临。广告费越来越

贵，而广告效果则越来越差。如何从众多的媒体中脱颖而出，以抓住目标群的注意力，广告形式必须力求创新，但创新同时必须与创意进行很好的结合。

③努力建立品牌与目标群之间的关系。对于大众媒体，通常可以有效地帮助品牌建立知名度。而对于小众媒体。则可以针对某些特定人群，而且它可以很好地建立起消费者与产品或品牌的某种内在联系，让消费者感觉亲切，感觉这是专为他而做的广告。

阅读材料：

方太厨具的媒体选择创新

方太厨具进行集成厨房的区域市场推广时，准备利用餐巾纸这种小众媒体，如何结合？这是方太厨具首先要考虑的问题，否则就起不到应有的效果。公司决定首站推广选在深圳市首届高交会，但首届高交会有不成文的规定：第一，必须是高新技术企业，才能参展；第二，所有厂家不得派发宣传品，连餐巾纸也不例外。方太厨具最后决定由高交会现场的所有的保安向参观和参展的客人赠送餐巾低，主要目的是擦汗，因为当时深圳的天气很热。就这样，方太借势打了一个擦边球。但这个效果超过高交会任何一个厂家的大众媒体和小众媒体的广告，而投入却不到5 000元。

方太，作为专业厨具公司，一般都会想到以时尚、家居、快乐厨房等做广告，但如果利用媒体本身的广告作用，配合适当的公关活动则可以更好地提升公司形象，巧妙地以做文章的形式可以增强品牌的置信度和广告效果。方太的形象代言人是香港的方太，方太厨具就可以在某些家政或家居媒体里将代言人的形象放在封面，配以讲述香港方太和产品关联的软文作为封面故事，充分利用香港方太的影响力再配以方太厨具的硬性广告，以建立品牌的知名度，并充分扩大了原影视广告的影响。

资料来源：中国营销评论网

3. 整合营销的措施

（1）整合营销的操作思路。

①以整合为中心。着重以消费者为中心并把企业所有资源综合利用，实现企业的广泛一体化营销。整合既包括企业营销过程、营销方式及营销管理等方面的整合，也包括对企业内外的商流、物流及信息流的整合。

②讲求系统化管理。整体配置企业所有资源，企业中各层次、各部门、各岗位，和总公司、子公司，以及产品供应商、经销商、相关合作伙伴协调行动，形成竞争优势。

③强调协调与统一。企业营销活动的协调性，不仅仅是企业内部各环节、各部门的协调一致，而且也强调企业与外部环境协调一致，共同努力以实现整合营销。

④注重规模化与现代化。整合营销十分注重企业的规模化与现代化经营。规模化不但能使企业获得规模经济效益，而且也为企业有效地实施整合营销提供了客观基础。

（2）整合营销的实施对策。

要使以上内容都得到贯彻，在实施整合营销运作的过程中要注意以下四个方面的问题：

第一，重视协调好营销传播中所有可管理的部分，如广告、公共关系、人员直销、销售促进等，要调整为一个连贯的、统一的整体。重点是放在提高及加强运作效力和外向型传播的传送上，而对所有产品、所有市场的对外传播的各种手段和渠道的整合是整合营销的核心。

第二，企业内部的连贯性和一致性是营销传播一致性的保证。需要对企业的内部资源进行整合，使企业从以公司为导向转为以客户、消费者和终端用户服务为导向。为此，企业必须重新建立相应的组织机构，从组织上、管理上保证整合营销的实施。员工尤其是对外传播、品牌形象和服务的关键点，是客户或者潜在客户了解品牌、产品及服务的直接通道。除品牌的传播效力、产品、价格、渠道、销售促进的主要营销措施紧密配合外，员工服装礼仪、方便实用的用户手册、产品包装、投诉解决程序、询问回应时间、员工对公司的忠诚认可度等都是客户接触通道，都直接影响整合营销的效果。如果内部营销传播计划不支持或与外部营销传播计划不相一致，可能会使最多达40%的营销传播花费被浪费掉。

第三，企业应利用已确立的组织机构和技术能力，建立合理的内部信息传递通道和客户信息管理系统，保证企业内部信息以最优方式被传递给客户、潜在客户和其他目标人群，并将有关的客户和潜在客户信息通过数据库而实现有效管理。

第四，推动企业的战略决策与财务整合。主要解决企业的资源分配、企业合作与联盟问题。

8.7 网络营销

1. 网络营销的定义

网络营销根据其实现的方式有广义和狭义之分，广义的网络营销指企业利用一切计算机网络（包括 Internet 企业内部网、EDI 行业系统专线网及 Internet 国际互联网）进行的营销活动；而狭义的网络营销专指国际互联网营销。国际互联网，全球最大的计算机网络系统，它正迅速渗透到社会政治、经济、文化的各个领域，进入人们的日常生活，并带来社会经济、人们生活方式的重大变革。

2. 网络营销的特点

市场营销中最重要也最本质的是组织和个人之间进行信息传播和交换，如果没有信息交换，交易也就是无本之源。正因为如此，互联网具有营销所要求的某些特性，使得网络营销呈现以下一些特点：

①跨时空。营销的最终目的是占有市场份额。互联网具有超越时间约束和空间限制进行信息交换的特点，使得脱离时空限制达成交易成为可能，企业能有更多的时间和更多的空间进行营销，可每周7天，每天24小时随时随地提供全球的营销服务。

②多媒体。互联网络被设计成可以传输多种媒体的信息，如文字、声音、图像等信息，使得为达成交易而进行的信息交换可以多种形式进行，可以充分发挥营销人员的创造性和能动性。

③交互式。互联网络可以展示商品目录，联结资料库，提供有关商品信息的查询，可以和顾客做互动双向沟通，可以收集市场情报，可以进行产品测试与消费者满意度调查等，是产品、设计、商品信息提供及服务的最佳工具。

④拟人化。互联网络上的促销是一对一的、理性的、消费者主导的、非强迫性的、循序渐

进式的，而且是一种低成本与人性化的促销，能避免推销员强行推销的干扰，并通过信息提供与交互式交谈，与消费者建立长期良好的关系。

⑤成长性。互联网络使用数量快速成长并遍及全球，使用者多半年轻，属于中产阶级，接受过较高教育。由于这部分群体具有很强的购买力和市场影响力，因此，是一个极具开发潜力的市场。

⑥经济性。通过互联网络进行信息交换，代替以前的实物交换，一方面可以减少印刷与邮递的成本，可以无店销售，免交租金，节约水电与人工成本；另一方面，可以减少由于多次交换带来的多种损耗。

⑦超前性。互联网络是一种功能强大的营销工具，它同时兼渠道、促销、电子交易、互动顾客服务，以及市场信息分析与提供等多种功能。它所具备的一对一营销能力，恰好符合定制营销与直复营销的未来趋势。

⑧高效性。电脑可存储大量的信息供消费者查询，可传送的信息数量与精确度远远超过其他媒体，并能顺应市场需要，及时更新产品或调整价格，因此，能及时有效地了解并满足顾客的需求。

阅读材料：

阿里巴巴

阿里巴巴（Alibaba. com）是全球企业间（B2B）电子商务的著名品牌，是全球国际贸易领域内最大、最活跃的网上交易市场和商人社区，拥有超过800万网商的电子设备网站，遍布220个国家和地区，每日向全球各地企业及商家提供88万条商业供求信息，成为全球商人进行网络推广的首选网站，被商人们评为“最受欢迎的B2B网站”。阿里巴巴有中文站、日文站、国际站、淘宝站与支付宝五大站点，可以分别满足企业各类商务营销活动的需求。

资料来源：网易

⑨整合性。互联网络上的营销可由商品信息至收款、售后服务一气呵成，因此，也是一种全程的营销渠道。另外，企业可以借助互联网络将不同的营销活动进行统一规划和协调实施，以统一的传播资讯向消费者传达信息，避免不同的传播渠道中的不一致性产生的消极影响。

⑩技术性。网络营销是建立在以高技术作为支撑的互联网络的基础上，企业实施网络营销必须有一定的技术投入和技术支持，改变传统的组织形态，提升信息管理部门的功能，引进懂营销与电脑技术的复合型人才，在未来才能具备市场竞争优势。

3. 网络营销策略

网络营销策略，就是为有效实现网络营销任务、发挥网络营销应有的职能，从而最终实现销售增加和持久竞争优势所制定的方针、计划，以及实现这些计划需要采取的方法。

网络营销每一种职能的实现都有相应的策略和方法。因此，网络营销也可相应地采取八项基本策略：网站推广策略、网络品牌策略、信息发布策略、网上促销策略、网上销售策略、顾客服务策略、顾客关系策略、网上市场调研策略。另外，由于网络营销导向的企业网站建设是有效开展网络营销的基础，而网站流量统计分析是对网络营销效果进行检验和控制的基本手段，因此，这两种策略与上述网络营销八项策略共同构成了网络营销的十项基本策略。这十个方面体现了网络营销的基本任务，也为具体的网络营销方法选择提供了指导方针。

①网络营销导向的企业网站建设和维护。企业网站建设与网络营销方法和效果有直接关系，没有专业化的企业网站作为基础，网络营销的方法和效果将受很大限制，因此，网络营销策略的基本手段之一，就是建立一个网络营销导向的企业网站。也就是以网络营销策略为导向，从网站总体规划、内容、服务和功能设计等方面为有效开展网络营销提供支持。

②网站推广策略。网站推广的基本目的就是为了让更多的用户了解企业网站，并通过访问企业网站内容、使用网站的服务来达到提高网站访问量、提升品牌形象、促进销售、增进顾客关系、降低顾客服务成本等。常用的方法包括搜索引擎营销、网络广告、资源合作、信息发布等。

③网络品牌策略。与网络品牌建设相关的内容包括专业性的企业网站、域名、搜索引擎排名、网络广告、电子邮件、会员社区等。

④信息发布策略。信息发布需要一定的信息渠道资源，这些资源可分为内部资源和外部资源，内部资源包括企业网站、注册用户电子邮箱等，外部资源则包括搜索引擎、供求信息发布平台、网络广告服务资源、合作伙伴的网络营销资源等。掌握尽可能多的网络营销资源，并充分了解各种网络营销资源的特点，向潜在用户传递尽可能多的有价值的信息，是网络营销取得良好效果的基础。

⑤网上促销策略。在以网上销售为标志的电子商务还没有普及之前，网上促销，即对整体销售提供支持，是网络营销的主要作用之一。网上促销效果是各种网络营销方法的综合应用，网上促销效果是各种网络营销活动综合作用的效果，包括网站推广、信息发布、网站内部广告、邮件列表、大型网站和专业网站的网络广告、Email 营销、搜索引擎营销等。

⑥网上销售策略。网上销售的实现包括建设完整在线销售管理系统的企业网站，以及通过专业电子商务平台开展在线销售等方式。

⑦顾客服务策略。在线服务的主要手段包括 FAQ（常见问题解答）、电子邮件、在线表单、即时信息、论坛等，其中既有事先整理出供用户自行浏览的信息，也有用户提出问题征求企业解答等内容。

⑧顾客关系策略。顾客关系是与顾客服务相伴而产生的一种结果，良好的顾客服务才能带来稳固的顾客关系，因此，顾客服务策略和顾客关系策略是一脉相承的。

⑨网上市场调研策略。主要的实现方式包括通过企业网站设立的在线调查问卷、通过电子邮件发送的调查问卷以及与大型网站或专业市场研究机构合作开展专项调查等。

⑩网站流量统计分析。对企业网站流量的跟踪分析不仅是有助于了解和评价网络营销效果，同时也为发现其中所存在的问题提供了依据，网站流量统计既可以通过网站本身安装统计软件来实现，也可以委托第三方专业流量统计机构来完成。

阅读材料：

浙江海利“网娃模式”

浙江海利控股集团董事长方光明正在努力创建一种新的商业模式：即把他擅长的毛绒玩具产业作延伸，以销售玩具为起点，玩家从所购玩具中获得密码后参与益智网络游戏，最终实现循环销售。

浙江海利集团2007年在北美市场创下了1.1亿美元的销售业绩。期间，由于断货，其玩具“海明克”在市场上的售价由十多美元被炒到一百多美元；2008年1至5月，“海明克”在美国市场的销售额仍在以30%的速度递增，这一现象引起了业界高度关注，央视《对话》等节目也进行了报道。海利集团随后转战国内，推出的“网娃总动员”引起了关注，它包括两款游戏，分为两个游戏频道。“kid”频道对应的游戏是针对儿童的“成长乐园”，场景完全模拟现实生活，孩子们可以带着自己的宠物游戏、学习、看病、用ATM取钱等；而“teen”频道对应的游戏则是“魔法书”，增加了“打怪”等内容，针对年龄层更高的孩子。

海利集团总经理方光明说：“我们的产品不同于其他传统玩具，严格意义上说，它是一个网络产品。在国外，通过网络技术，我们为每个玩具精心创意设计了一个可以延伸产品生命的虚拟世界，购买者不仅可以买到可爱的毛绒玩具，还可以通过其携带的密码进入一个儿童益智网站，孩子们可以在那里领养一个与所购玩具一模一样的宠物，在虚拟的社区里一起学习、游戏、生活，扩展知识面，培养独立生活能力。”品牌竞争的最后是文化的竞争、人性的竞争。正如可口可乐前总裁所说，“你不会发现一个成功的全球品牌，它不表达或不包括一种基本的人类情感”。换言之，如果消费者爱上了它，那么心在哪儿，就会把钱花在哪儿。

海利集团开创的“玩具—网络游戏—玩具”模式成为国内玩具业的新商业模式，正如他们自己总结的那样，“网络公司没有这样庞大的玩具生产和设计能力，而玩具公司则没有这样的网络实力和丰富的网游参与经验”。

当前玩具业常常会面临这样问题：二、三线城市的玩具店远离大型玩具批发市场的聚集地长三角和珠三角，店主无法及时了解新品动态，自己去产地进货成本又太高；而本地的玩具批发市场品类单一，产品同质化严重，店主很难进行差异化经营。于是，许多玩具企业采用的最多的是垂直分销渠道，它的优点是由生产者、批发商、零售商连成一条垂直线，较紧密，缺点是阵线长，反应速度慢。在未来，垂直分销将向“商业共享模式”转换。“商业共享模式”是指由众多的玩具制造商和经销商，共同构筑起一个商务平台系统，降低沟通成本。玩具超市“爱就推门”就是一种尝试，它借鉴阿里巴巴的商业模式，将整个玩具产业链的各个环节连接，使玩具店主可以在这里实现一站式采购服务。平台按照玩具的功能、价格、品类、材质、品牌等进行分类，在网站上对每件产品都作详细介绍，便于采购者快速找到适合的商品。即时客户系统可以进行在线交流，客服人员帮助店主选择适合的商品，提供参考建议，更深层次的服务还包括帮助客户作建店规划，开展连锁加盟服务等。通过这种方式，“爱就推门”吸引了遍布全国的玩具店，通过多个店主的“规模采购”把价格降下来，采购到符合潮流、品类丰富的玩具，达到在当地差异化经营的目的，同时提供纵深化和专业化的增值服务，使玩具店主在平台上持续采购批发。

而海利集团在网游产业中寻求突破。海利集团“网娃模式”的成功，在于把网游业和传统的生产制造业以及销售终端结合在了一起。网娃将实体玩具变成虚拟世界的身份证，成功俘获了少年儿童的消费心理，并将虚拟世界的宣传优势发挥到了极致。在网络时代，这无疑是一种更高明的商业模式：即把海利集团最擅长的毛绒玩具产业作延伸，以销售玩具为起点，消费者从所购玩具中获得密码后参与由公司打造的大型养成类益智网络游戏，最终实现循环销售玩具。

这一创意，把普通玩具和网络紧密地联系在了一起，又通过网络有效地增强了消费者与玩具的粘连度。方光明和他的海利集团进入了一个全新的领域。方光明的创新之举使他有理由成为中国未来的一颗商业“新星”。方光明说：“这不仅是一个文化创意的过程，还是一个传统产业升级的过程。”方光明把80%的精力用在培育他的“网娃”上，网络中的所有游戏故事他都参与。他领养的宠物在游戏里的级别也从“幼儿班小朋友”上升到了“高中生”。同时，我们也注意到，除了中小学生，许多公司白领、学校老师、教育专家等也一起玩起了这个游戏。

资料来源：网易

8.8　文化营销

1. 文化营销概述

说起文化营销，就必须提到文化适应，它最初为了解决营销中不同的文化环境带来差异的问题，较早地提出了品牌形象这个文化营销的初步概念。自从企业文化概念被提出，文化营销这个概念开始从市场营销的概念中逐步脱离出来，形成了内外部营销共同发展的文化营销概念。1984年，科特勒提出了所谓的“大市场营销”概念，目的在于解决国际市场的进入壁垒问题，要求公司在拥有良好产品和完善促销方案的同时，还要善于运用政治技巧和公关技巧，这样才能打破当地的贸易壁垒和获得当地舆论的支持。借此，文化营销概念也进一步扩大了营销手段。20世纪90年代，美国的拉夫洛克和温伯格提出了产品的新概念，即产品应包括三种形式：有形的物质产品、无形的劳动（服务）、社会行为（思想观念）。这一概念的提出，真正为文化营销开拓概念和价值观的做法提供了依据。文化营销正式从幕后逐步走向台前。

文化营销的实质是有意识地发现、甄别、培养或创造某种价值观念，从而达到企业的营销目标。

文化营销与传统营销相比，有以下不同点：

（1）传统营销关注的是交易的实质——赢利；文化营销关注的是与客户产生共同的期望，形成互动，并始终保持这种共同期望。

（2）传统营销较少提出与客户的相互沟通；文化营销则高度重视与客户的相互沟通，并借此提高与客户价值观产生的共鸣。

（3）传统营销只提出了文化适应的概念；文化营销则认为文化是客户的一种需求，是需要不断总结、满足和发掘的。

（4）对客户满意度关注的角度的不同。传统营销主要关注客户对产品、服务等方面的满意度；文化营销则强调通过顺应和创造客户的某种价值观或价值观集合来达到客户的某种满意程度。另外，文化营销不但将注意力集中在与自身有相当联系的利益群体中，而且扩大了营销的视野，将所有与企业产生互动关系的相关利益群体全部囊括在内。

文化营销的本质特征可以概括为以下几点：

（1）共同的期望是基础。无论双方有或没有较强的业务关系，双方都应该保持共同的期望，作为日后发展关系和形成默契的基础。

（2）相互沟通与共鸣是方式。沟通与共鸣是维系关系和发展共同期望最基本的方式，只有充分的沟通与共鸣，才能形成双赢的结果。

（3）双赢是结果。文化营销的宗旨是通过双方良好的沟通和共鸣增加双方的利益，而不是利用概念的偷换损害其中一方或多方的利益，增加其他各方的利益。

（4）价值观念的渗透与共融是文化营销的根本方式。无论是共识的形成，还是充分的沟通与互动，从本质上来讲，就是一个价值观念相互渗透影响，最终形成共融的过程。不断深化这个过程，才是文化营销取得利益的根本方法。

2. 文化营销的内容

可以通过三个阶段来实现企业的文化营销过程。这也是企业文化营销层层深入的三个层次：产品文化营销、品牌文化营销和企业文化营销。

从文化营销的角度来看，产品是价值观的实体化。产品营销包括产品的设计、生产、使用等各方面。品牌文化营销是产品文化营销的进一步发展。品牌文化包括了整个社会对品牌的信任，包括了消费者用名牌的行为，也包括了厂商创立名牌、生产名牌的行为。厂商创造品牌的过程，就是不断积累品牌文化个性的过程。企业文化营销的核心就在于寻求被目标客户所接受的价值信条作为立业之本，从而促进目标客户对整个企业包括其产品的认同。

（1）产品文化营销。

产品文化营销中的产品文化定义为提供给市场，在人们选取、使用或消费中满足人们某种欲望或需求的一切实体和价值观念的综合体现。产品文化营销在营销过程中更加注重产品文化的意义与作用，以文化突出产品、以文化带动营销。在产品文化营销的过程当中，应注重在以下三个方面体现营销的价值：产品包装的文化性，产品广告的文化性，产品文化营销的生命周期。

其中产品文化的生命周期指的是依附在特定的产品上的文化会因产品的销售情况而产生文化需求的减少与增加，从而产生产品文化的周期性的变化。它的生命周期是由市场对该种产品的文化特质的需求决定的。产品文化的衰退主要源于消费者对某种文化要素重视的减弱，追求新的文化要素，使产品的文化概念逐步淡化。一般情况下，产品文化的衰退先于产品销售的衰退。掌握产品文化衰退的先机，将有助于对品牌的维护和发展。

（2）品牌文化营销。

品牌文化是指有利于同竞争对手的品牌和劳务区别开来的名称、名词、标记、符号或设计，或是这些要素的组合及其所代表的利益认知、情感属性、文化传统和个性形象等价值观念的总和。

品牌文化营销中的首要问题是品牌的文化定位。好的品牌定位将决定品牌今后的文化走向。品牌的文化定位应注重目标消费群体对品牌的利益认知。在竞争的市场环境中确定品牌的文化定位可根据该品牌在当地市场的市场份额来实施。

①市场领导者由于品牌在当地市场的领导地位，随时面临品牌挑战者的挑战。其品牌文化定位必须满足：高质量形象、鲜明的个性形象、创新的品牌形象。

②市场挑战者品牌在市场上仅次于领导型品牌。由于与领导型品牌之间实力相差不大，有能力向领导型品牌发动攻击，争夺更大的市场份额因此它的品牌文化定位应具有相当的攻击性和锐意进取性。

③追随型品牌的经营者往往着眼于维持当前的目标市场，在产品特性、服务完善等方面来满足目标消费者的需要。追随型品牌在市场竞争中往往成为挑战型品牌夺取市场份额的主要攻

击对象，因此必须通过加强品牌的文化定位来保证品牌不易受到其他品牌的攻击。它应突出的品牌文化定位主要应满足低价格品牌形象以及优质服务的品牌形象。

④补缺型品牌主要占领的是经过进一步细分后市场中的专业空间，由于市场份额的有限，必须牢牢掌握现有空间。其文化定位的要求更加强烈，并且必须满足以下品牌定位之一：完全专业化的品牌形象、鲜明的特定个性形象及极其专业的服务形象。

品牌文化的提升是许多强势品牌往往会遇到的问题。品牌文化提升主要指公司运用多种营销手段，开展全方位的形象宣传，使品牌形象在消费者心目中的位置更加突出的营销过程。根据品牌的知名度的提升途径，可以将品牌的提升分为四个阶段：一般品牌、强势品牌、著名品牌、驰名品牌。根据品牌文化提升的途径，可以将品牌的提升分为三个阶段：一般品牌、品牌文化、文化品牌。

公司必须根据自身产品的特点、市场能力、公司所掌握的资源选择实行以下品牌提升的策略：

①产品提升策略。公司通过改变产品概念的要素实现品牌形象的提升。产品提升策略要求公司产品发展某种特性上的优势，并能得到消费者的认同，在消费者享受到实在的产品特性带来的利益之后，公司的品牌形象在消费者心目中得到提升。但产品提升策略要求公司千万不要患上“营销近视症”，即公司切忌因为要发展完美无缺的产品而忽视消费者实际需求的变化。

②市场提升策略。公司依靠市场营销工作来完成品牌的提升。一般是通过广告宣传和公共关系等营销工具在市场上重新树立品牌的独特卖点或品牌的鲜明个性，并形象生动地传递给顾客，求得顾客的认同。公司在实施市场提升策略时要善于发现品牌的独特之处，并通过夸张的、形象的表现手法强化独特之处，使品牌形象得到提升。

③文化提升策略。指公司在品牌形象的塑造中注入文化因素来提升品牌。公司在实施文化提升策略时不仅仅在名称上体现文化，更应在整体品牌形象上实现与文化的融合。

以上三种策略是可以同时实施的，而且能够取得加倍的效果，但应根据品牌旧有的形象决定是否应该改变品牌的形象。

（3）企业文化营销。

企业文化营销起源于企业文化，是最高层次的文化营销战略。他指企业根据自身文化内涵的特色，选择恰当方式进行系统的革新和有效的沟通，在消费者心目中树立鲜明个性的企业形象，并以此达到企业经营目标的一种营销战略。

由于企业文化营销是企业经营与创新的核心源泉，因此，它的被关注程度极高。企业文化由外向内可分成外显文化营销（物质文化营销）、行为文化营销、制度文化营销和精神文化营销。这几个层次营销活动的整体策划，就形成了整体的企业形象设计。

8.9 创新营销

1. 创新营销的含义

创新是企业成功的关键，企业经营的最佳策略就是抢在别人之前淘汰自己的产品，这种把创新理论运用到市场营销中的新做法，包括营销观念的创新、营销产品的创新、营销组织的创新和营销技术的创新。要做到这一点，市场营销人员就必须随时保持思维模式的弹性，让自己成为新思维的开创者，创新的意义就在于先进，而不仅在于别人没有，而且一旦发现是一种新技术，就要及时捕捉，以免错过时机。

创新营销是我国企业与国际竞争环境接轨的必然结果，亦是企业在竞争中生存与发展的必要手段。国内市场与国际市场的对接直接导致我国企业竞争环境的改变和竞争对手的增强。而面对这一切，我国企业表现出诸多的劣势，尤其是营销观念落后这一致命弱点，使企业面对强大的竞争对手和高超的营销手段时不知所措。而要解决这些问题，必须从创新方面入手进行变革。创新营销是提高企业市场竞争力最根本、最有效的途径。另外，通过创新营销，企业能科学合理地整合各种资源，并能有效提高产品的市场占有率与利润。

2. 创新营销的方法

企业在营销实践中，一方面应敢于把国际先进的营销做法创造性地加以应用，另一方面要大胆提出和实施新的营销方法。营销方法创新主要体现在如下几个方面：

①事件营销，即通过或借助某一有重要影响的事件来强化营销、扩大市场的方法。

例如，某房地产项目在营销策划时，在项目推广造势阶段，将项目的地理位置与国家乒乓球训练基地要扩建的本无关联的两件事联系起来，使本无地理优势的项目，一时间变成了抢手货。正是这种营销思维，使策划者将两件不相关的事物联系在一起，创造营销佳绩。

②柔性营销，即企业适时灵活地调整营销活动适应并满足个性化需求的一种方法。采用这一营销方法，要求企业改变以往高度统一的集中管理方式，实行面向实际的灵活的分散管理。

③网上营销，即在互联网络上开展营销活动的一种方法。

④零库存营销，即采用先接订单后生产、库存为零的一种营销方法。

⑤无缺陷营销，即在整个营销活动过程中不给顾客留下任何遗憾的方法。包括产品无缺陷——80%的保证质量，销售无缺陷——80%的保证挑选，服务无缺陷——80%的保证满意。

3. 创新营销应注意的问题

（1）要注意必须在营销创新中创造价值。这是创新营销是否有价值的最重要的评估标准，这里的价值包括经济价值和顾客价值。不创造经济价值对企业没有任何意义，而不创造顾客价值的营销创新，就无法获得经济价值。因此，创造顾客价值是营销创新的关键。顾客价值不仅表现在产品功能上，顾客为购买而付的精力、体力、时间及货币都属于顾客价值范畴，甚至包括情感。所以在营销创新中，必须创造顾客价值，否则，难以提高企业的核心竞争力。

（2）要注意创新营销的切实可行性。创新要在分析宏观、微观环境的基础上创造出来的，而非凭主观想象创造出来，要切实可行、易操作，尤其是要注意文化的影响。营销创新是就某时某地情况而进行的营销要素的排列的最佳组合，要注意文化的可控和不可控性，还可能存在着入乡随俗和不入乡随俗的问题。此外还要注意营销创新活动对社会是否有负面影响。

（3）要注意创新营销组合。企业创新营销往往关系到一个营销环节的成功，但要注意营销组合。一方面或一个环节的创新要有其他营销组合要素的配合，否则这种营销成功就要大打折扣。由此可见，营销创新的实质是创新的组合，企业的创新工作应与营销组合相互配合。

（4）要注意运用合力。在创新营销时要求运用团队的力量。日本企业就特别强调团队精神，因为团队的合力总是大于个体的力量。在营销创新方面，团队的力量就显得更为重要了，因为，团队的创新较个人创新更具完整性和可行性，而且在执行过程中，对于整体的沟通与理解要强于个体，效果也自然出人意料。

阅读材料：

企业五步创新营销

一些企业的老板们总这样感叹：市场越来越难做，竞争越来越激烈。现在的营销从哪里去思考？企业要如何创新营销？根据多年企业的营销实例和最近几年来市场的发展状况，可以总结出以下五点：

1. 产品创新

如果企业自身条件所限，很难投入大量资金、人才进行产品技术创新，就应使自己的产品有一定的特色，在市场竞争的同类中有自己突出的一面，如产品的名称、功能、工艺、概念、包装、广告、定位、价格，在产品销售过程中的每一个细节和环节等等，但创新的前提是产品的质量，这永远是第一位的。产品是营销的基础，也是核心，产品创新必然带动其产品策略、渠道规划、品牌传播、终端变革等一系列的创新探索。要开发有差异化的、永远比竞争产品快半步的、有独特卖点的、有溢价能力的新产品，以满足消费者喜新厌旧、标新立异、追求时尚、个性化消费的需求。

安徽华泰集团是一家仅靠卖瓜子就在几年内卖出一个年销售额达到8亿元的休闲食品企业，其洽洽品牌，目前已经成为炒货行业的第一品牌。洽洽之所以能成为行业第一，关键是洽洽能在不同的时间段里，分别推出了促进自身快速增长同时也能引领整个行业向前发展的产品创新绝招。

2. 产品结构与市场结构的创新

企业创新营销的首要任务就是认清企业本身，结合市场，量身定做，寻找适合企业发展的营销战略和市场策略。当成本难以领先，企业实力薄弱，难以支撑市场高投入时，企业可以选取差异化战略；抑或以小搏大，选择集中战略，锁定适合企业发展的区域市场，打造样板市场，培养企业发展的根据地。

3. 营销团队的建设

团队，即是介于组织与团体之间目前最流行的一种合作方式。其精髓是沟通、分工、合作、共同进步，以形成一个目标明确、有战斗力的团队。由于营销工作的特殊性和驻外销售队伍的团队建设没有很好地执行，区域市场内的业务工作还是停留在“单打独斗”的层面上，团队合作失去了意义，甚至出现$1+1<2$的情况。要创建一个优秀的团队，它至少应具备三个条件：优秀的核心、制度完善和团队文化。

4. 营销网络的再造升级

企业在创业初期易受机会驱使，先赚钱再发展，采取掠夺式渠道营销，就是在选择营销渠道的时候不怕乱，不怕多，采取先乱后治的办法先把企业本身壮大了再说。产品的发展阶段一定要做到渠道的精耕和重点客户两手抓，建立大客户的管理意识，做好业务员的培训工作，防止单兵作战，保持产品和服务的领先优势，建立营销的领导体系。

5. 品牌培育

在差异化战略的基础上界定品牌个性。而一切落到实处，要打造品牌个性、培育市场差异，必须从产品做起，用产品与消费者交流，完成品牌印象。因此将品牌战略与品牌个性融入产品已成为中小企业建造自身品牌的一个重要课题。要想让消费者接受产品，首先要培育产品的附加值——建立产品内涵。然后通过市场设计把资源形成概念传播到市场中。这就是我们常说的资源形象化、形象资源市场化的道理。创新营销让消费者清晰地认识到产品品质的优势，因此建立自己独有的品牌形象与个性，利用强大的资源将产品力转换为品牌力至关重要。

资料来源：www. 21manager. com

◆课堂游戏

头脑风暴——订书钉的用途

活动目的：给学员练习创造性解决问题的机会。

操作程序：

调查研究表明，创造性可以通过简单实际的练习培养出来。然而，大多的时候，革新想法往往被一些诸如“这个我们去年就已经试过了”或“我们一直就是这么做的”的话所扼杀。

为了给参与者发挥先天的创造性大开绿灯，我们可以进行头脑风暴的演练。头脑风暴的基本准则应当是：

1. 不允许有任何批评意见
2. 欢迎异想天开（想法越离奇越好）
3. 我们所要求的是数量而不是质量
4. 我们寻求各种想法的组合和改进

有了这些基本准则后，将全体人员分成每组4～6人的若干小组。他们的任务是在60秒内尽可能多地想出订书钉的用途（也可以采用其他任何物品或题目）。每组指定一人负责记录想法的数量，而不是想法本身。在一分钟之后，请各组汇报他们所想到的主意的数量，然后举出其中“疯狂的”或“激进的”主意。有时，一些“傻”念头往往会被证实为很有意义的。

有关讨论：

1. 当你在进行头脑风暴时还存在一些什么样的顾虑？
2. 你认为头脑风暴最适合于解决哪些问题？
3. 你现在能想到的在工作中可以利用头脑风暴的地方？

形式：4～6人一组为最佳

类型：讨论类

时间：8分钟

材料：订书钉，可移动的桌椅

场地：教室

◆技能讨论

1. 联系某企业实际说明当前我国企业应树立何种营销观念？
2. 如果你是某一公司的总经理，你打算采取何种措施来贯彻和落实绿色营销？

3. 如何正确理解关系营销?
4. 什么是整合营销?
5. 网络营销的含义和重要作用是什么?

◆课后自测

选择

1. 以竞争为导向的是(　　)整合市场营销组合。

A. 4Ps　　B. 4Cs　　C. 4Rs　　D. 8P

2. 绿色营销的概念产生于世纪之交由英国威尔斯大学(　　)提出的。

A. 肯·毕提　　B. 略特·艾登伯格

C. 菲利·普科特　　D. 艾略特·艾登伯

3. (　　)具有传播范围广、速度快、无时间地域限制,有利于提高效率,企业可方便快捷地进入任何一国市场的特点。

A. 绿色营销　　B. 关系营销　　C. 网络营销　　D. 整合营销

4. 具有双赢和亲密本质特性的是(　　)。

A. 绿色营销　　B. 关系营销　　C. 网络营销　　D. 整合营销

5. (　　)其根本出发点和归宿同样服从于营销的本质要求,即满足顾客需求。

A. 大市场营销　　B. 关系营销　　C. 整合营销　　D. 社会营销

简答题:

1. 什么是绿色营销?企业应如何实施绿色营销?
2. 什么是整合营销?什么是整合营销传播?
3. 如何正确理解关系营销?
4. 网络营销的策略有哪些?
5. 企业进行创新营销的原则和步骤分别是什么?

[案例分析]

海尔的营销策略

为了迎合网络时代消费者的消费习惯和消费需求,作为国内家电行业的龙头老大——海尔也不例外,搭上了互联网这个"便车"。纵观海尔发展的过程,我们就可以看到,海尔公司在2000年3月就已经开始与SAP合作,对企业进行自身的ERP改造,随后便搭建了BBP采购平台。2002年,海尔又建立了网络会议室,在全国主要城市开通了9999客服电话。尤其是在"非典"时期,当海尔总部坐在视频会议桌前"指点江山、挥斥方遒"的时候,这一做法的商业价值就突出体现出来了。

根据海尔的数据显示,"通过BBP交易平台,海尔每月接到6 000多个销售订单,定制产品品种达7 000个,采购的物料品种达15万种。新物流体系降低呆滞物资73.8%,库存占压资金减少67%",可以说已经达到世界领先水平。正如海尔集团首席执行官张瑞敏在评价该物流中心时说:"在网络经济时代,一个现代企业,如果没有现代物流,就意味着没有物可流。

对海尔来讲，物流不仅可以使我们实现3个零的目标，即零库存、零距离和零营运资本，更给了我们能够在市场竞争取胜的核心竞争力。”

据有关人士分析：进军电子商务、实施“网上直销”战略是家电行业面临激烈的市场竞争拓展利润空间的必由之路。因此，海尔顺应时代潮流建立了自己的网站，不仅涵盖了其产品，更突出了海尔优质的服务这一特点，“时刻把客户的需要和利益放在第一位”。在海尔的网上商店中，除了推荐的常规产品，还有产品定制，海尔承诺“只要是您能想到的，我们都能做到”。此外，海尔的网站上还设置了友情链接，包括知名的门户网站、网上商城等，大大方便了客户的需求。

在搭上互联网这个“便车”之后，海尔公司又把目光瞄准了“2008年奥运会”这块大蛋糕。随着中国获得奥运会的主办权后，海尔公司也相应地提出了“奥运营销战略”。2005年8月，海尔公司与北京奥组委正式签约，成为北京2008年奥运会唯一的白色家电赞助商。之后，海尔公司一直“以奥运主人的姿态传播奥运、建设奥运、服务奥运，并根据自身品牌特点展开了系统全面的奥运营销策略”，借助奥运会，打造全球化的品牌。

综观其奥运营销战略，其提出的基础是海尔公司的企业文化和奥运精神的相互契合。在接受《人民日报》的访问时，张瑞敏就说到：“如果说有一句全人类都能共同理解的语言，我觉得奥运的精神和理念是再贴切不过的了。它超越国界，超越民族。奥运能够得到全人类的高度认同，就是因为更高、更快、更强的奥运精神是一种不断追求、不断拼搏奋斗的精神。在企业看来，奥运精神的本质恰恰就是处于全球化时代企业面临激烈竞争的形势，要生存、要发展所必备的挑战自我、战胜自我的精神。”

在企业文化和奥运精神高度统一的前提和基础上，海尔的奥运营销战略总的分为三个方面：第一，为奥运会提供相应的产品和服务。据有关报道，“在2008年北京奥运会的30多个场馆的中央空调配套招标中，海尔中央空调中标了以‘鸟巢’工程为代表的21个奥运场馆”。另外，“随着奥运运动场馆、媒体村、物流中心等主体场馆的配套安装进入实质阶段，海尔热水器成功中标各大型场馆热水器工程项目”。据悉，“从2007年1月到9月，海尔中央空调在北京奥运服务培训基地举办了13次奥运服务特色测试赛，把每一个细节的工作、服务、保障都演练得非常成熟，发挥了海尔公司一贯的服务优势，得到了奥组委以及世界许多国家运动员的肯定”。“海尔除了提供高品质产品外，还设计了差异化的服务方案。在服务奥运场馆的同时，还将为现场观众提供延展服务。”据了解，目前海尔的奥运服务队员已经超过了2 000名。

第二，海尔公司开展了各种公益活动，“在履行企业社会责任的同时提高自身的品牌认知度和认同感”。2007年2月16日，海尔联手央视启动了“CCTV海尔奥运城市行”活动，该活动在北京、上海、青岛、大连、西安、石家庄、深圳等地，通过举办富有当地城市特色的奥运主题活动吸引了众多的百姓参与，选拔出这个城市的“生活奥运冠军”，随中央电视台一起，奔赴全球曾经举办过奥运会的城市进行交流。之后，海尔又启动了奥运希望工程和“海尔奥运希望小学计划”，把奥运精神带到小朋友的身边。此外，海尔还启动了“海尔金牌家庭总动员”的活动，为民众搭建了一个奥运体验平台。

第三，在海尔的奥运营销战略中，网络发挥了很大的作用。在海尔的网站中，专门设立了“海尔与奥运”的频道，不仅及时发布海尔参与奥运的新闻，同时还配合其公益活动，如“奥运家庭招募”等进行宣传，大大增加了点击量。

1999年达沃斯“世界经济论坛”提出了“企业内部组织适应外部变化、全球知名品牌的建立、网上销售体系的建立”三条原则。网络营销是海尔应时代的需要提出的营销策略，以“通过网络营销手段进一步增强海尔在家电领域的竞争优势，不靠提高服务费来取得赢利，而是靠B2B交易额的提高和B2C的个性化需求方面的创新”。在此基础上，有人预测，“海尔的网络营销平台将发展成为公用的平台，不仅可以销售海尔的产品，也将销售其他各类产品。”

而奥运营销是海尔公司应奥运事件作出的营销计划。在国际上，企业利用奥运会开展营销由来已久，可口可乐、三星等奥运会的合作伙伴已经成为“奥运营销”的典范。把国际化作为重要战略的海尔紧紧抓住这次机会，成为2008年北京奥运会白色家电赞助商。这不仅提升了海尔在国内的品牌和形象，而且扩大了海尔在世界上的知名度。

无论是网络营销策略还是奥运营销策略，都是海尔公司整体营销战略的一部分，都不可或缺，只不过如何发展两者以及使这两者更有效的融合不仅反映了一个企业的战略眼光，还是对一个企业综合实力的考验。

资料来源：中国营销传播网

阅读以上材料，回答问题：

1. 海尔是如何创新营销的？
2. 海尔是怎样发挥网络营销的作用的？

◆实训操作

通过本学期产段学习与深入实际调查，总结你所接触的企业目前用什么样的营销观念指导自己开展业务经营活动最合适，并评价一下是否有创新？如何创新？

要求：1. 每组都要结合所学内容总结与设计方案。

2. 接受教师指导，既要按实训步骤行事，又要创新、灵活地完成任务，并撰写实训报告。

3. 分组互评，老师与企业人员最后评价。

◆课后拓展

阅读《第五项修炼》（彼得·圣吉）、《基业常青》（J. 柯林斯）、《大败局Ⅱ》（吴晓波）、《差距》（姜汝祥）、《挑战中国营销8大新难题》（朱玉童）

参考文献

1. ［美］菲利普·科特勒．营销管理（新千年版·第十版）．梅汝和等译．北京：中国人民大学出版社，2001.

2. ［美］佩罗特，麦卡锡．营销学基础．梅清豪译．北京：中国财政经济出版社，2004.

3. ［美］德尔·I. 霍金斯，罗格·J. 贝斯特，肯尼思·A. 科尼．消费者行为学．北京：机械工业出版社，2000.

4. ［美］埃文斯．市场营销学教程．张智勇等译．北京：华夏出版社，2001.

5. ［美］彼德·圣吉．第五项修炼——学习型组织的艺术与实务．郭进隆译．上海：三联书店，1994.

6. ［美］斯蒂芬·P. 罗宾斯．管理学（第4版）．北京：中国人民大学出版社，1996.

7. ［美］肖恩·克拉克．合作营销．汤小华等译．北京：机械工业出版社，2002.

8. 卢泰宏．实效促销．广州：广东旅游出版社，1996.

9. 乔远生．品牌的核心竞争力来自哪里．中国营销传播网，2002.

10. 刘岳楠．创造品牌生命，推进现代营销．中国营销传播网，2001.

11. 周志民，卢泰宏．擦亮中华老字号．销售与市场，2000（8）.

12. 吴海明．品牌特攻．广州：广州出版社，2001.

13. 杨琼．市场营销学．北京：科学出版社，2004.

14. 吴勇，车慈慧．市场营销．北京：高等教育出版社，2005.

15. 朱华．市场营销案例精选精析．北京：经济管理出版社，2003.

16. 李世杰．市场营销与策划．北京：清华大学出版社，2006.

17. 李先国．市场营销学．北京：中国财政经济出版社，2005.

18. 张晋光，黄国辉．市场营销．北京：机械工业出版社，2005.

19. 吴泗宗．市场营销学．北京：清华大学出版社，2005.

20. 陈建平．企划与企划书设计．北京：中国人民大学出版社，2000.

21. 冯丽云．营销案例的编写与分析．北京：经济管理出版社，2003.

22. 刘小清．现代市场营销方式．北京：电子工业出版社，2005.
23. 赵兴军．现代市场营销学案例教程．北京：北京交通大学出版社，2007.
24. 谢守忠．市场营销实训教程．武汉：武汉大学出版社，2008.
25. 张卫东．市场营销理论与实训．北京：电子工业出版社，2006.
26. 吴健安．市场营销学（第二版）．北京：高等教育出版社，2004.
27. 黄彪虎．市场营销原理与操作．北京：北京交通大学出版社，2008.
28. 张亦唯．营销策划与执行．北京：中国工人出版社，2007.
29. 晁钢令．市场营销学．上海：上海财经大学出版杜，2003.
30. 赵兴元．广告原理与实务．大连：东北财经大学出版社，2006.
31. 张建国．如何进行促销管理．北京：北京大学出版社，2004.
32. 彭代武．市场营销学．武汉：武汉大学出版社，2004.
33. 吴见平，田剑等．市场营销学教程．北京：科学出版社，2004.
34. 张文贤．市场营销创新．上海：复旦大学出版社，2002.